D1755024

Mechtilde Lichnowsky
An der Leine

Mechtilde Lichnowsky

An der Leine

Roman

Kösel-Verlag München

Herausgegeben von Friedhelm Kemp

CIP-Kurztitelaufnahme der Deutschen Bibliothek

Lichnowsky, Mechtilde:
An der Leine : Roman / Mechtilde
Lichnowsky. – 3., durchges. Aufl. –
München : Kösel, 1979
ISBN 3-466-10024-0

ISBN 3-466-10024-0
3., durchgesehene Auflage
© 1979 by Kösel-Verlag GmbH & Co., München
Printed in Germany
Druck und Bindung: Kösel, Kempten
Umschlaggestaltung: Günther Oberhauser, München, unter
Verwendung einer Zeichnung von Renée Sintenis

An der Leine

1926. Die Natur in ihrem unerforschlichen Ratschluß und in ihrer schwer zu hintergehenden Diskretion hat es so eingerichtet, daß der Hund, ehe er es zum Sprechen bringt, diese Welt verläßt und uns, die wir so viel älter werden als er. Die Beziehung des Hundes zum Menschen ist ein größeres Wunder als die Phänomene der Licht- und Schallwellen, der Elektrizität, der Chemie und so weiter. Diese Beziehung ist mehr als das in der Natur bekannte Schmarotzertum, das auf Futter und Schlafstätte basiert. Es gibt Käfer, die bei Ameisen leben und von ihnen gefüttert werden. Niemand weiß, ob sie dort Wächterdienste verrichten oder sonst den Ameisen nützlich oder angenehm sind. Obgleich fremde Insekten gern verspeist werden, läßt die Herrschaft in diesem Falle zarteste Gastfreundschaft walten. Aber beim Hund ist mehr als Schmarotzertum. Werden wir das jemals ergründen?

Lurch, Dachshund, läuft vor mir her, nichts zu suchen ist sein Sinn, aber er findet beständig wichtige Annoncen, die er liest, einige liest er mehrmals, ernst und ohne sich viel dabei zu vergeben. Manchmal scheint es, daß er, so wie wir beim Lesen, eine Zeile übersprungen hatte und den Sinn nicht mehr versteht. Er muß dann zwei Zeilen zurückgehen, findet den Zusammenhang und macht eine Randbemerkung mit Unterschrift, zwei-, dreimal unterstreicht er mittels linker Hand und rechtem Fuß und rechter Hand und linkem Fuß, stark nach rückwärts schreibend, den Kopf aber sinnend erhoben, schon ins Weite riechend.

Daß er schwarz und seidig wie ein Zylinderhut ist und an Händen und Füßen rotbraune Dogskin-Handschuhe trägt, ist selbstverständlich. Er hatte acht Geschwister. Als er, sechs Wochen alt, vor mir stand und ich mich von 1,71 Meter auf 14 Zentimeter herabbeugte, ihn liebevoll zu beschnüffeln, weil junge Dachshunde eminent riechen, wie schon Buffon wußte („... le basset a l'haleine douce et un petit pli au coin de la bouche..."), hob er den Kopf empor mit gestrecktem Hals und zurückfallenden Ohren, das Futter nach außen gekehrt, und blieb so, ganz Anbetung, ganz Hingabe, die lange Nase fast vertikal nach oben gestellt. Diese Stellung nimmt er heute noch ein, wenn ihn seine Rührung über sich selbst oder seine Liebe zu mir übermannt. Er leckt nicht, er pfeift leise durch die Nase und hält den Kopf verzückt nach oben. Als er heranwuchs, aß er leidenschaftlich gern wollene Stoffe und Taschentücher. Die Taschentücher kamen wieder, in Appenzeller Falten plissiert, unversehrt, nicht einmal durchloch. Eines Tages aß er einen Schwamm, der zur Befeuchtung von Briefmarken in einem Behälter auf dem Schreibtisch liegt. Ich ging auf der Stelle zum Tierarzt, denn ich hielt den Schwamm für einen lebensgefährdenden Fremdkörper, der sich im Magen mechanisch vergrößern mußte, ohne den Magenausgang passieren zu können. Der Arzt machte eine Injektion, die Erbrechen bewirken sollte, was auch innerhalb von wenigen Minuten erfolgte und den Schwamm zurückbrachte.

Für alles, was Lurch haben möchte, wartet er auf, und ich habe zu wissen, um was es sich gerade handelt. Dabei schaut er mir gerade ins Auge, hält die Nase tief auf die Brust, den Schweif wie ein Specht als Stütze lang auf den Boden gestreckt. Und so bleibt er, wortlos, intensiv. „Darf ich auf den Schoß springen?" Ehe ich geantwortet habe, rührt er sich nicht. Sage ich, ohne die Worte besonders zu betonen, „Na also, spring in Gottes Namen rauf!", schon ist er oben.

Er wartet auch vor Tieren auf, zum Beispiel wenn Romein, der abessinische Kater, zu essen bekommt; dabei sieht er nicht mich an, sondern die Katze. In Gastein wollte er mit einem überlebensgroßen Bernhardiner spielen, der es unter seiner Würde fand. Da lief Lurch vor ihm her, drehte sich um und wartete auf. Vor einer

Hündin, die man schützen wollte und vom Boden aufhob, machte er ein stilles, ausdrucksvolles Männchen. Auch für negative Wünsche bittet er in dieser Weise, zum Beispiel wenn er sieht, daß ich eine Medizinflasche nehme, in der er Rizinus vermutet, oder einmal, als ich ihn in Karlsbad an den Sprudel führte, den er für einen Höllenkessel hielt. Sein Gesicht sagte deutlich: „Um Gottes willen, tu mich nicht da hinein!" Sein Vertrauen in mein Verständnis für ihn ist — mit Recht — unbegrenzt. Er weiß, daß ich hundisch spreche, aber er kann auch menschisch. Er umarmt mich regelrecht, ohne zu lecken, und sagt mir leise ins Ohr, was er will. Es kann vorkommen, daß er unvorhergesehen dringend etwas braucht, Ausgang oder Wasser, oder seine Decke ist ihm aus dem Bett gefallen, während ich am Schreibtisch sitze. Ob ich nun arbeite oder nachts schlafe, plötzlich ist er oben bei mir, umhalst mich mit beiden Armen und sagt mir etwas ins Ohr. Er hat einen unwiderstehlichen Trick: wenn ich ihm sage: „Lurch, ich habe Kummer", schon ist er auf dem Schoß, hält die Arme fest um meinen Hals und weint mit hocherhobenem Gesicht, um mich nur ja nicht mit der Schnauze zu berühren. Er tröstet eine Zeitlang, und wenn es gelungen ist, geht er wieder an seinen Platz zurück, nicht ohne wiederholt zu mir herüberzuspähen, ob sich auch kein neuer

Kummer meldet. Ein Wiedersehen nach Trennung ist dramatisch. Zwischen weinen, wedeln, springen, bellen und lachen weiß er nicht mehr, was ihn befreit, und so legt er sich auf den Rükken, um dann in einem Satz vom Boden weg in meine Arme zu fliegen, wo er sich lange nicht beruhigen kann. Anders ist das Wiedersehen nach einigen Stunden Abwesenheit und ganz raffiniert, wenn ich nachts spät nach Hause komme und er noch nicht im sogenannten Hauptbett liegt, sondern in der Halle in seinem Tageskorb. Erst drehe ich das Licht an, dann lege ich den Mantel ab. Nun kommt er, heißgeschlafen, ist im Nu auf dem Tisch, wo eine Celadonschale steht, ich trete heran, er legt die Hände um den Hals, sagt keinen Ton, aber sein Schweif geht in regelmäßigem Rhythmus gegen die Celadonschale, und so läutet er bim — bim — bim das Wiedersehen ein, ganz ernst, ohne Ausnahme bei jeder nächtlichen Wiederkunft.

Zuweilen verstecke ich ihm im Zimmer einen Leckerbissen, Kalbsknochen oder Biskuit. Während des Versteckens wird er in ein anderes Zimmer eingesperrt. Kein Versteck ist ihm zu schwer, er bedient sich zunächst nicht seiner Nase. Mit dem Verstand weiß er: „Sie hat mir was versteckt", und nun sucht er mit dem Verstand, das heißt systematisch jeden Stuhl ab, dreht jedes Kissen um, erhebt sich bei jedem

Möbel auf die Hinterhand und betrachtet die erreichbare Oberfläche, geht um das ganze Zimmer, dreht mit Nase und Pfoten die Teppiche um, weil etwas darunter sein könnte, bis er plötzlich Wind bekommt; dann gibt es kein Versteck, das raffiniert genug wäre; seinem Detektivspürsinn gelingt es immer, das Gesuchte aufzudecken.

Wenn er sich in einem Geschäft, wo ich etwas zu besorgen habe, langweilt, wartet er plötzlich auf. Das heißt: „Entschließe dich! Nimm das Paar Handschuhe, und gehen wir in Gottes Namen!"

Jetzt ist er sieben Jahre alt, und schon lange frißt er keine Decken mehr, aber frisches Packpapier von einem eben angekommenen Paket und Pappschachteln zerbeißt er gern. Einmal stellte sich plötzlich beim Bridge heraus, daß wir nur einundfünfzig Karten hatten. Unter dem Spieltisch, den er als Hütte benutzt, obgleich er riskiert, von einem der acht Beine gestoßen zu werden, insbesondere bei einer Renonce, saß Lurch mit einem befriedigten, noch sehr lebhaften, unschläfrigen Gesicht. Ich hatte gleich Verdacht, sperrte mit einem Handgriff seinen Krokodilrachen auf und sah im Schlund ein Cœur sitzen. Er hatte die Cœur-Sieben gegessen.

Er kannte sein Haus in Berlin und würde, wo immer man ihn ausgelassen hätte, heimfinden.

Einmal verlor ich ihn weit draußen im Tiergarten an der Schleuse, suchte, rief, und schließlich ging ich verzweifelt nach Hause in der stillen Hoffnung, ihn dort zu finden, und richtig, er saß in der Halle, ganz verstaubt, heißgelaufen, mit hochgeäderten Ohren. Er muß die schwierigen, lebensgefährlichen Stellen Corneliusbrücke, Lützowplatz oder Gedächtniskirche, Bahnhof Zoo mit traumhafter Sicherheit gekreuzt haben; dabei hatte ich, um mit ihm spazierenzugehen, die Untergrund bis Bahnhof Zoo benutzt, und so oft war ich mit ihm nicht an die Schleuse gegangen, daß er sich dort wie zu Hause hätte fühlen können.

Er hört auf „Rrrrrrrrr", das einzige, was im Rufen von seinem Namen hörbar übrigbleibt. Er heißt auch Si-Siling-Gi, abgekürzt Sisi. Spricht man von ihm, heißt er die Dacka, die Dackotina, die Kralle, der Schweif (Synekdoche, Teil fürs Ganze), die Hunda. In der Anrede wird die dritte Person weiblichen Geschlechts angewendet, bis auf das Hauptwort, das ihn bezeichnet, welches sächlich wird: „Ist sie eine schöne, gute Hundi?" „Mit der schönen, guten Hundi wird man jetzt Gassi gehn." „Gassi" ist das Zauberwort. Alles an ihm erwacht, wenn er es hört, vom Trüffel zum Schweif, von der Zunge zu den Leberln. Leberln heißen seine zwanzig Gummisohlen unter den Zehen, mit welchen er eine Fährte von fünfblättrigen Blumen hinterläßt, wenn er zuvor in Wasser getreten ist und dann auf dem trockenen Asphalt geht.

Der Mai gefällt uns in Karlsbad. Es ist noch mehr Mai als Publikum hier, und das ist schön. Zuerst waren wir in einem chiken Hotel, aber man wünschte uns dort zu oft Guten Morgen und Guten Abend. Vier Portiere, mindestens ein Direktor, vier Pagen, zwei Liftboys und zwei Liftmänner, drei Etagenkellner, zwei Zimmermädchen und eine Etagenbeschließerin, diese neunzehn Wünsche täglich bei jedem Ein- und Ausgang inklusive „'sstiand!" („Küss' die Hand") waren zu teuer erkauft. Ich sprach mit dem Direktor über den Preis, aber er fand ihn niedrig. Ich suchte und fand eine Wohnung für genau ein Drittel des dort verlangten Preises. „Ja, bei uns ist aber eine andere Regie!" meinte der Direktor. Ich ließ ihn also nach Herzenslust sein Publikum weiter regieren und zog mit der Dacka um. Sie kennt nun ihr neues Heim und geht ohne hinzusehen am alten vorüber, obgleich der kleinste Page, der am Eingang steht, ihm jedesmal „Waldi" zuruft; vielleicht auch deswegen. Lurch begreift nicht, warum ihm jeder Fremde „Waldi" oder „Männe" sagt. Er wird ebenso ungern mit „Waldi" angesprochen wie ich mit „'sstiand". Fünf Blumenweiber sitzen am Brunnen bei Pupp mit Obst und herrlichen Blumen. Ich darf nie hinsehen, damit ich besser „taub" spielen kann. Die Rolle, die man von mir erwartet, erfordert meinerseits ein fröhliches

Gu - ten Morgen!

mit jovialem Nicken. Vielleicht würde ich kiloweise Obst kaufen, wenn der fünfstimmige Chor der 'Sstiand-Weiber nicht ertönte. Auf dem Weg nach „Sanssouci", wo ich wohne, muß ich auch zweimal taub und blind spielen, wenn sich die „Wäge"-Zellen beleben und der frische Gruß lockt, auf daß ich die Waage besteige. Meine Waage ist auf der Alten Wiese, und der Mann, der sie bedient, grüßt erst, wenn wir eintreten. Dann müssen wir auch aufpassen, daß wir den Mann, der den Kurgast im Gehen photographiert, nicht in seinen Erwartungen enttäuschen durch einen zerstreuten Blick auf den Apparat, den er, an Riemen befestigt, so lange vor sich her trägt, als die Sonne scheint; und auf die Frau mit dem Rucksack, die mir jedesmal, wenn ich vorbeigehe, geheimnisvoll „Spitzen?" zuflüstert.

Schon wieder Steine im Schuh! Lurch, bleib stehen! Er steht wie eine Mauer, und ich entledige mich eines ganz kleinen Felsens. Eigentlich möchte ich heute den kürzeren Weg zum Frühstück statt zum Kaiserpark, der jetzt Geysirpark heißt, zum Freundschaftssaal gehen. Der Weg ist um zehn Minuten kürzer, aber der Kaffee ist unvergleichlich besser in meinem Stammcafé; seien wir also brav. Da sind wir, und ich bestelle das tägliche Frühstück: einen Kaffee, noch einen schwarzen extra, weil ich dreimal soviel Kaffee brauche als Milch, und zwei Eier, viereinhalb bis fünf Minuten gekocht. Zu Hause trinke ich Tee, aber in Karlsbad kommt mir der Gedanke nicht einmal. Die Tassen sind am Boden so dick, daß der Löffel, wenn man ihn senkrecht neben sie stellt, an seiner ersten Stielbiegung den Tassenrand erreicht, und wenn man ihn mitten in die Tasse stellt, schon an der Schöpfstelle noch etwas über sie hervorragt. Die Tassen sind nicht nur wegen der geringen Zerbrechlichkeit so dickwandig und so dickgrundig. Das ist ein uralter Trick; wenn ich sie zweidreiviertelmal mit Kaffee fülle, so entspricht diese Quantität einer großen dünnwandigen Tasse, wie ich sie zu Hause habe.

Und nun zurück den „Faulenzerweg", da grüßt niemand, nur die Amseln und Finken, und die haben noch nie einen Gedankengang zerstört. Lurch läuft auf seinen Leberln, wie einer, der Ferien hat, ohne Maulkorb, ohne Leine, und schreibt Aphorismen an die weiße Wollhündin, die er so reizend findet, in der Hoffnung, daß die Nebenbuhler, falls sie seiner Fährte folgen, die kleinen Botschaften lesen werden.

(Lurch, der Stein ist zu groß, du wirst dir Zunge und Zahnfleisch zerreißen, und du hast den Mund voller Erde und Sand. So, jetzt hast du ihn glücklich den Abgrund hinunterrollen lassen. Komm, Dackotina, wir müssen nach Haus ins Radiumbad.)

Heute, am 3. Mai, schneit es Riesendreiecke auf die grünen Bäume; es ist ein Wettrennen zwischen braunen Wolken, die sich wie Seehunde auf das Blau des Himmels lagern und dann kindische Flocken wirbeln lassen, und einer Sonne, die gestern noch Bienen und sogar Wespen aufweckte. Man schämt sich wie ein Kind, dem ein Malör passiert. Lurch hat Lehmbauch, weil er plötzlich keiner Wasserlache mehr ausweichen kann. Einige hat er übersprungen, in andere hat er die Leberln tunken müssen. Alle Chemiker — es ist hier ein Chemikerkongreß — spazieren unvorbereitet und zähnefletschend umher, die verlassenen Kaffeetische aller Etablissements stehen auf Vorderfüßen und schlagen hinten aus. Der Kalender zeigt stolz seine drei Eismänner, von denen man immer nur Pankratius nennen kann, genau wie man bei den sieben Musen nach der fünften schon stockt. (Seit der Erfindung der Kreuzworträtsel soll sich das gebessert haben.) Aber die römischen Könige, die zu gar nichts nütz sind, die kann ich heute noch! Die zwei ersten und die zwei letzten waren leicht, nur die Mitte mußte gelernt werden.

Aber nicht die leiseste Schneeflocke bleibt liegen.

Die erste Grille! Sie tritt heimtückisch auf die Sonnenstrahlen, die den Grashalm bei ihrem Loch trafen, und ihre Fühler haben viel zu tun. Erst stellt sie das Datum fest, dann erkundigt sie sich nach dem Thermometer, dann geht sie auf die Weide; aber beim geringsten Geräusch ist sie, kleine Rolls-Royce, wieder in der Garage.

Wenn ich etwas beobachte, muß Lurch auch alles mit untersuchen, damit ihm ja nichts entgehe. Da er Grillen ignoriert, sonst aber nichts Anregendes findet, bläst er wie ein Drache fürchterliche Schnaubsalven in die Wiese und tut, als sei er auf etwas Faules im Staate Dänemark gekommen. Es fällt aber niemand auf seine Intensität herein. Er selbst gibt sie auf und niest, damit ich glauben solle, er habe schon vorhin irgend etwas in der Nase gehabt, das ihn störte.

Auf zum Brunnen, Lurch, wir sind nicht zum Vergnügen hier! Es ist drei Uhr fünfzehn. Der Himmel porzellanblau, dunkler an den hohen Horizonträndern, die die Hügel bilden. Wie aus einer Westentasche halb hervorgezogen, guckt ein milchiges Stückchen Mond auf uns herab. Der Äther ist bis zur Mattpolitur geputzt. Lurch liegt vor mir auf dem gelben, körnigen Sand und spielt Kamel in der Wüste vor dem Samum, der nicht weht. Plötzlich ist er neben mir auf der Bank, weil eine Dame aufgestanden war. Ich lasse ihn sofort wieder herunterspringen, denn man kann nie wissen, in der Tat, es nähert sich eine neue Dame, die mit dem Finger auf die keineswegs beschmutzte Bank zeigt und spricht: „Da, wo der schmutzige Hund war, soll ich mich setzen?" Ich dachte, das wäre ja gar nicht so notwendig, und sagte: „Der Hund ist nicht so schmutzig wie Ihr Zeigefinger, muß ich leider konstatieren." Ich machte ihr aber viel mehr Platz, als sie brauchte, sie betrachtete ihren Finger, konnte nicht mehr leugnen und setzte sich hin; ich hatte ihr mit dem Wiener Journal ein Kissen bereitet.

An den verschiedenen Brunnen darf Lurch nicht frei laufen; da ich aber mit dem vollen Becher spazierengehen muß, will ich nicht riskieren, daß er (etwas hat man immer in der Hand, außer dem Becher mit dem heiklen Glasröhrchen) alles durcheinanderwirbelt, weil er eine interessante Ecke wittert, während mir dabei a) das Röhrchen plötzlich an die Zähne stößt, b) das Paket entfällt und c) der Brunnen über die Hand in den Ärmel fließt. So wird er mit der Leine an einen netten Platz angebunden, ich sage ihm: „Warte, die Mama kommt gleich wieder!" Und er kennt das und wartet, während ich mich brünnlings entferne. Jetzt kommen die Fremden: „Mein, das schöne Hunterl!" sagt der Einheimische. „Woidi!" der vierzehnjährige Gehilfe irgendeiner kleinwinzigen Firma. Die milde Dame aus dem Norden: „Na, Männe? 'n süßer Teckel. Wo ist denn dein Herrchen?" Man umsteht ihn. Man bietet ihm Zucker an. Er dankt pikiert. Manchmal macht er ein Gesicht für den Film: „Ich bin eine arme Waise" scheint sein bitterer Mund zu sagen, seine Augen werden dunkelblau wie englisches Marinetuch, und er leckt sich klein und bescheiden die Oberlippe mit nur einem halben Zentimeter Zunge, die er noch schneller zurückzieht als vorstreckt. Will man ihn anfassen, steht er auf oder wendet den Kopf scharf nach der Seite. Ich sehe und höre, etwas versteckt, von weitem zu.

Er kennt alle meine Einkehrstellen: den Bäcker, den Schinkenmann, den Doktor, den Friseur, auch die Stellen, wo er weiß, daß er an die Leine kommt: vor Pupp wegen der Automobile, und wenn wir über die Brücke gehen, auf der Fahrstraße. Und immer bleibt er ergeben stehen, bis ich mit dem gezückten Karabiner der Leine bei ihm bin.

Ober- und unterhalb der Brücke beim Kurhaus, und nur da, sind Hunderte von Forellen aller Größen zu sehen; die einen, klein wie Sardinen, bleiben untereinander. Dann ist eine Sorte Primaner, auch junge Referendare und einzelne ältere Diplomaten, und unter diesen eine Art Walfischforelle, größer als alle, mit drapfarbenen, rosa gerandeten Flossen. Man wirft ihnen in kurgastlichem Unverstand Brot zu, das sie natürlich nicht nehmen, aber einige untersuchen diese Goldfischnahrung, um dann ergrimmt, ich hätte beinahe gesagt mit dem Fuß, mit dem Schweif zu stampfen.

„Wo ist das Röhrl?" fragt ein Trinker, dem man das Glas ohne Röhrchen ausgehändigt hatte. Keine Antwort. Vier bis sechs Nixen gukken stumm mit Punktaugen aus dem Pavillon, in welchem die Trinkgefäße mit dem Röhrchen lagern, jedes mit Nummer versehen. „Habt ihr nicht gehört? Ich will mein Röhrl haben!" Jede sagt, daß sie gestern nicht da war. Eine hat es natürlich zerbrochen oder verschlampt. Idiot, der man ist, möchte man hören: „Leider habe ich's kaputt gemacht", weil man sich gern entwaffnen lassen möchte und ebendieses Je m'accuse den Groll auflöst; Glas bricht ja so leicht. Aber da kann man lang warten. Ich gebe mein Glasröhrchen nie ins Depot, sondern habe es bei mir in der Tasche oder spieße es auf den

Hut. Der Trinker mußte sich schließlich ein anderes Röhrchen kaufen. Im Augenblick, wo er es benützen wollte, entfiel es seiner Hand, zum Glück nicht in Sehweite der Nixen, und zerbrach so, daß gerade das geknickte Mundstück fehlte. Er steckte das zurückgebliebene gerade Stück in den Becher und sog. Das ging, solange der Becher voll war, dann aber wurde es zu kurz. Er folgte ihm mit dem Gesicht bis tief in das Gefäß. Für einen Schluck ging es noch, dann aber stimmte das Oval des Trinkbechers nicht mehr zum Rund des Gesichtes, und auch ein Vorschieben des eigenen Saugapparats genügte nicht mehr; er wurde so wütend bei seinen Anstrengungen, daß ihm das Glas entfiel, das auf dem Steinpflaster an der Brücke zerschellte. Melancholisch-giftigen Blicks betrachtete er das in der Hand gebliebene Röhrchen und warf es in den Fluß mit den Scherben seines Bechers. Und die Musik spielte heitere Weisen. Viele sehr arme Gesichter gehen vorüber, die Musik macht ihre süßen Ritardandi, um dann in etwas Lustiges hineinzusausen. Aber die Musiker tragen Mäntel, denn es ist kalt. Viele Schuhe gehen vorüber mit ihren Besitzern, auf und ab in der langen Musikhalle zwischen den beiden Quellen Neubrunn und Hl. Elisabeth Rosen. In vier Sprachen sind diese Quellen benannt: „La" Elisabeth-Quelle... „The" Neubrunn..., so daß der

Hypochonder, der aus Frankreich kommt, oder der leberleidende Lord aus England, jeder beglückt einen wohlbekannten Artikel wiederfindet, der nicht ermangeln kann, ihn vollkommen zu orientieren. In der Großstadt kümmert sich keiner um den Passanten; im Kurort ist es anders, man besieht sich gegenseitig eindringlich, als ob es gelte, das jeweilige Weh-weh oder Who's-who zu ergründen. Während der Kurgast A. mit seinem Blick einer merkwürdigen Beinformation bei B. folgt, heftet der Kurgast C. sein Auge auf das große Leukoplastplakat auf A.s Nacken. C.s Knickerbocker, an die er momentan nicht denkt, weil er schon zuviel Gedanken an sie in Leipzig verschwendet hat, erfreuen wiederum den Kurgast D., dessen quittengelbe Gesichtsfarbe die Aufmerksamkeit von E., F., G. und H. erregt, und immerwährend spielt die Musik dazu in Frühlingsrhythmen, und das Kurgastalphabet tritt leise mit, hin und wieder am Röhrchen saugend. Lurch, dem die ganze Angelegenheit unbegreiflich ist, hält seinen langen Krokodilmund leicht abgewendet und wartet in der Sonne, bis ich ihn wieder hole.

So jung, daß man sagen könnte: „sehr jung" — so jung ist der Lurch nicht. Aber er ist ungeheuer lebhaft und muskelstark. Wann ist man jung? Wenn man im Blitzzug am Fenster sitzend denkt, daß man schneller ankäme, wenn man nebenher liefe. Wenn ich den Hund ansehe, muß ich immer denken: noch eine kleine Weile (wie lang —), und er wird nicht mehr sein. Und ich wünsche ihm den schmerzlosen Schlaganfall nachts, während er im Hauptbett schläft. Alle seine lieben Vorgänger haben tragisch geendet.

Pippi der Kleine, der Erste, regierte von 1905 bis 1909, verm. mit Pippa, geb. Wien 1907, gest. 1913.

Käfi der Zweite, 1910 bis 1915, verm. mit Häsi, geb. Salzburg 1912, gest. 1923.

Kinder: Sausi, Brausi, Schnulli, Teifi.

Lurch der Erste, der Bissige, geb. 1916, gest. 1921.

Johann Friedrich Lurch der Zweite, genannt Si-Siling-Gi, Attaché (.....), geb. 1920.

Pippi der Kleine starb an fahrlässiger Tötung. Es war Winter, ich erkältet, konnte nicht mit ihm ausgehen und schickte ihn mit einer Ersatzherrin „Gassi gehen". Die Ersatzherrin kam kurz vor dem Mittagessen ohne ihn heim, — er sei im Garten, sagte sie, aber da er mit Schnüffeln nicht fertig wurde und ihren Ruf ignorierte, sei sie ins Haus gegangen und habe die Türe zugemacht.

Ich spüre, wie ich die Ohren zurücklege, sage aber nichts, lasse den Hund holen und denke mir: „Wenn mir jemand einen Hund anvertraut, so ist der Hund während der Dauer dieses Vertrauens der Herr und ich sein Diener, und ich habe mich zu bemühen, ihn unversehrt wieder abzuliefern." — Wenige Minuten später wird mir der Hund gebracht mit einer schweren Bißwunde unter der Achsel, er hatte vor dem Haus im Schnee gelegen, hinter ihm lief eine lange Blutspur — die Wunde blutete nicht mehr. Er sagte nichts, suchte meine Hand, legte seinen Kopf darauf und schloß die Augen. Später winselte er leise, und ich wußte, daß er durstig war. Er trank gierig über einen halben Liter Wasser und legte sich vor das brennende Kaminfeuer, dehnte sich behaglich und schien ganz glücklich. Er schlief. Im Traum begann er ganz groß und langsam rhythmisch zu wedeln wie in tiefem Glück — ich saß neben ihm auf dem Boden. Das Wedeln wurde schwächer, zwei Sekunden lang öffnete er den Mund wie in Atemnot, schob den Kopf unter meine Hand, und jäh entschlossen rührte er sich nicht mehr.

Er war tot.

Ich begrub ihn im Garten, pflanzte für ihn im Frühjahr einen Fliederstrauch und setzte eine Bronzetafel mit seinem Porträt in Relief davor mit der Inschrift:

Dein Verstehen war Empfinden,
Auch dein Humor war ernst zu nehmen.

Sein Nachfolger hieß Käferl, genannt Käfi, ein Wunder an Sanftmut und Milde. Nur eins konnte er nicht vertragen: Menschen, die, wie ihm schien, unnormal gekleidet waren: alle Uniformen bellte er an, Damen in Reiherhüten, Schwestern in Pflege- oder Ordenstracht, den Koch, wenn er weiß gekleidet war, insbesondere aber Damen. Er tat niemandem etwas, sah mich an mit einem Blick: „Wie kann man nur —!" und wendete sich ostentativ ab. Diese unüberwindliche Abneigung ist ihm später zum Verhängnis geworden.

Er hatte eine reizende Art, andere Tiere zu bewirten. In meinem Schlafzimmer lebte ein Kanarienvogelpärchen, von dem das Weibchen zahm wurde und gern am Boden spazierenging. Käfi näherte sich und forderte sie auf, Reste von seinem Teller aufzupicken. Das war unverkennbar; mit der Pfote schob er das gelbe Vögelchen hin und half auch mit dem Nasenrücken nach, und wenn sie beide am Teller angelangt waren, setzte er sich erwartungsvoll mit blitzenden Augen hin, und wenn der Vogel auf den Teller gesprungen war, lächelte der Hund mir zu: „Was sagst du nun —?" Mit dem kleinen abessinischen Kater Romein, der damals einige Wochen alt war, tat er es ebenso. Aber Romein ließ sich nicht schieben, sondern machte ein paar Schritte zum Schein, dann einen Haken in an-

derer Richtung und setzte die Miene auf: „Ich esse jetzt nicht; in vier Minuten vielleicht, aber jetzt gerade nicht." Dann schaute Käfi zu mir herüber und sagte: „Du siehst, wie er wieder eigensinnig ist — ist das in Ordnung?" Sie liebten sich, und als Romein erwachsen war, umarmte er den Hund mit großen Tragödinnengesten und leckte ihn trocken, wenn er naß von draußen kam, in andächtig-fürsorglicher Art und bekümmerten Blicks. Käfi, wie ein Pascha, legte sich auf die Seite und erwartete das Ende der Prozedur. Dann bestiegen sie gemeinsam ihr Bett und schliefen schnurrend und seufzend ein.
— Wenn Käfi aufwartete, betrachtete ihn der Kater in höchster Verwunderung. Ja, mit seiner silber- und weißfelligen Hand schien er den so merkwürdig hockenden Hund auf seine Stabilität zu prüfen, schüttelte stirnrunzelnd den Kopf und rieb ihn den kerzengeraden Dackelrücken entlang. Als auch das nicht half, schlang er ihm die Arme um den Hals, so daß beide Tiere, auf den Hinterbeinen stehend, der Hund kaum größer als die Katze, sich längere Zeit in Menuettposen hielten. Der Kater lebt noch, steht heut im fünfzehnten Jahre, und seine Sinne sind noch so scharf wie ehedem.

Käfis Leben hat ein jähes Ende gefunden.

Wir fuhren mit einer Dame im Aufzug ins Parterre des Hauses — es war ein altmodischer

Lift, den man mit Seilen bediente, und so eingebaut, daß man zwischen Schacht und Gehäuse etwa fünfundzwanzig Zentimeter freien Raum überschreiten mußte, allerdings führte in jedem Stockwerk eine kleine Brücke darüber, aber rechts und links dieses Steges gähnte der böse Schacht. Die Dame war schon draußen, und ich schickte mich an, wieder hinaufzufahren, als sie mich nochmals rief, die Tür aufhaltend, die ich eben schließen wollte, und, ein Bild der Unentschlossenheit, alle Zweifel ihres Lebens zu meiner Verzweiflung neuerdings vor mir aufzurollen begann. Hätte ich ihr, Höflichkeitsrücksichten außer acht lassend, nur trocken gesagt: „Bitte, entweder hineinkommen oder draußen bleiben — aber so geht es nicht" — dann wäre alles gut gegangen. Nein, ich blieb höflich, ließ der Unentschlossenheit und den nebelhaften Feststellungen der Dame freien Lauf. „Findest du nicht, daß ..." — „Jawohl", sagte ich, „ich bin deiner Ansicht." — „Nicht wahr?" Mein Gott, ich habe ja schon bestätigt — also noch einmal: „Ja." — „Nicht?" — Zum Kukkuck mit der Rederei, also heraus aus dem Lift, dessen Tür ich schließen will. Sie entdeckt, daß sie ein Paket auf der Bank gelassen hatte, will nachsehen, Käfi sieht sich von Reiherhut und Spitzenvolant bedroht, zwängt sich an ihr vorbei, gerät mit der Hinterhand zu nah an den

Abgrund, verliert das Gleichgewicht, hält sich krampfhaft mit den kleinen Händen fest — und ehe ich zugreifen kann, ist er mit einem Schrei des Grauens abgestürzt — dann erst höre ich den dumpfen Fall. Ich rase die Treppe hinunter, breche die Türe auf, und Käfi kommt hervor und heraus, anscheinend mit heilen Gliedern. Er ist am ganzen Körper feucht, ich sehe im Raum nach, der vollkommen trocken ist — bei dem Hund war spontan der Angstschweiß ausgebrochen. Seine Zunge war weiß, ebenso Zahnfleisch und Lippen. Sollte er mit der Angst davongekommen sein? Er ist anscheinend ganz gesund. Nach einem Jahr etwa stellt sich eine Lähmung der Hinterhand ein, erst gering, dann vollkommen. Er schleppt sie wie ein angeschossener Hase nach, ist aber lustig, lebhaft und glücklich. Es gelingt mir durch Griff, Druck und Stellung ohne Hilfe irgendwelchen Instruments die körperlichen Funktionen des Hundes normal zu erhalten. Er ist nirgends wund, er frißt gut und fühlt sich offensichtlich wohl; sechs Monate lang. Der Tierarzt behandelt ihn fast täglich, alles wurde versucht — alles blieb umsonst. Da mußte ich einen schweren Entschluß fassen — faßte ihn und führte ihn auch aus.

Romein blieb allein. Tagelang suchte er den Freund.

Ein Jahr darauf — es war während des Krieges — sah ich bei einem Händler einen einjährigen Dachshund, verlaust, mit Räude und so abgemagert, daß die Hüftknochen und die Rippen hervorstachen und das Rückgrat vom Genick bis zur Schweifspitze unter dem spärlichen Fell an die Perlen eines Rosenkranzes erinnerte. Aber es war ein vollkommen gebauter, edelrassiger schwarzroter Dachshund. Der Händler hatte ihn vor zwei Tagen bekommen und wollte ihn zurückschicken, weil er so verwahrlost und in diesem Zustand unverkäuflich war. Ich kaufte ihn, und nach drei Wochen Pflege und Behandlung war er strahlend schön geworden. Lurch nannte ich ihn, und später Lurch den Ersten, den Bissigen; denn leider, bei aller Schönheit, Intelligenz und Liebe zu mir, seiner Herrin, war selbst ich nicht sicher vor seinen scharfen Kaimankiefern. Er muß in seinem ersten Lebensjahr der Verwahrlosung eine unglückliche Ideenverbindung der menschlichen Hand mit seiner Person erworben haben. Man konnte ihn streicheln, man konnte den Kopf dem seinigen nähern und ihn mit der Hand berühren; sobald aber ein freundliches Wort dazu gesprochen wurde, legte er Lippen und Nase in Falten, entblößte die Zähne, das Auge schimmerte gläsern blau — und im Nu hatte er in die Hand gebissen, die womöglich einen Leckerbissen hielt.

Auch wenn er in idealer Schlafstellung auf dem Rücken liegend mir freundlich zuwedelte und ich ihm ein gutes Wort zugerufen hatte, war er plötzlich von Angst und Wut gepackt auf meine Hand losgefahren. Monatelanges Abwarten, Vermeiden jeder Annäherung in der von ihm gefürchteten Weise vermochten den Bann nicht zu brechen, der ihn scheinbar gefangen hielt. Auch nicht, daß man ihm durch sachgemäße Behandlung mit der Reitpeitsche den Herrn zeigte, dem er sich unterzuordnen habe; diese Maßnahme erwies sich als noch verkehrter. Es handelte sich nicht um Mißtrauen seinerseits mir gegenüber, denn er liebte mich mit seinem schwarzen Dackelherzen wie nur je ein Hund — er war nach dem Beißen rührend zerknirscht und ratlos, wedelte traurig, und auf die Frage: „Was hast du jetzt wieder getan, du Malefizhund?" — kam er heran, legte den Kopf auf meine Knie und schloß die Johann-Wolfgang-Goethe-Augen, die er seinem Sohn, meinem heutigen Lurch, vererbt hat.

Sein Ende fand er im Wald, fünfzehn Minuten vom Hause entfernt, wo wir spazierengingen — seine Frau, Häsi (die Witwe Käfis, eine weiße Dackelhündin), und ich. Es fällt ein Schuß, sehr nahe; beide Hunde waren noch eben sichtbar gewesen. Sie hatten vorzüglichen Appell, aber auf meinen Pfiff kommt niemand, nicht einmal die Hündin, die sonst unbedingt parierte. Ich begegnete einem Heger, dessen Aufgeregtheit mir auffiel. Ein alter Mann, Vater von achtzehn Kindern, leidenschaftlicher Wald- und Jagdmensch. Mir war aber der Gedanke nicht gekommen, daß man auf einen schwarzseidenen Rassehund, noch dazu in allernächster Nähe des Hauses, schießen könne.

Am nächsten Morgen erschien die Hündin allein, verstaubt und wie von Sinnen, scheu, verängstigt. Es war, als ringe sie nach Worten, als hätte sie etwas Furchtbares erlebt — es war mehr als schlechtes Gewissen.

Lurch Eins aber lag tot unter dem Waldmoos verscharrt.

Er hinterließ neun unmündige Kinder aus einem Konkubinat mit einer schwarzen Dachshündin. Die schwarzweiß karierten Pepitadackel, die ich aus seiner Ehe mit der weißen Häsi zu erzielen gehofft hatte, waren ausgeblieben, Häsi warf grundsätzlich nur schwarzrote Kinder mit weißen Zehen.

Und dieser Lurch der Zweite, Augapfel meines Daseins, Johann-Wolfgang-äugig, wohlerzogen, aber verwöhnt, jedes Wort verstehend, aber leider keiner Sprache mächtig, dieser Lurch, der die Pippis und Käfis wiederverkörpert, wird aller Wahrscheinlichkeit nach wie sie eines Tages verlöschen, ohne verstanden zu haben, was er im Leben eines Menschen bedeutete. Nichts — ich weiß es — ich übertreibe wie jeder Künstler, weil alle Künstler Liebhaber und alle Liebhaber die geborenen Übertreiber sind. Aber dieses Nichts ist eine Vollkommenheit, die mit Sentimentalität, mit Besitzergefühl, mit Tierliebe an sich nichts zu tun hat. Diese Liebe ist weder animalisch noch ethisch — sie ist ein göttliches Spiel mit göttlichen Gewalten, ein Jonglieren mit unbekannten Größen, eine durchaus egoistische Angelegenheit mit benevolentem Ausdruck, eine gewollte Abhängigkeit von einer kindlichen Sphinx, ein Geben und Nehmen, das restlos in doppelter Buchführung aufgeht und nur den einen Unterschied zeigt: ich weiß oder glaube zu wissen, und er weiß nicht. — Und nie wird eine andere Brücke von Ufer zu Ufer führen als die meiner Phantasie.

Große Sachen leicht und kleine schwer nehmen: so lassen sie sich alle fangen und fallen nicht aus der Hand. Es ist eine große Sache, der Natur so nahe zu kommen, daß man spürt, wie sie einem ein Geheimnis anvertraut. Vor Menschen soll man es nicht ausplauschen; die schönsten Dinge werden mißverstandene Schlager.

Lurch will immer Gassi gehen, und ich will arbeiten.

Ich habe meine zwei Themen. Seit bald zwanzig Jahren will ich wissen, was Eifersucht ist, das heißt, wozu dieses Wort gebraucht wird. Ich habe viele Menschen gefragt, alle waren von der Notwendigkeit des Wortes erfüllt, „da es ja die Sache gibt". Aha, gut; aber was ist die Sache? Eifersucht gehört, wie mir scheint, zu den Dingen, die man nur mit „ist, wenn man" definieren kann. Wir kommen noch darauf zurück! Das andere Thema ist: Die kleine Frau.

Lurch muß zur Waage. Er wiegt siebzehn Pfund. Dies festzustellen, kostete eine Krone. Danach konstatiere ich, daß ich sechshundert Gramm in zwei Tagen verloren habe. Gehe ich zu Loib frühstücken, so bekomme ich die sechshundert Gramm sofort wieder — das werde ich also bestimmt nicht tun, sondern meine selbsterfundene Diät weiter einhalten. Um sechs Uhr aufstehen, zu irgendwelchem Brunnen gehen und zwei bis drei Gläser trinken, dann vierzig Minuten gehen, inzwischen zwei Semmeln und zwei Schwarzbrote gekauft haben, dann im Geysirpark zwei schwarze Kaffee und eine Milch, zwei viereinhalb Minuten gekochte Eier bestellen. Dieser Kaffee dort! Einen bessern findst du nit. Ich kenne den Elefanten-Kaffee, den Freundschafts-Kaffee, den Pupp-Kaffee, den Aberg-Kaffee — und verschiedene andere: keiner kann vor der Güte des Geysirkaffees bestehen. Man sollte denken, daß niemand an Gewicht abnehmen kann, der so frühstückt. Weit gefehlt.

Vom Geysirpark zu meiner Wohnung mit Umwegen wieder neunzig Minuten Spaziergang. Radiumbad, und dann ins Bett. Kein Mittagessen. Um drei Uhr wieder aufgestanden, zwei Stunden für Lurchs Taille spazierengegangen (no, und für die meine nicht?!), dann wird das Abendessen gekauft: Schwarzbrot, Butter, zwei Sardinenbüchsen à sieben bis acht Stück, zwei harte Eier, Tee habe ich von zu Haus. Die sechzehn Sardinen werden nur des Kopfes und des Schwanzes entledigt und à la Seehund ganz verspeist; und dann wird das Büchsenöl ausgetrunken. Die Sardinen sind die besten ihrer Art: klein, aber unbeschreiblich wohlschmeckend. „Sardines des Gastronomes, Amieux frères." Picknick-Packung (Boîte piquenique). Auf der Büchse trägt sie ihren Entlötungsschlüssel und eine winzige dreizinkige Gabel für den gierigen Gastronomen und ist, soviel ich weiß, in Karlsbad nur im Delikatessengeschäft Schauer zu haben. Es gibt wunderbare Sardinen, und ihre Rassen scheinen so verschieden zu sein wie die der Hunde; es gibt eine große entrückgratete mit tiefem Brustkasten wie bei einem Barsoi, in ihr eigenes Stanniol gewickelt; aber meine kleine ist noch feiner im Geschmack. Manchmal anstatt der Fische kaufe ich ein halbes Brathuhn oder Schinken. Das Mittagessen wird bei dieser meiner Diät

„einfach vergessen". Nach vier Wochen bin ich um sieben Pfund leichter und notiere einen Rekord von 396 Sardines des Gastronomes.

Das Leben — — schön ist es — wir haben es beide, Lurch und ich.
Es ist auch furchtbar.
Man sitzt vor dem Vorhang und wartet auf den Beginn des Stückes.
Es hat ja längst begonnen!
Aber der Vorhang ist noch nicht aufge...
Das gehört zum Stück!
Ausreden lassen: der Vorhang ist noch nicht aufgegangen. Pause. Jetzt hat man mich ausreden lassen, und ich weiß nicht, ist der Vorhang schon aufgegangen oder nicht... Das Stück hat jedenfalls längst begonnen. Es muß portugiesisch gespielt werden, da ich kein Wort verstehe. Dabei geht es merkwürdig zu — teils sitze ich vor dem Vorhang, der nicht aufgeht, teils spiele ich hinter dem Vorhang, radebreche auf portugiesisch, und darob wird man allmählich ein halbes Jahrhundert alt. Von Hause aus bin ich nicht viel weniger primitiv als der Lurch. Aber er hat bald ausgelernt, während ich immer neue Lektionen aufhabe. Kaum bin ich so weit, daß ich sie auswendig kann, werde ich weder abgehört noch in die Gelegenheit gebracht, zu zeigen, was ich gelernt habe — im Gegenteil, man

hört mich in einer Materie ab, die mir niemand aufgegeben hatte. Gut, sage ich, bis Dienstag abend werde ich so weit sein. Aber am Mittwoch früh wird überhaupt nichts verlangt. Ich habe wieder umsonst gelernt. Ich werde demnächst Privatdozent sein. Sehr privat. Denn niemand hört. So ist das Leben. Ist man ein geborener Schenker, so wird einem alles genommen, ehe man Zeit zu schenken hatte. Ist man ein geborener Nehmer, so steht man vor 48 mm dicken Safes. Ist man von Natur aus Maler, wird man ohne Hände geboren, weil es ja erwiesen ist, daß Raffael auch ohne Hände ein großer Maler gewesen wäre.

Das Leben ist ein Stück ohne Probe. Es wird aus dem Stegreif gespielt, und nimmermehr läßt sich eine Szene wiederholen, die man hätte besser spielen wollen. Alles ist Premiere, und die Zuschauer, die gelegentlich mitspielen, außerdem aber für alle Fälle faule Äpfel in der Tasche haben, sind Teufel und Idioten. Wie ist das reizvoll!

Bemühen wir uns, weniger schwarz zu sehen, laßt uns frühstücken. Jedesmal, wenn ich ein Ei in der Schale essen will, denke ich an die Gefahren, denen ich seit Jahren glücklich entrinne, seit ich die Zusammenhänge kenne.

Es gibt spezielles „Ei-Malör", so wie es das Orangenmalör gibt: Schnitt für Schnitt beim Schälen ins Fleisch der Frucht, die dabei blutet; oder das Duschenmalör: man beugt sich, noch angezogen, über die Wanne, hantiert an einem Hahn und bekommt eine saftige Dusche von oben über Haar und Kleid, weil ein unbeachteter, unberührter, mit der Parole „Brause" versehener Hebel gemeinsame Sache mit dem Hahn gemacht hat. Die Dusche ist zunächst eiskalt. Man fährt entsetzt zurück, muß aber, um das Malör wieder gutzumachen, noch einmal Hahn und Hebel bearbeiten. Inzwischen ist der Platzregen kochend heiß geworden. In eine ähnliche Kategorie fallen die unbestrittenen Tatsachen, daß es zum Beispiel genügt, an einem bettlägerigen Kranken eine harmlose Tasse Milch vorbeizutragen, damit er schon Brotbrösel in seinem Bett spürt und findet; oder, Spinat ist kaum im Speisezimmer angelangt, schon ist die Serviette eines Gastes grün.

Beim „Ei-Malör" liegen die Dinge etwas anders:

Das Ei, die Glanzleistung des Huhnes, ist für mich in der Hand des frühstückenden Menschen Gegenstand eines besonderen Interesses. Oft mache ich mir den Spaß einer bestimmten Frage, die mir auf dreierlei Art beantwortet wird; meine Frage ist: Stellen Sie das Ei rund oder spitz in den Eierbecher? Die einen sagen, sie achten darauf nicht, die andern wünschen die runde Seite, die dritten endlich die Spitze oben zu sehen. Ich schicke voraus, daß ich zu diesen gehöre, und da entspinnt sich regelmäßig folgender Dialog: Der Rundliebhaber: Natürlich rund nach oben, denn ich will eine breite Öffnung haben, der Kreis der spitzen Seite ist zu schmal für Löffel oder Brot.

Ich: Auf der spitzen Seite können Sie aus bestimmten Gründen die Öffnung tiefer legen und erhalten so den gleichen erwünschten Durchmesser, minus der Nachteile, die Sie an der Rundseite gewärtigen müssen.

Der Rundliebhaber: Nachteile? Habe ich nie bemerkt. Und warum sollte man an der Spitzseite den Schnitt tiefer legen können?

Ich: Ist Ihnen niemals ein „Ei-Malör" passiert?

Der Rundliebhaber: Ei-Malör?

Ich: Über die Art des Öffnens spreche ich später, aber sehen Sie, auf der Rundseite passiert es trotz aller Vorsicht fast immer, daß man beim Öffnen das Gelbe verwundet, so daß es einem über den Daumen, die Eierschale und den Becher entlang rinnt. Und wissen Sie warum? Weil nämlich auf der Rundseite das Gelb innen bis fast zur Schale reicht, während es auf der Spitzseite von einer größeren Schicht Eiweiß geschützt ist, und deshalb können Sie auf der Spitzseite den Öffnungsschnitt tiefer legen, wodurch die Breite entsteht, die Sie für Löffel und Brot brauchen, und niemals das oben beschriebene Ei-Malör, unter der Bedingung, daß das Ei nicht halbroh serviert wurde. Wie lange wollen Sie das Ei gekocht haben? (Das weiß der Rundliebhaber gewöhnlich nicht.) Ein Normalei braucht genau viereinhalb Minuten, um wachsweich zu werden, das heißt ein absolut unflüssiges Eiweiß mit gerade nicht flüssigem Eigelb zu zeigen. Und jetzt, bitte, wie öffnen Sie? Nicht viele sind sich der Art dieses Handgriffes bewußt. Ich habe viele Systeme und Systemlosigkeiten dabei beobachten können: der eine behandelt das Ei wie der Gärtner den Erdboden mit der Schaufel: er sticht hinein, unbekümmert um eine mögliche Verwundung des Eigelbs, und hebt, weiter einschneidend, die Kappe hoch, die ihm bei dieser Gelegenheit fast immer auskommt, während das Ei überläuft, das er nicht schnell genug retten kann. Hat er nicht viereinhalb Minuten Kochzeit verlangt, so ist bestimmt das Ei-Malör fertig.

Dann gibt es ein nervöses Herumgepoche am Ei hier und dort, die Kappe bricht unregelmäßig ab, Eiweiß läuft voreilig heraus, Gelbes benützt die gleiche Gelegenheit, dafür aber gehen Schalenteilchen in den erschreckten Dotter, und trotzdem, am nächsten Morgen macht es der Eiliebhaber ebenso und denkt, er habe es mit der Tücke des Objekts zu tun.

Ich kenne auch Leute, die mit dem Rücken des Löffels kolumbusartig das Ei oben in tausend kleine Sprünge eindrücken, um dann endlose Abhebungen der Schalenteilchen vorzunehmen, die sich mit Vorliebe in das Innere des Eßbaren begeben. Auch habe ich erlebt, wie das Ei zum Beispiel auf der Westseite aufgehackt wird und der Löffel dann resolut von Osten eindringt, obgleich Süd und Nord noch glatt geschlossen sind, was naturgemäß eine unkontrollierbare und ungleiche Öffnung ergibt, vom Ei-Malör nicht zu reden. – Bei meinem ausprobierten System kann nichts passieren. Mein Ei hat viereinhalb Minuten gekocht, ich nehme es in horizontaler Lage, die Spitze der Rechten zugekehrt, in die linke Hand und gebe mit dem Messer nacheinander vier sichere Schläge auf die Ost-, Süd-, West- und Nordseite, nach jedem Schlag drehe ich das Ei, so daß ich ihm in vier Himmelsrichtungen das Käppchen durchgeschnitten habe. Dann setze ich es mit der runden Seite in den Eierbecher und hebe die Kappe ab. Das Eigelb ist unverletzt und bleibt gewölbt stehen, in der Kappe ist der Überfluß an halbfestem Eiweiß. Notabene befindet sich darin auch jenes darmartig gewundene Gebilde, eine Art Nabelschnur, der ich unerwünscht und unbemerkt begegnen würde, wenn ich mein Ei umgekehrt esse, das heißt, von der runden zur spitzen Seite hinunter.

So geringfügig der Anlaß erscheint, so habe ich mir doch manchmal den Spaß gemacht, meine Theorie, die einleuchtend genug ist, weil sie einem physiologischen Gesetz entspricht und als gut bewiesen werden kann, auseinanderzusetzen. Der Einwand, man wolle einen breiten Eingang schaffen, fällt ohne weiteres zusammen.

Die Antwort: „Es ist doch ganz gleichgültig", die ich einmal bekam und die einem kleinen Eitelkeitsmoment entsprang, weil Einsicht zweifellos vorhanden war, aber auch prinzipielle Resistenz der Jugend, die sich nun einmal selbstherrlich unantastbar gebärdet und nicht der kleinsten Unvollkommenheit oder Unerfahrenheit überführt werden möchte, diese Antwort: „Es ist doch ganz gleichgültig", die zum Schutz gegen das Besserwissen des armen reiferen Alters dient, diese Antwort hat mich mit vielen ähnlichen zu dem Buch „Der Kampf mit dem Fachmann" angeregt.

Ich erlebe eine wirkliche Freude, wenn mir jemand antwortet, er drehe stets die Spitze nach oben, falls er es nicht mit einem Huhn zu tun hätte, das rund legt, was auch vorkommt (aber irgendwie ist die Spitze doch kenntlich). — Die Art, wie einer das Ei öffnet, zeigt manches vom Charakter. Ein besonders rücksichtsvoller, feinfühlender Mensch wird dabei sicher zart und umsichtig vorgehen, während der brutaler veranlagte in seiner Rücksichtslosigkeit und Eile, die dem Zufall alles überläßt, einen Mangel an Beziehung zur Umwelt, ein Quantum primitiver Egozentrik, vielleicht Herrschsucht verrät und sicherlich nicht allzuviel Ordnungsliebe. Ich lasse jeden seine Ei-Malörs erdulden, ich selbst habe endgültig damit gebrochen, muß aber hier von einem Eiöffner sprechen, der mir viel Spaß macht. Er sieht aus wie die etwas O-beinige Basis des Eiffelturms, an Stelle des spitzen Turms ist ein kleines Hirschgeweih. Die Basis des Turmes, die vier Füße also, werden, wie mir die Frau des Erfinders schrieb, auf die Spitze des Eis gesetzt und „tapfer zusammengezogen", indem man die beiden Geweihstangen oben zusammendrückt. Die Eikappe wird angenehm klar von den vier Eiffelturm-O-Beinen abgebissen, bleibt im kleinen Apparat und kann, wenn man den Geweihdruck lockert, neben das Ei deponiert werden. Eine reine Freude. Das ganze ist aus Nickel und müßte in jedem Hotel auf dem Frühstückstisch liegen. Im allgemeinen habe ich Spezialinstrumente nicht gern; alles kann man mit dem Triumvirat Gabel, Messer, Löffel erreichen, und für nichts in der Welt würde ich Spargel mit der eigens dazu komponierten Zwicke essen. Aber das Zusammendrücken des Geweihs macht mir täglich Spaß.

Lurch, weg mit den Händen, lasse mich schreiben, ich muß endlich das uralte Thema ins Auge fassen. Ich habe sehr häufig schon an einem Wort Anstoß genommen, muß daher untersuchen, was daran ist, beziehungsweise was mich an dem Wort irgendwie, und warum es mich „schockiert".

Es ist das Wort Eifersucht und wahrscheinlich auch die sogenannte Sache, die es zu bezeichnen hat.

Allons–y! Lasset uns untersuchen!

Im Theater zu sitzen vor der Bühne, einem gutgemachten Stück und gutspielenden Akteuren zu folgen, ist eine Freude.

Ein langersehntes Buch aufgeschnitten in der Hand halten, im geliebten Haus der geliebten Heimat die geliebte, wohlbekannte Aussicht auf Himmel, Horizont und Land genießen, und, um etwas Prosaischeres zu nennen, eine gute Speise und ein guter Wein auf dem Tisch: dies alles sind Freuden des Daseins unter vielen anderen.

Aber auch die Vorfreude ist eine bestimmte, von der andern zu unterscheidende Freude, denn sie spielt sich in der Phantasie ab, in einem

Zeitpunkt, wo das Erwartete noch nicht eingetroffen ist, also vor dem geschlossenen Vorhang einige Minuten vor Beginn des Stückes zu sitzen, ein erwünschtes Buch aufschneiden, was an sich gewiß kein Vergnügen ist, allmählich sich der Heimatgegend nähern oder, um auch das prosaische Vergnügen zu beleuchten, im Restaurant einen beladenen Kellner zu erspähen, der sich vielleicht an meinen Tisch mit dem von mir bestellten Mahl heranbegibt.

Freude tut bekanntlich wohl, und auch die Vorfreude hat ihre Vorzüge. Was weh tut, nennt man Schmerz, und die Vorahnung oder Befürchtung eines Schmerzes heißt nicht Vorschmerz, sondern Furcht oder Angst.

Nun begeben sich aber diese Vorahnungen Furcht und Angst auch in andere Gebiete, ins Gebiet der Vorfreude, ja selbst der Freude; es entsteht die Furcht, diese Freude zu verlieren. Bei den „kleinen" Freuden Theater, Buch, Haus, Mahl tritt sie kaum in die Erscheinung, weil die Wahrscheinlichkeit des Verlustes gering, und weil der Verlust oder die mißglückte Freude mehr oder minder leicht verschmerzt wird.

Bei tieferen, ernsteren Freuden ist aber (nicht immer bewußt) die Furcht des vorzeitigen oder späteren Verlustes gleichsam ein Bestandteil der Freude, ein lauernder Feind, auch ein umsichtiger Wächter der Freude; ja, diese latente

Furcht ist so sehr Bestandteil der Freude, daß sie deren Wert zu erhöhen vermag. Freude erhält Seltenheitswert, und auch ihre Gefährdung macht sie kostbarer, sie muß aber gegen Schmerz geschützt werden.

Meine Freude an Lurch, um beim Naheliegenden zu bleiben (er liegt tatsächlich mir nahe auf einer ausrangierten Decke des Geysir-Cafés), wird mannigfaltig geschützt. Physische Gefahren werden auf das Minimum, ja auf Null reduziert durch vernünftige Pflege und vernünftige Aufsicht. Freude wird erhöht durch sorgfältige Beobachtung, Eingehen auf seine Individualität, Ausnutzung all seiner Impulse zur idealen Freundschaft zwischen dem gräßlich wissenden Menschen und der herrlich unbewußten Natur und durch eine künstliche Entmenschung meinerseits zugunsten einer natürlichen Tierhaftigkeit im idealen Sinn, das heißt einer Tierhaftigkeit, die alles ausschließt, was Menschen sich im Lauf von Jahrtausenden angeeignet haben: falsche Bewegungen, Lärm, Hast, Aufgeregtheit, Schlamperei, talentlose Herrschsucht, was weiß ich.

Die Freude an Lurch wächst mit den Jahren. Die Zahl der Worte und Sätze, die er versteht, nimmt zu, und ich selbst habe gelernt, aus seiner Miene die jeweilige Antwort zu lesen. Er kommt zum Beispiel an den Schreibtisch und wartet ernst und fromm auf. Er will etwas, aber was? Ich frage also: „Möcht' er Gassi?" Keine Antwort, er wartet weiter auf, hat nicht „gezeichnet". „Ist die Decke heruntergefallen?" Er folgt meinem Blick, bleibt ruhig sitzen. Nein, das Bett ist in Ordnung. „Hast du Durst?" (und ich begleite beim erstenmal die Frage mit einem Zungenschnalzen, das dem Geräusch des Wasser trinkenden Hundes gleicht). Er „zeichnet" sehr stark, fällt auf die Vorderfüße und bejaht mit einem kurzen Bellen. Auf das Wort „Bleib stehen!" rührt er sich nicht von der Stelle, und auf „Jetzt kannst du laufen!" galoppiert er über den Fahrdamm in der Stadt. Bemerkenswert ist auch, daß er die Schärfe meines Gesichtssinnes überschätzt oder mir höhere Fähigkeiten zutraut. So wird er im stockfinsteren Zimmer wortlos, fast geräuschlos, wenn er etwas wünscht, aufwarten, im festen Glauben, daß ich sein stillflehendes Männchen „weiß". Offenbar kann er mich und meine geöffneten Augen wahrnehmen; halte ich sie jedoch geschlossen, wird er sich zuerst eines leisen Pfeiftons bedienen, und wenn das auch nichts nützt, zu mir heraufspringen und sanft an meine Augendeckel stoßen.

Ich will mich aber nicht länger mit der Beschreibung dieser Freuden befassen, ich muß meinem Thema auf den Leib rücken, muß es überdenken, unbehelligt von Lurchs schwarzglänzender Gegenwart, wie denn jedes Erleben von der persönlichen Beziehung loszulösen ist, bevor man es auf Wurzeln, Folgen und Zusammenhänge untersuchen kann. Es muß mit der Sonde des Gedankens, unabhängig von der Beziehung zum Denkenden, gemessen werden.

Gibt es für die Bezeichnung der vorhin erwähnten Furcht, Freude oder Glück zu verlieren, einen besonderen Namen? Nein. Und wie ist es mit dem Glück der Liebe? Die Freude am Dasein und an der Art eines Freundes oder Geliebten ist zuweilen auch von der Furcht begleitet, sie zu verlieren oder getrübt zu sehen, es wird viel davon gesprochen, es wurde viel darüber gedichtet, und plötzlich taucht ein Wort auf, das jedem geläufig ist, das Wort Eifersucht. Nicht nur, daß dieses Wort auftaucht, es ist gang und gäbe, und trotzdem bin ich mir nicht klar über die Notwendigkeit eines speziellen Wortes, die sich ohne weiters da ergibt, wo Begriffe sich in mannigfaltige Abarten teilen, wie zum Beispiel bei dem Begriff Krankheit. Eine gewisse Art Schmerzen mit gewissen Symptomen ergibt als Diagnose Blinddarmentzündung, Meningitis, Mittelohrentzündung und so weiter. Anders scheint es sich bei dem Wort Eifersucht zu verhalten, und dieses will ich untersuchen. Ich sehe die Notwendigkeit dieses Wortes nicht ein.

A. liebt B., und B. „gibt A. Grund zur Eifersucht". Was heißt das? Zunächst will ich das Wort selbst betrachten, das mir sinnlos gebaut zu sein scheint: die Sucht, also die Seuche des Eifers.

Eifer ist etwas, das jeder Lehrer vom Schüler, jeder Chef vom Untergebenen verlangt. Dem jungen Diplomaten sagt der erfahrene Chef allerdings: „et surtout pas de zèle!..." Man kann beim Eifer Pech und Mißerfolg haben, Eifer ist an sich nichts Schlechtes, sofern es sich nicht um Streberei handelt, was der Chef des Diplomaten wohl im Sinn gehabt hatte.

Sich ereifern heißt auf englisch „to fly into a passion" (in eine Leidenschaft, in Wut fliegen, flüchten oder geraten). Sich nicht ereifern heißt „to keep cool" (kühl bleiben) oder, was schwer zu übersetzen ist, „keep your temper" (Ruhe bewahren im Sinn von Laune, Temperament bändigen).

Ferner gibt es den unwahrscheinlich idiotischen Satz, der dem Wortspiel zuliebe a conto des Sinnes geprägt wurde:

> Eifersucht ist eine Leidenschaft,
> die eifrig sucht, was Leiden schafft.

Ein Unsinn, denn ich kann durch konsequentes Tragen von zu engen Schuhen mir absichtlich und bewußt ein Fußleiden erwerben, habe also gesucht zu erreichen, was Leiden schafft, bin aber deswegen noch lange nicht eifersüchtig.

Gewiß, gewiß, es gibt Masochisten, die sich mit Wonne in Liebesleid und in den Leiden der sogenannten Eifersucht wälzen, und in dichterisch und künstlerisch veranlagten Menschen mag ein Schuß Masochismus stecken, doch kommt dies nicht in Betracht bei der Ergründung der Eifersucht als Wort und als Sache.

Zurück also zu dem ersten Satz „A liebt B, und B gibt A Grund zur Eifersucht", ein Satz, der Tausende von Malen gesprochen und gedruckt wurde. Ich muß, um im Bilde zu sein, wissen, wer und wie A ist und wer und wie B. Sind A und B zum Beispiel zwei primitive Sizilianer, nennen wir sie der Einfachheit halber Adolfo und Bartholomea, so besaß Adolfo nicht nur im biblischen Sinn, sondern im Sinn primitiver Liebhaber, die ihre Geliebte mit Leib und Seele, Haut und Haaren als rechtmäßige liebende Herren ihr eigen nennen, diese Bartholomea. Adolfo glaubt auch ihre Liebe zu besitzen, sieht aber erbleichend an verschiedenen Zeichen, daß er Bartholomea an einen anderen verlieren könnte, und gerät in schmerzlich wallende Wut. Diese schmerzliche Wut wird übereinstimmend Eifersucht genannt, wenn es sich bei dem möglichen Verlust um einen C handelt, also um einen Carlo, der den Besitz dem Adolfo streitig zu machen scheint, oder wenn Bartholomea, durch ihre auffallende Freundlichkeit für den unschuldigen Carlo, der sich bis dahin neutral verhalten hatte, Wankelmut in ihrer Liebe offenbart. Adolfo besitzt sie noch, befindet sich aber im Vorschmerz wegen Gefahr des Verlustes. Da er primitiv ist, löst sich der Vorschmerz in Ergrimmtheit auf. Zorn geht gegen ein Objekt, man zürnt nicht in die Luft, also gegen Carlo, gegen Bartholomea oder gegen beide. Und dieses Gefühl, das sich bei primitiven Menschen in schmerzlichem Zorn äußert, mit einer feindlichen Spitze gegen ein Individuum richtet, nennt man frisch von der Leber weg Eifersucht.

Lautet der Satz so: „Adolfo liebt Bartholomea, und Bartholomea gibt ihm Grund zu schwerer Sorge", und handelt es sich um keinen Carlo, sondern Bartholomea ist zum Beispiel sehr krank, so fürchtet Adolfo sie durch den Tod zu verlieren. Er empfindet einen tiefen Schmerz, aber keinen Zorn, denn der Tod ist kein Individuum, und wäre er es, die Menschheit hat sich längst an die Tatsache gewöhnt, daß er der Stärkere ist. Zur Eifersucht gehört also unbedingt und in jedem Sinne ein Sündenbock, auf den Adolfo den Schmerz abreagieren kann, den er aber, weil der Stolz nicht erlaubt, dem Carlo Schmerz als Schmerz zu zeigen, in

Zorn, Verachtung, Haß umwandelt. Daß aber Adolfo in seinem Schmerz über schon erfolgten oder zu erwartenden Verlust im Falle Carlo eifersüchtig genannt wird, während er bei Verlust an materiellem Besitz zum Beispiel kurzerhand Pechvogel heißt, erscheint mir nicht gerechtfertigt. Adolfo liebt seinen Schatz, sieht, wie er ihn an Carlo verliert, und ergrimmt, leidet, tobt, weint, greift als Sizilianer vielleicht zum Dolch, erdolcht Bartholomea und Carlo, oder nur einen von beiden, oder als Amokläufer alles, was ihm in den Weg tritt, zuletzt vielleicht sich selbst. Er war eifersüchtig. Also gut, er war eifersüchtig.

Wir wollen ihn in eine andere Situation bringen.

Er besitzt noch einen Schatz, den er auch liebt, Bartholomea ist brav und erfreut ihn, der andere Schatz ist keine Frau, sondern ein Gegenstand, ein Amulett, von Vater auf Sohn seit urdenklichen Zeiten vererbt, ein Glück bringender Ring, es ist sogar ein antik griechischer Ring, aber das weiß Adolfo nicht einmal, jedenfalls ist dieser Ring der Schatz des Hauses und besitzt die Macht, Unglück von der Familie fernzuhalten. Das weiß auch Carlo, dem es schlecht geht, und der hat nur eins im Sinn, den Ring muß er haben, dann wendet sich sein Geschick. Sie treffen sich in der Osteria beim

Wein. Carlos Plan ist, Adolfos Geldbeutel in die Hand zu bekommen, denn dort wird der Glücksring verwahrt. Carlo hält einen wertlosen, goldfarbigen Ring in der Hand versteckt, füllt von neuem Adolfos Glas, zieht seine eigene Börse hervor und spricht:

„Du kannst dir von mir zwei Lire oder eine Lira nehmen und in deinen Beutel tun, ich werde nicht hinsehen, und wenn ich richtig geraten habe, wieviel du genommen hast, gibst du sie mir wieder, wenn nicht, ist das Geld dein. Der Kellner Giulio wird Zeuge sein."

Adolfo geht auf das Spiel ein, nimmt eine Lira, legt sie in seine Börse und sagt: „Fertig!"

Carlo, der zwischen den Wimpern genau beobachtet hatte, rät: „Zwei!"

„Falsch!" sagen Adolfo und Giulio. „Eine Lira verloren!"

„Noch einmal", sagt Carlo und legt den dichten Fransenvorhang seiner Wimpern sorgfältig undicht über die Augen.

Adolfo zieht diesmal zwei Lire aus der Börse, während Giulio sich erregt die zusammengepreßten Lippen leckt.

„Eine Lira!" sagt Carlo.

„Falsch!" ruft Adolfo, von seiner eigenen Geschicklichkeit begeistert.

„Also einmal noch!"

Adolfo weiß nun nicht, ob es diplomatischer

ist, eine Lira zu nehmen oder zwei. Giulio raunt ihm zu: „Nimm eine, er sagt bestimmt zwei."

Gesagt, getan.

„Zwei", sagt Carlo.

„Falsch!" schreit Giulio, dem das Spiel außerordentlich gefällt.

„Nun", meint Carlo, „wenn du ein wirklicher Signore bist, dann gibst du mir einmal Gelegenheit, mein Geld zurückzukriegen."

„Va bene!" Adolfo ist einverstanden, schließt seine gutmütigen Augen so fest, daß er die Wimpern mitverschluckt, und hält die offne Börse hin. Carlo nimmt zwei Lire in der sicheren Erwartung, daß Adolfo auf seine Hast rechnet, möglichst viel Verlorenes einzuholen, und vergewissert sich über die Lage des Ringes, der richtig aus einem Haufen Soldi hervorblinkt, und sagt: „Fertig!"

„Zwei!" sagt Adolfo, und Giulio: „Richtig, also behält Adolfo seine zwei Lire."

„Verflucht!" sagt Carlo. „Also einmal noch."

Adolfos Pupillen sind versteckt, Carlo, wie um Adolfo zu necken, klimpert etwas mit dem Geld, unschlüssig, ob er eine oder zwei Lire nehmen soll, nimmt erst zwei, dann legt er langsam eine zurück, hält die linke Hand über die Börse, wie um sich vor Adolfos Durch-die-Wimpern-Gucken zu schützen, wechselt geschwind die Ringe aus und sagt: „Fertig!", nachdem er Giulio feierlich die eine Lira gezeigt hatte.

„Zwei", sagt Adolfo.

„Falsch!" brüllt Giulio und klatscht in die Hände.

„Na, wir wollen's genug sein lassen, vier Lire hat mich der Spaß gekostet", meint Carlo. Und beide gehen nach Hause. Adolfo merkt lange nichts, viele Tage lang. Auf einmal erkennt er seinen Ring nicht wieder. Der in der Börse liegende gleicht ihm sehr, doch kommt er ihm zu leicht vor, auch ist er anders verschnörkelt, kurz er ist bestohlen, aber seit wann, durch wen? Wie lange ist es her, daß er den echten Ring noch als den echten betrachten konnte? Genau weiß er es nicht, er flucht, er stöhnt, er tobt. Er hat Verdacht, fordert Carlo in der gleichen Osteria plötzlich auf, ihm seine Börse zu zeigen. Carlo, der seit langem vorbereitet ist, öffnet sie, der Ring ist nicht darin. „Willst du wieder una lira due lire spielen", fragt er scheinheilig, „ich möchte gern meine vier wieder gewinnen." Aber Adolfo ist finsterer Stimmung.

„Da", sagt er und wirft Carlo den falschen Ring hin, „genug des Spaßes, gib mir meinen Ring wieder!" Er weiß jetzt mit Sicherheit, daß nur Carlo den Ring genommen haben kann, nur Carlo hatte Ursache und Gelegenheit, ihm den Schatz zu entwenden.

Es gab an diesem Tag einen furchtbaren Streit in der Osteria, Adolfo spie alle Schimpfworte, die er kannte, Carlo ins Gesicht, und er kannte ausgezeichnete, erfand neue dazu, schwor blutige Rache, lief zur Polizei, erhielt nach Wochen seinen Ring wieder, denn der Verkäufer des antiken falschen Ringes hatte in Carlo den Käufer wiedererkannt. Was dann passierte, hat für das Thema wenig Interesse, nur dieses: Die Wut und die Verzweiflung, der Schmerz um den verlorenen Schatz, ehe Adolfo ihn zurückerhalten hatte, wurde nicht Eifersucht genannt.

Also im ersten Falle verliert Adolfo Glück und leidet, und dieses Leid wird Eifersucht genannt. Im zweiten Fall ist nur das Objekt des Verlustes ein anderes und vielleicht der Grad des Schmerzes, aber Adolfos Schmerz hieß nicht Eifersucht.

Nun ja, wird man mir sagen, ich renne offne Türen ein, der Schmerz um ein menschliches Liebesobjekt heißt eben Eifersucht. Nein, sage ich, der Schmerz um ein menschliches Liebesobjekt ist zunächst einmal Liebesschmerz, Punktum. Es gibt ja nur den einen Schmerz des beginnenden oder vollzogenen Verlustes, einerlei wodurch er entstand. Verlust eines geliebten Menschen kann durch den Tod eintreten, durch persönliches Erkalten in der Liebe dieses Objektes ohne Hinzutreten eines Dritten, durch die eigene Erkenntnis, daß das Wertobjekt an Wert eingebüßt hat, durch Unzulänglichkeit eines Objektes, die ich zuerst nicht erkannt hatte, oder das Objekt hat sich ein wenig von mir abgewendet im Laufe des Lebens und der Begebenheiten, oder ganz abgewendet, oder zu einem anderen gewendet, das tut weh, macht mich nachdenklich, krank, es quält, ich leide, ich habe Liebesschmerz. — Und wenn es sich, und wir nehmen an, daß es das tut, um einen Nebenbuhler handelt?

„Nun ja, es ist eine Qual, meinetwegen die Qual aller Qualen."

„Die heißt eben Eifersucht."

„Dafür sollte es kein Wort geben. Wie nennt man das, was ein General fühlt, der eine Schlacht verloren hat, oder gar einen Krieg? Ich bin weit davon entfernt, eine Liebesangelegenheit mit dem Krieg zu vergleichen, sondern erinnere nur daran, daß der Kummer des Generals keinen speziellen Namen hat. Das Wort Eifersucht hat mir immer mißfallen. Warum soll mein Leid eine Sucht sein? Vom Zornigen sagt man in scherzhafter Übertreibung, er habe einen Tobsuchtsanfall; wenn ich Geld ungern verliere, sagt man noch nicht, daß ich ein Geizhals sei. Nur Krankheiten benennt man, weil es so viele gibt, daß man sie gruppieren und in Unterabteilungen ordnen mußte."

„Bleiben wir doch beim Nebenbuhler: was empfindest du für ihn?"

„Bei der sachlichen Analyse eines Menschen pflege ich nicht viel zu empfinden, nur zu beobachten, ich komme zu Schlüssen, erkenne Charaktereigenschaften und sonstige Eigenheiten, mein Urteil festigt sich, ich gewinne neue Einblicke, ich runde das Bild ab, füge Details hinzu, kurz, ich werde sagen, was ich von einem Menschen halte, unabhängig von seiner Beziehung zu mir, ob das nun ein Fremdling, ein Freund, ein Neben- oder Hauptbuhler ist..."

„Scherz beiseite, den Nebenbuhler hassest du?"

„Wenn er minderwertig ist, dann kann ich nicht umhin, ihn minderwertig zu finden, nicht aber, weil er nebengebuhlt hat oder solche Intensionen verrät, sondern weil er schon vorher mir als minderwertig erschienen ist."

„Und wenn dies nicht der Fall ist?"

„Dann bleibt er auch weiterhin der Mensch, der er war, mit diesen Eigenschaften, mit dieser Art, mit diesem Charakter."

„Aber du mußt etwas gegenüber diesem Menschen empfinden."

„Ja, zum Teufel, warum muß ich empfinden, wenn ich denken kann?"

„Also du fühlst nicht?"

„Nur! Aber bei mir und für mich, dann ist

Schluß. Weshalb muß ich jemand gegenüber etwas empfinden?"

„Du bist also nicht eifersüchtig?"

„Ich kann intensiv lieben und daher intensiv leiden. Wenn Eifersucht ein Impuls ist, der mich zu Haßgefühlen, zu Tätlichkeiten oder zu feindlichen Handlungen verleitet, die gegen den Nebenbuhler gerichtet sind, muß ich sagen, dieser Impuls ist mir fremd."

„Aber du wirst doch nicht die Dinge hinnehmen, du wirst versuchen, dich zu schützen."

„Ich werde vielleicht versuchen, die Situation zu retten, wenn es sich machen läßt, ich kann auch bei einem Freund mein Herz erleichtern, kann auch unter Umständen mit den Beteiligten reden — unter Umständen! — ich bin gewiß kein Fatalist, aber eins ist sicher, die Etiquette ‚Eifersucht' bekomme ich angehängt, man wird von mir sagen: ‚... ist auf den Nebenbuhler Soundso eifersüchtig', und ich kann nur sagen ‚Kannitverstan'."

„Also lassen wir dich aus der Diskussion. Nehmen wir Othello. Othello war eifersüchtig."

„So lernt man. Er hat Desdemona erdrosselt. Er war in der Liebe von einer herrlichen Primitivität, verbunden mit einer noch viel herrlicheren Verfeinerung des gereiften, erfahrenen Mannes. In seiner adeligen Seele war nichts von ‚Eifersucht' zu spüren; aber er traute dem falschen Freund anstatt seinem edlen Gefühl, glaubte aus des vermeintlichen Nebenbuhlers Cassio eigenem Munde die Wahrheit vernommen zu haben, er war das Opfer eines grausigen, künstlich erzeugten Mißverständnisses..."

„Er sah sich in seiner Ehre verletzt."

„Ah, das ist ein wichtiger Punkt, ich glaube, hier sitzt ein Hase; der Schmerz scheint das Selbstgefühl und die Ehre zu verletzen, insofern es sich um die Ehre handelt, die sich das Herz daraus machen wollte, ein bestimmtes Objekt zu lieben und dessen Liebe zu besitzen, nicht wie im Falle Adolfo-Carlo, wo es sich um den Besitz der Person Bartholomeas handelte. Ich unterscheide zwischen der Ehre, die sich ein Herz macht, und der Ehre-an-sich, von der ich nicht weiß, was sie ist. Wenn einer die ganze Ehre, die sich sein Herz daraus gemacht hatte, ein bestimmtes Objekt zu lieben und von diesem wieder geliebt zu werden, in ebendieses Unternehmen gesteckt und dabei ein schlechtes Geschäft gemacht hat, weil er plötzlich leer dasteht, während ein anderer das Benefiz macht, so ist dies wie alle Herzensangelegenheiten ungeheuer schmerzlich, und er fühlt sich mit Recht vor sich selbst entehrt, glaubt auch den Beweis zu haben, entwertet zu sein oder offenbar minderwertig. In Geldgeschäften ist es möglich, den Einsatz mitzuverlieren, nicht aber in der Liebe, wo im Gegenteil der Einsatz, das heißt das Herz und die Ehre, die es sich gemacht hatte, beim sogenannten Betrogenen als nutzloser Reichtum bleibt, der von der anderen Partei nachträglich für ungenügend erachtet und verschmäht wurde; und das tut weh. Soll nun der Schmerz des zum Minderwertiggestempeltseins Eifersucht heißen?"

„Othello erdrosselt Desdemona, weil sie, so wähnt er, einem anderen gehört hat, aber sie soll nur ihm gehören."

„Ich würde dieses Gefühl lieber Habsucht als Eifersucht nennen und es zu den Tugenden zählen. Und wenn diese sogenannte Eifersucht sich in keiner, aber auch in gar keiner Weise aktiv umsetzte, sondern als ein inneres Erlebnis des Gefühls vergraben bliebe, und wenn Othello weder an Cassio noch an Desdemona Todeswünsche gerichtet haben sollte, wie dann? Wie hieße dann die Verzweiflung in seinem Herzen bei der Erkenntnis, daß das Bild seiner Göttin in Trümmern liegt?"

„Diese bitterste Qual ist die Qual der Eifersucht, es gibt kein anderes Wort."

„Wozu ein Wort, wenn nichts Neues in seinem Herzen ist als die alte Liebe, die ehedem beglückte, heute aus schwerwiegenden Gründen weh tut."

„In diesen schwerwiegenden Gründen entspringt eben die Quelle Eifersucht."

„Nein, so komme ich nicht weiter, ich muß zum Wort zurück: Der Deutsche ist im Sprachgebrauch eifersüchtig auf jemand, der Franzose, der Engländer, der Italiener sind eifersüchtig von jemand. Jaloux, jealous, geloso kommt von ζῆλος (zelos), Eifer; das heißt im Fall Liebe: eifrig, intensiv, ängstlich, wachsam, besorgt sein: dies alles ist aber, bevor noch jemand, auf den oder von dem man ‚eifersüchtig‘ sein konnte, zu sehen ist; es hat noch niemand ‚Grund gegeben‘."

„Gewiß, man sagt ‚eifersüchtig lieben‘, da ist noch von keinem Grund die Rede."

— „Man müßte sagen: lieben! eifrig lieben, meinetwegen; heiß lieben, wie man eben liebt! Warum süchtig? Es gibt noch ein Wurzelwort, das bei der Nachforschung Freude macht: ζέω: es kommt mir vor wie ein Zwiebelchen, darin an Bedeutungen folgende zu finden sind: sieden, kochen, wallen, wogen, toben, glühen. Nun, das alles tut die Liebe auf dem Grund des Herzens. Beim primitiv liebenden, beim jugendlichen Liebhaber ist ζέω im Auge, im Ton, in der Geste, im Brief, in der Angst, in der Freude wahrzunehmen. Der reifere Liebende hat schon gelernt, ‚sein Gesicht nicht zu verlieren‘, aber auch er siedet und glüht, an Intensität hat er nichts eingebüßt. Was anders tat Othello in seinem großen Herzen als zu glühen, er, der berühmt ‚Eifersüchtige', der von sich selbst zu sagen wußte:

> ... dann müßt ihr sprechen
> von einem, der nicht klug, doch zu gut liebte,
> nicht leicht in Eifersucht, doch wenn ergriffen,
> zerrüttet war aufs äußerste ...
>
> (... Then you must speak
> of one that loved not wisely but too well,
> of one, not easely jealous, but being wrought,
> perplex'd in the extreme ...)

Gewiß, er möchte, wie er selbst sagt:

> ... eh'r Kröte sein
> und von dem Dunste eines Kerkers leben,
> als nur ein Stück am Dinge, das ich liebe,
> den andern lassen ...

doch an anderer Stelle:

> ... dies macht mich nicht eifersüchtig,
> wenn's heißt, mein Weib ist schön, speist gut,
>   liebt Umgang,
> das Reden fällt ihr leicht, sie singt, spielt,
>   tanzt.
> Wo Tugend ist, macht dies noch tugendhafter.
> Nicht aus dem Mangel eignen Wertes zieh' ich
> die kleinste Furcht noch Zweifel, daß sie
>   wanke.

> Sie hatt' ihr Aug' und nahm mich ... Jago,
> nein,
> erst sehn, dann zweifeln, wenn ich zweifle,
> Probe,
> und nach der Probe gibt es nichts als dies:
> Gleich weg mit Liebe oder Eifersucht.

Othellos Herz brannte und leuchtete für Desdemona, das heißt furcht- und schmerzlos. Als Jago sein Bubenstück inszenierte, in einer Weise, die Othello überzeugen mußte, trat zu diesem Herzensbrand das Fieber des Eifers $\zeta\tilde{\eta}\lambda o\varsigma$ hinzu. Dieses Fieber hätte Othello nie selbst produziert. Der Brand seines Herzens war nobel, rein, gewaltig, scheu, gesund, zart und beglückend. Wie er glauben mußte, hört er Jago mit Cassio von Desdemona sprechen, sieht dessen Lachen, vom Spitzentaschentuch mit dem Erdbeermuster nicht zu sprechen, mit dem sich Cassio den Bart gewischt haben soll; Othello wird von einem tödlichen Schmerz zu Boden geworfen und schämt sich bis zum Herzkrampf ob dieses Herzens Hingabe. Er tötet das Objekt seiner Liebe, nicht aus Haß,

> ... denn nichts tat ich aus Haß, aus Ehre
> alles.

„Aus Eifersucht also!"
„Ein Moment: wenn einer mit hohem Fieber an Lungenentzündung stirbt, sagt niemand,

daß er am Fieber starb. Jago hat das ζῆλος (zelos, jealousy, jalousie) Eiferfieber in das lichterloh brennende, furchtlose Herz durch künstlich erzeugte Trugbilder gebracht, um den Hitzegrad zu erhöhen ... zelos ist nichts für sich allein, nichts der Benennung wertes, ein Grad, und nicht einmal in der geraden Linie des Wärmemaßes, eine Temperatur, eine Intensität, aber kein Ding an sich. Man kann unweise sein, blind und taub und in diesem Zustand handeln, was in den Folgen unheilvoll sein wird; mit dem Wort Eifersucht ist nichts ausgedrückt. Es ist ein Wort für Nichtdenker, daher so verbreitet. Edle, sogenannte ‚Eifersucht' (wie mir diese Wortverbindung widerstrebt!) ist leicht zurückzubilden auf die Liebe selbst. Warum auf halbem Wege stehenbleiben und bei diesem so unklaren Wort verweilen?"

Mein guter Lurch, ich kann niemanden überzeugen, ich fühle, daß ich eine gerechte Sache verfechte, aber was hilft es, man wird doch sagen, daß ich dich zum Beispiel „eifersüchtig liebe".

Was soll das bedeuten? Wenn damit Eifer gemeint ist, ist es ein Pleonasmus, denn wir haben gesehen, daß ein Liebender eo ipso ein eifrig Liebender ist. Will man sagen, daß ich deinetwegen kein anderes Tier lieben würde, eine Idiotie; oder keinen andern Hund, eine müßige

Bemerkung, denn ich habe nur gerade Zeit für einen Hund, ein zweiter käme zu kurz, und ich kann in dem einen alle Hunde lieben. Soll aber damit gesagt sein, daß niemand außer mir dich lieben dürfe, mein kleiner Lurch, so wäre das wieder eine müßige Bemerkung, denn erstens empfindet niemand sehr viel für den Hund eines anderen, ich brauchte also nicht zu fürchten, daß man mir dich weglieben könnte, und zweitens wäre ich manchmal ganz froh, für dich einen Vizeherrn zu haben; dich einem anderen zu überlassen ist freilich so eine Sache, einfach aus dem Grund, daß niemand so genau weiß wie ich, was dir frommt. Du hast ja allerlei kleine Schwächen, die nur ich kenne und deren Behandlung nur mir geläufig ist. Wenn dein Futter nicht genau so zusammengestellt ist, wie ich es zu deinem Besten erprobt habe, bekommst du zwischen den Zehen das lästige Ekzem, und nur ich weiß, wie das zu behandeln ist, mit Hilfe unseres Hof- und Leibarztes Dr. Bobretzki in Troppau, der uns die Salbe komponiert hat, die allein hilft. Bände könnte man über die anderen Tierärzte schreiben, über ihre Salben und Bemerkungen und Mißerfolge. Und wer kennt deine Ohren so wie ich? Wer weiß im voraus, welche Dummheit du zu tun vorhast, und kann sie dir rechtzeitig ausreden, und so gibt es noch viele Dinge, die es wünschenswert machen, daß ich mich um dich kümmre und dich nicht anderen überlasse, was oft bequemer wäre, denn bei aller Liebe, die ich für dich empfinde, störst du mich bisweilen, ich muß deinetwegen eine Arbeit unterbrechen, muß dich, weil ich niemand für dich habe, auf Reisen mitnehmen, du kostest ein Heidengeld, und im Hotel wirst du nicht immer gern gesehen. Aber, mein lieber Seidenwurm, wir haben lange genug über Eifersucht gesprochen und dich noch nicht gefragt, wie du zu dieser Sache stehst. Wie ist das, wenn ich ein anderes Tier in deiner Gegenwart streichle? Das ist dir höllisch unangenehm: erst wird gebrummt, dann laut geweint, dann eventuell gebissen, selbst wenn es ein Pferd ist. Na, und ein fremder Hund, das habe ich mir in deiner Gegenwart nicht mehr erlauben dürfen, seit gewissen Begebenheiten. Du schweigsam-beredter Seidenwurm, sollte ich meine Theorie revidieren müssen oder gar umwerfen?

Kein Mensch weiß, woher der Wind weht und wer plötzlich Flügeltüren offen läßt, damit es auf der Erde „zieht". Was aber ist das für ein Wind, der elementar aus deinem Herzen weht, wenn ich in deiner Gegenwart meiner Tochter etwas Liebes sage und ihre Schulter umfasse? Was wird da plötzlich empört gebellt und gewinselt? Was sagst du? Was geht in dir vor?

Ich kann von zwei Rehen das eine streicheln, ohne daß das ungestreichelte reagieren würde. Ich kann das eine füttern, und das andere wird auch herbeieilen, aber nur weil Futter eben Futter ist; andererseits aber kann ich zwischen einen Hahn und eine Henne einen Bissen werfen. Der Hahn wird es der Henne lassen, nicht einmal, sondern jedesmal. Strecke ich aber zwei Hände aus, je mit Futter versehen, und halte sie beiden Tieren hin, so nimmt der Hahn von der einen, die Henne von der andern Hand. Werfe ich wieder einen Bissen zwischen beide, so tritt wiederum der Hahn zurück zum Vorteil der Henne. Hier ist Futter nicht Futter, sondern der Hahn als Galantuomo erfaßt nur die Situation: eine Henne, ein Bissen, also nichts für mich.

Und du, Lurch, wie erfaßt du die Situation, wenn ein anderer Hund sich mir nähert? Hast du Furcht, daß er mir etwas tun, oder Furcht, daß ich ihn sympathisch finden könnte? Bist du der Wächter meines Wohlbefindens oder der Wächter deiner Beziehungen zu mir? Und welche Beziehung ist das? Ich sehe deine unbegrenzte Anhänglichkeit, das Glück eines Wiedersehens nach Trennung, nach tagelanger und auch nach stundenlanger Trennung. Du bist außerordentlich und freudig erregt, das hat nichts mit der Futterfrage zu tun, das ist Hingabe, das ganze Selbst an meine Person. Du liebst es, wenn ich mich zu dir „herablasse", mich eingehend mit allem beschäftige, woraus du bestehst, im Bilderbuch deiner Zehen blättere, den Überschuß an Ohrenstoff falte; und während ich dich umständlich bearbeite, dir Unsinn liebevoll sage, legst du die warmen, trockenen Leberln deiner Hand auf meine Wange, weinst leise vor Glück, wedelst schelmisch auf dem Rücken liegend und weißt, daß einer von uns die Hauptperson ist. Ich werde nie wissen, welche du meinst. Egoismus oder Tuismus? Man könnte bei aller Gewitztheit auf dich hereinfallen. Ja, die sogenannte (du siehst, wie sachlich und vorsichtig ich bin, da ich sage: die sogenannte) Liebe des Hundes zu seinem Herrn ist ein großes Geheimnis.

Jeder Mensch, jeder Wicht, der einen Hund sein eigen nennt, ist von der ersten Stunde dieses Besitzes der Gott des Hundes, und der rührende Eifer in der Hingabe des Hundes an diesen Gott, Liebe genannt, ist ziemlich exklusiv gegenüber von Freunden oder Familienmitgliedern, wenngleich sie vom Hund anerkannt werden. Auch Abneigung gegen bestimmte Leute prägt sich aus, und dann eben das, was man Eifersucht nennt. Der Hund empfindet stark das Recht des Eigentums: „mein" Haus, „mein" Herr, „mein" Futter, sagt er und verteidigt dieses Recht; wendet sich „mein" Herr einem andern Hund zu, so ist er in diesem Augenblick in der Hund-zu-Hund-Sprache „dein" Herr. Diese Teilung sieht der Hund als Verlust, den er beklagt; statt Freude empfindet er Leid. Wiederum erübrigt sich die Bezeichnung Eifersucht. Das Leid wird ausgedrückt in Feindlichkeit dem Leiderreger gegenüber, ganz primitiv. Der Unwille gegen Herrn oder fremden Hund liegt immer in der momentanen Besitzrechtentziehung begründet. Mehr als je ist mir auch hier das Wort Eifersucht zuwider, weil es, wie schon gesagt, ein Wort für Nichtdenker ist.

Sprache entsteht im Laufe der Zeit von zwei guten schöpferischen Elementen und einem Sprache gefährdenden: Die guten sind das Volk und der Denker, also ungelahrte und gelahrte. Dazwischen gibt es die gelehrigen, und wenn die schöpferisch werden, bekommt die Sprache gefährliche Neubildungen, die, gebraucht, ehe man sich's versieht, aus Sprachgebrauch oder Sprachgebrau Sprachschatz werden.

Lurch, ich kann nicht finden, daß ich meiner Sache gedient hätte, nämlich der Untersuchung des Begriffs „Eifersucht".

Lurch, mein Kind, wir müssen Anna besuchen, die Herrin deiner Freundin Bobine. Bobine ist eine unwahrscheinlich kleine, schwarzseidene Raupe, angeblich eine Zwergdackelin, mit vier rostbraunen Füßchen, breiten Lappen als Behang und einem Federstrich als Rute. Sie ist zu klein für einen Hund, zu groß für eine Raupe, aber korrekt im Bau, und Lurch findet sie über alle Begriffe schön. Aber man versteckt sie vor ihm, denn Lurch würde sie vor Liebe zerreißen. Annas Herz gehört ihrem verewigten Schäferhund Pommery.

Wir werden Anna das Problem Eifersucht vorsetzen.

Anna hatte einen Geliebten. Sie war im Alter zwischen dreißig und vierzig, er um einige Jahre älter als sie. In ihren Augen glich er einem Hirtenknaben, der nur von C zu Cis schalmeien konnte, allerdings so fein und genau wie kein Fink, keine Maus, kein Bienen- und kein Mückenflügel.

Doch konnte er in Wirklichkeit viel mehr. Niemand aber wußte so wie sie, zu welch ungemeiner, auch von ihm ungeahnter Vollkommenheit er sich durchgearbeitet hatte. Diese Vollkommenheit war Tugend — aus dem Nichts erstanden wie Gottes aus dem Nichts erschaffene Welt, ohne Hilfen, nur dem göttlichen Triebe zufolge: „Es werde!"

Genau so stand er der Erfüllung der Arbeit, der Ordnung, des Gesetzes gegenüber. So ward Härte in der Tugend und Sanftmut. So wuchsen die Triebe des Herzens und des Verstandes zu einem tausendfach blühenden Strauch, sagte Anna. Wenige waren befähigt, diese Blüten wahrzunehmen, aber Anna sah sie, und ihre Freude daran glich der Liebe zu schönen, unschuldigen Kindern, der Liebe des Dichters zur Sprache, des Einsamen zum Sternenhimmel, des Künstlers zur Schönheit, des Menschen zum Gedanken.

Stündlich und jahrelang staunte sie, und immer, wenn sie ein Wunder enträtselt hatte, stand sie inmitten von vielen neuen, die sich noch geheimnisvoller zeigten als die ersten. Ihrer selbst zwar mächtig, fand sie sich doch verzaubert und stand dem Gefundenen arm gegenüber wie jeder Liebende; denn womit konnte sie ihn bereichern, mußte sie sich in ihrer liebenden Demut sagen. Wie sollte ihr Wort, ihr Herz, ihr Leben als Huldigung und Geschenk genügen.

Sie legte ihm alles zu Füßen, was sie dachte und fühlte. Wenn sie im Walde einen acht Tage alten, gesunden, unbeschneckten Steinpilz entdeckte mit weißer Säule, die fast ebenso breit war wie das runde Pilzdach, dessen Tiefbraun wie Antilopenleder und glatt und gespannt schien, so schnitt sie ihn mit Solinger Klinge ab und küßte ihn aufs Dach.

„Hihi", würden Trottel sagen, „Erotik!" So küßte sie auch ihren Freund.

„Also unerotisch."

Trottel lassen ja nie locker und führen logisch durch.

Jede Liebe ist ein Ziel. Aber man kommt nie hin. Man könnte sich vorstellen, daß vor einem Jahrtausend ein Anthropophage sich sagte: „Dieses Weib ist zu reizend, ich muß es mir braten."

Er kommt auch nicht hin.

Anna hatte ein unstillbares Wohlgefallen an Valentin, und daher mußte sie beispielsweise ihre Hand sanft über seine Wange gleiten lassen. Aber es war danach, wie wenn sie es nicht getan hätte: die Wange schimmerte noch ebenso sanft und enthielt wie ehedem in ihrer Mitte eine schräge Mulde, die für sich allein ohne Beihilfe des nahen Mundes lächelte. Man hätte also wieder streicheln oder eine Steigerung versuchen müssen.

Um wohin zu gelangen?

Nein, lächelt nicht so hündisch simpelhaft! (Verzeih, Lurch!)

Der Zweck dieser zärtlichen Ausmessung einer menschlichen Wange, so verständlich er scheint, ist ein anderer. Er entspringt dem Trieb zu Schönheit. Schönheit, dich will ich fangen! Für mich halten, haben, ewig besitzen; denn dieses ist die ewige Beziehung der Menschen zur Schönheit. Die Farbe des Abendhimmels, sagt der Künstler — schnell, schnell, ehe sich alles verändert, ich muß sie haben! Und er bannt sie auf Leinwand. Hat er sie? Morgen ist sie wieder da, unnahbar, unfangbar, und ganz anders als gestern. Sprachefangen ist des Dichters Trieb — dieses unfaßbare Wunder Sprache, das ihn über den Tod hinaus überdauert. Der Jäger schießt das Wild und hat es nicht mehr; er schießt ein anderes und ist über die Beute hinaus betrübt.

Anna sagt dem Freund „du" an Stelle des „Sie". Das war selbstverständlich. Es war ein Schritt weiter ins Dunkle: aber er führt nicht so weit, daß man sich nun ausruhen konnte. Wie nah schien ihr das Wort den Geliebten zu bringen. Sie sagte das „du" in allen Tönen. Es war umsonst. Nichts änderte sich. Um jeden Ton liebte sie ihn mehr. Das „du" verbunden mit der Handbewegung kam einer Feststellung gleich, etwa als spräche man zur Sonne: „Dich finde ich vollkommen. Wie wärmst du liebevoll, wie muß dich jeder Stern lieben, der um dich kreist, jedes Hälmchen, das von dir wächst, jedes Antlitz, das von dir braunt, jedes Ding, das du färbst. Du sprichst nicht, dir bleibt alles zu sagen. Wenn ich dich ansehe, gehen mir die Augen über. Du bist vollkommen, und ich bin ein kleines Ding unter deinen Strahlen, ein namenloses kleines Nichts, von dem es Billionen gibt."

Dieses „du" und die streichelnde Gebärde waren eine Hymne auf den Gefundenen. Eine

Liebe, die nicht mit einer Hymne beginnt, ist keine. Jede aber ist ein Ziel: „Ich will mich in dich heineintragen, deine Schönheit sei um mich, nicht bloß unerreichbar meinem Auge bekannt..."

So könnte man zur Sonne sprechen, so steht man einem menschlichen Antlitz gegenüber. Es gefällt, es scheint, es blendet, es wärmt, — man wird Astronom, erfindet Fernrohre, man sieht dem Gesicht an, daß es dies und jenes bedeutet — gerade, was man bei einem Menschen suchte — jene vollkommne Güte, Größe, Selbstlosigkeit. Ja, dieses Auge soll mich sehen, dieses Ohr mich hören, dieser nachdenkliche Blick soll mir gelten, dieser Mund an mir lächeln, diesem Denker will ich meine Kindheit bringen, diesem Seher mein Herz zeigen...

So dachte Anna, als sie Valentin kennenlernte.

Valentin lebte wie ein Falter in einem Ameisenhaufen. Eigentlich hätte er tausendfach gefressen werden müssen oder, wie andere es an seiner Stelle versucht hätten, ein Ameiser werden sollen, der nur daran denkt, sich auf Kosten anderer zu bereichern und sein Haus zu vergrößern. Er benahm sich nicht einmal wie ein Schmetterling, der von Blume zu Blume tanzt oder sich an Lampen die Flügel versengt. Er war nur so schön und so still wie ein Schmetterling. Sein Beruf glich dem eines Briefträgers am Weihnachtsabend oder am Neujahrsmorgen: schwer beladen war er immer mit den Lasten von anderen für andere. Die Zeit gehörte nicht ihm, sondern Vorgesetzten und Untergebenen. Außerhalb der Zeit kamen Mühselige und Beladene, auch Denkträge, Unfähige, Sybariten und Arme, kleine und große Egoisten und brachten ihm ihre Lasten, ihre Zweifel und allen Schmutz, von dem sie sich nicht reinigen konnten oder mit dem sie sich nicht selbst besudeln wollten. Denn er konnte denken, seine Worte waren klar, und alles, was er wiedergab, war nicht nur brauchbar, sondern die Bittsteller sahen sich um Einfälle und Hilfen bereichert, die er selbst nie für sein eigenes Wohl ersonnen oder benützt hätte.

Frauen werden mit Blumen verglichen, mit Rehen, mit Hasen, mit Gazellen, mit Fabeltieren, Göttinnen, Sternen, mit dem Schönsten in der Natur. Weshalb sagt niemand von einem Mann, er sei so vollkommen und schön wie ein Rotkehlchen, wie eine Hängenelke, wie eine Tanne, wie ein Abendhimmel, wie eine Juniwiese vor der Mahd?

Wenn sie ihm sagte: „Ich habe dich so lieb", erwiderte Valentin aus tiefster Überzeugung: „Ich bin ja nichts, ich habe nichts, ich kann nichts." Er stand, an ihre Liebe denkend, wirklich vor einem Rätsel; sie aber vor dem noch viel größeren seiner absoluten Demut, die nur der stolzen Seele innewohnt. Wie kann eine Welt, in der Edelwild längst ausgestorben scheint, die nur mehr Haustiere züchtet, auf ihren Ursprung zurückgreifend, heute ein unberührtes, unverführbares Wesen hervorbringen, das nicht die Sprache der Welt spricht, sich nicht vorlaut emporschwingt und die Mängel seines Schwunges mit trefflichem Schwindel verdeckt?

Die Liebe ist ein Geschenk; geliebt zu werden ein Fund, den viele gesucht haben und nur wenige verheimlichen, wenn ihnen das Glück hold gewesen war. Es ist ein Fund, den zu behalten man zu stolz und zu demütig sein sollte. Merkwürdig in der Liebe ist nicht, was man tut, sondern was man tun möchte — ohne es je zu tun: man möchte krank sein, um vom Geliebten gepflegt zu werden. Man möchte für den Geliebten sterben. Man möchte ihn an den Rand aller Versuchungen bringen, um so recht zu erfahren, daß er standhält. Man möchte, wenn man nicht da ist, wissen, was der Geliebte tut, spricht, wie er aussieht, was für Kleider er trägt, warum und mit wem er lacht, man möchte wissen, wie er als Siebenjähriger war, seine kleine Kinderstimme hören, man möchte reich sein, ihn zu beschenken, ein Zauberer sein, ihm alle Prüfungen und Sorgen wegzuzaubern — man möchte, daß er einem ins Herz blicken könnte — man möchte vor allem, daß alles anders wäre, als es ist, um eine schöne begehrenswerte Sache: das ununterbrochene Zusammensein zu ermöglichen, weil der Liebende ein unverbesserlicher Träumer ist, ein Poet, ein Schwebender, obgleich es doch feststeht, daß den Menschen Flügel nicht gegeben wurden, daß die Umgangssprache Prosa ist und Träume dem Erwachen vorangehen.

Anna war verheiratet, Valentin Junggeselle. Anna mußte jonglieren, Valentin hätte mühelos „System Gebratene Taube" ein Leben führen können, um welches ihn viele beneidet hätten, insbesondere um Anna. Aber er liebte die ungeraden Dinge nicht. Auch ihr bot Gefahr an sich keine Steigerung im Gefühl des Glücks und sicherlich kein Leitmotiv. Aber beide wußten voneinander zu viel, um dem mächtigen Anreiz, sich gegenseitig mehr und inniger zu erproben, erfolgreich widerstehen zu können.

Es kam alles, wie es kommen mußte. Nichts Großes wird geschaffen, kein Kunstwerk und kein Menschenleben, ohne blutende Risse. Nur Gott schafft frei und ohne Leidenschaft; der Mensch, der ewig wünscht, ewig träumt, ewig leidet und sich von Träumen und Leid befreien will, erdachte diesen leidlosen Gott oder die glücklichen Götter und versuchte, es ihnen gleichzutun.

Anna liebte den Freund dankbar und vertrauensvoll, aber auch der Gatte war ein Teil ihres Lebens, nicht nur ein Stück Außenwelt, nicht etwa nur die Basis ihres äußeren Lebens. Sie lebte und litt für ihn, vielleicht auch durch ihn, sie hatte sich für ihn eingesetzt, der Gedanke, ihm das kleinste Leid zuzufügen, wäre ihr unerträglich gewesen; den Gatten zu verlassen, erschien ihr wie ein Verbrechen. Sie hätte es, wie man zu sagen pflegt, nicht übers Herz gebracht. Sie leistete Unerhörtes im Doppelspiel.

Und doch lag eine gewisse Berechtigung zu dem Leben vor, das Anna führte; es wird von Artur gesagt, daß er in seiner zweiten Frau nur eine Mutter für die Kinder erster Ehe gesucht hätte. Die Welt stellt leichtfertig Theorien auf, wo selbst die nächst Beteiligten nicht klarzusehen vermögen, geschweige denn zu sprechen und zu handeln. Als Anna Artur heiratete, gehorchte sie einer inneren intuitiven Kraft. Artur war in den Jahren, die folgten, mit allem, was die Herrin seines Hauses tat, einverstanden, aber dabei blieb es. Eine geheimnisvolle Mauer, hinter welcher er sich zu verschanzen schien, erschwerte es ihr, ihm menschlich, seelisch näherzutreten. Als sie Valentin kennenlernte, fand ihre ungestillte Sehnsucht, was ihr das Leben bisher versagt hatte. Kein Wunder, daß sie aufleuchtete, wenn sie Valentin sah, daß sie ihm ihr Wesen, ihr Selbst, ihr Denken und ihr Fühlen schenkte.

Ich weiß wenig aus eigener Beobachtung, ich kenne Artur kaum. Er reist viel, insbesondere, seit er seine beiden Söhne im Krieg verloren hat, sehr häufig ohne seine Frau. Vor zwei Jahren etwa waren sie zusammen über ein Jahr lang von Europa fortgeblieben. Die Beziehung dieser beiden zueinander ist sicherlich eine nicht gewöhnliche, wenn sie überhaupt besteht. Vielleicht ist das Urteil der Welt über Anna richtig:

„Sie hätte ihn leicht beglücken können mit etwas weniger falscher Ehrlichkeit, denn es gibt nur eine absolute Ehrlichkeit, die des reinen Tisches mit den zu ziehenden Konsequenzen; dazu fehlte ihr die Kraft; nun gut — keiner kann über seine Kraft leben — aber wenn sie die absolute Ehrlichkeit nicht aufzubringen vermochte, dann hätte ihr die absolute, fehlerlose Falschheit gelingen sollen, dazu war sie offenbar nicht genug Lebenskünstlerin."

Man kann sich sehr wohl denken, daß ein bestimmter Mann geliebt wird — es nachzufühlen ist unmöglich, es sei denn, daß man selbst zu einem Milligramm seinem Zauber verfallen ist.

Ist dies so, wird auch schon, wieder ein Milligramm, Gefallwille und Eroberungslust dabei mitspielen, und solch ein Milligramm ist gar nicht wenig. Annas Freund war tatsächlich in jeder Beziehung unvergleichlich, besonders aber darin, daß er sich selbst überhaupt nicht einzuschätzen verstand, nicht etwa aus krankhaften Minderwertigkeitsgefühlen, sondern einfach als ein glühender Liebhaber alles Schönen, der sich selbst vollkommen außer acht ließ. Die Stimme, leise und klangvoll, ließ einen aufhorchen — aber welches Geliebten Stimme übt diesen Zauber auf die Liebende nicht aus? Wohl lassen sich angenehme und unangenehme Sprechorgane feststellen, und in diesem Falle muß ich zugeben, Valentin, obgleich weder Künstler noch Redner, besaß gerade die Qualität einer Stimme, wie sie sich Sprecher oder Schauspieler nicht besser wünschen können, das heißt biegsam ohne zu brechen, klingend ohne körperlichen Nachdruck. Er freilich wußte nichts davon, so mußte bei ihm jede Absicht fehlen, sich dieses Zaubers zu bedienen.

Im Lauf der Jahre, die man im Umgang mit Menschen verbringt, kennt man eine Anzahl Typen, in die die einzelnen Individuen einzuordnen sind, und es könnte spaßhaft sein, aus Tausenden von alten Männern, alten Frauen, Mädchen, Jünglingen und mittelalterlichen Menschen

jeder Kategorie einige zwanzig in die jeweiligen Gruppen zu reihen. Man müßte die einzelnen Exemplare einer Gruppe Kopf für Kopf in gleicher Stellung und gleichem Licht und gleicher Bekleidung photographieren — und das Experiment wagen, Bräuten, Schwestern, Müttern und Freunden den ihren aus einer Entfernung von sechs Metern herausfischen zu lassen. —
Wenn Valentin dem Gesichtsausdruck nach vielleicht in die Kategorie der melancholischen unbeabsichtigten Komiker mit dem großen traurigen Auge und den blendenden Chaplin-Zähnen unterzubringen gewesen wäre, vor der Photographenlinse wäre das blankrasierte Oval unter dunklen Haaren erschienen, das manchem gehören könnte. Anna aber stellt einen wie selbst erfundenen Typus dar. Ihre früh ergrauten Haare konnten als aschblond gelten, ihr metallschimmerndes Auge täuscht bei Abendlicht eine haselnußbraune Färbung vor, — ihr sehr kurzes gerades Näschen scheint nur dazu da zu sein, im Sprechen leicht die Oberlippe von den Zähnen hochzuziehen, und das zu beobachten ist angenehm, denn ihr Lächeln ist schön und tausendfältig. Die Lippen liegen ungepreßt übereinander, und das Kinn ist ein Nichts von einer überstürzten Kurve zum Hals — jugendlich ist das Gesicht, keineswegs aber schöner als jugendlich, so, wie es in Holz geschnitzt und keiner

Zeit unterworfen schien. Lebendig war der Ausdruck immer, in der Ruhe wie im Sprechen. Zeigte sie sich als Neueintretende, so sagten sich die schon vorhandenen Menschen unwillkürlich: „Wer ist das?", denn auch andere konnten sie nicht in einen Typus einreihen als eben in den des „Das haben wir noch nicht gehabt". Und doch war sie unscheinbar, das heißt nicht strahlend, unpersönlich, das heißt auf alle Fälle freundlich abweisend, blind für die Umgebung, das heißt von Anfang an sehend, daher desinteressiert.

Ich bemühe mich, durch diese eingehende Beschreibung zweier Menschen eine fremde Liebesangelegenheit — ungefähr das, was meine Phantasie und meine Lust der Beobachtung am wenigsten anregt — eines Gedankens wert erscheinen zu lassen. „Sie sollen in Gottes Namen — was geht's mich an", ist immer mein erster und einziger Gedanke. Hier handelt es sich aber nicht um meine beiden Freunde, sondern um mein Problem der Eifersucht.

Lurchs Aufregung wegen Bobine erreicht den Höhegrad an der Tür zum Hotelzimmer, aber Bobine wird im Schlafzimmer vor ihm versteckt gehalten. Im Wohnzimmer angelangt, macht er sofort ein vielsagendes Männchen, das Kinn an der Brust, die Goethe-Augen auf den luftdicht versicherten Türrand gerichtet. Wir werden hiermit gebeten, die Tür gütigst öffnen zu wollen.

Wie gesagt, fremde Liebesangelegenheiten langweilen mich über die Maßen.

„Ich bin reparaturbedürftig", sagt Anna, „aber kein Gott kann mich flicken."

„Ist etwas passiert?"

„Eigentlich nichts, aber die Folgen sind nicht auszuradieren."

„Was ist geschehen?"

„Das Übliche, aber es ist ganz anders, als man es kennt."

„Das denkt man immer; gerade die kleine Variation ist typisch, und genau so, wie es ‚nicht' ist, kenne ich es. Es ist ein Dritter im Spiel?"

„Ja, und das ist nicht einmal neu; eine stumm bisher vorhandene Null hat sich zu einer Nummer entwickelt."

„Das kleine Nichts ist das gefährliche Etwas. Anna, bist du eifersüchtig?"

Ich sage das Wort widerwillig — aber — ich beruhige mein gedankliches Gewissen mit der dünkelhaften Erwägung, daß für andere oft genügt, was mir als unzulänglich erscheint.

„Nein", sagt Anna trocken. Und da ich sehr interessiert schweige, erzählt sie mir, und ich, die ich mit Lurch die Eifersucht anpürschen wollte, stehe auch vor dem anderen Stück Wild, das ich erforschen wollte, dem der bei mir im stillen sogenannten „Kleinen Frau". Wir gehören nicht zu der Sorte, Anna und ich — denn wir sind Gentlemen, und das kann die „Kleine Frau" nicht sein, teils weil sie nicht gut, teils weil sie nicht stark genug ist. Und dumm ist sie obendrein.

Was ich unter „Kleine Frau" verstehe, ist beileibe keine Übersetzung der französischen Bezeichnung „petite femme". Ein kleines Auto kann so gut laufen wie ein großes, vorausgesetzt daß beide mit der gleichen Präzision gebaut sind. Das kleine stellt sich billiger — klein und groß ist eine Frage von Kaliber bei sonst gleichen Bedingungen. Es kommt darauf an, was man fordert. Seine Kleinheit gibt das kleine Auto ehrlich zu. Die Kleine Frau, die ich meine, ist eine Kategorie für sich; sie ist klein an Verstand, an Geist, an Phantasie, an Herz. (Sobald sie Herz hat, ist sie nicht mehr klein.) Aber ob sie es auch nicht hat — Herz spielt sie aus, trumpft sogar mit Verstand, wo ihr keine Kontrolle entgegentritt, und wo die Umstände ihr den Schein eigenen Organisationsvermögens verleihen, nimmt sie geschickt die Gelegenheit wahr, sich selbst als Schöpferin ihrer Lebenslage und Verhältnisse zu bezeichnen.

Insbesondere, wenn dadurch bei ihr Mut, Umsicht, Energie, Genialität, savoir faire bewiesen ist.

Sie benimmt sich wie die Allerhübscheste, aber so hübsch ist sie nicht — sie hat wahrlich zu viel Kolleginnen, die ihr nicht nachstehen.

Und wäre sie nicht so hübsch, — nicht viel mehr als ihre naive Niedertracht bliebe übrig.

Sie konkurriert als Dilettantin mit den Besten. Sie gibt sich den Habitus der großen Kokotte und der großen Lady, ist aber keines von beiden, immer zwischendrin. Mit Astronomen redet sie vom Mond; es paßt — ist auch weiter nicht gefährlich; mit Ärzten teils unverfänglich von der „Schönheit des Berufs", teils ganz fachlich von Hormonen, nicht lange, denn sie kann nur einen Satz; aber die übrige Zeit bejaht sie eifrig, was der Arzt vorträgt, als könnte sie ihr „Ja" beweisen. Ein „Nein" kann sie schon nicht riskieren, weil sie um das „Weil" verlegen wäre, aber sie erhält das Gespräch in Gang, weil es ihr nebenbei oder hauptsächlich Gelegenheit zur Behexung gibt. Dagegen wäre noch nichts zu sagen, wenn großer Verstand oder Herz oder gar beides die Hexe beleben —

Aber dann wäre sie keine Kleine Frau mehr.

Die Kleine Frau möchte ich in zwei große Gruppen einteilen: erstens die mehr oder minder berechtigt in ihre eigene Güte, Vortrefflichkeit und Klugheit Verliebte, die mit gütigem Lächeln, unter dem Vorwand zu helfen und Gutes zu tun, regiert, ohne zu merken, daß sie nicht viel Gutes, sondern Dummes tut und manchmal Unheil stiftet. Man gebe ihr Schlüssel in die Hand, die Schlüssel zur Vorratskammer, zum Geldschrank, den Hausschlüssel und den zu dir selbst. Sie wird zwar das Schloß des letzteren ruinieren, aber selig und willig sein. Man lasse sie nichts lernen, sie würde es mißbrauchen, weil sie zwar gelehrig, aber unschöpferisch ist. Für eine gewisse Sorte Partner kann sie es zur unentbehrlichen Fee bringen. Aber sie will geheiratet sein und Schlüssel bekommen.

Die zweite Kategorie, von der Natur mit körperlichen Reizen und — die Natur treibt solche Scherze — an Stelle des Herzens mit einem kühlen Granit- oder Quarzblock ausgestattet, ist die gefährlichere Sorte, deren Exemplare nur eins im Leben wichtig nehmen, sich selbst, — nur eins hoch einschätzen, sich selbst, und zu diesem Zwecke, unter dem Vorwand, Schutz zu suchen oder Geschenke auszuteilen, auf Raub ausgehen: intuitiv, instinktiv, unaufhaltsam, konsequent, mit der Miene der Schutzsuchenden, der Schenkenden. Ihre Beute ist die geblendete Jugend und das erblindete Alter.

Diese Sorte gibt es auch im großen Format, und dem Mann von Geist kann sie nichts anhaben, im Gegenteil; sie wird ihm zwar Gewalt antun, absichtlich, aber sie wird ihn unabsichtlich fördern, und der Geist wird siegen. Die

Beziehung zwischen Geist und elementarer Weiblichkeit hat von jeher die schöpferische Kraft im Mann bewegt und zu Taten und Werken gezwungen. Gut so — das berührt uns nicht, Lurch und mich. Zuweilen wagt die „Kleine Frau", intuitiv und halb bewußt, hinterlistige Coups, nicht immer diesseits von dem, was dem Gentleman oberstes Gesetz ist; Lurch ist ein Gentleman; die „Kleine Frau" eine Tsetsefliege, seelisch tumb, geistig gewöhnlich, naiv bis zur Taktlosigkeit, schädlich bis zur Infizierung, hochmütig bis zur Verletzung. Und das Ganze sieht nicht so aus, das Ganze hat einen schönen Kopf, die Stimme Zauber, das Haar ist metallisch glänzende Filofloßseide, die Stirn, die Braue, das Auge edel gebaut, das Lächeln über einem Prachtgebiß hinreißend.

Die Natur, die alle Spiele spielt, formt bisweilen Katharinen ohne Potemkins, Cleopatren ohne Antonius, und der Effekt ist dann Goneril und Regan.

Meine Bescheidenheit ist so echt wie meine Liebe zu Lear und Cordelia, so daß ich mich nicht mit ihnen zu identifizieren wage. Shakespeare, der Allwissende, Allfühlende, der göttliche Bildner des Wortes — „Queen" Lear hat er nicht gedichtet. Das Stück existiert — ich müßte es aus seiner Gefangenschaft befreien.

Immer, wenn ich mit Menschen zu tun habe,

werde ich daran erinnert, daß wir samt und sonders Komödianten sind, denn nichts ist dem Menschen so notwendig wie die Darstellung seines Selbst, das Dasein an sich ist neutral, es spricht nicht, weil Menschen in mehr oder minder hohem Grad das Künstlerische eigen ist; verglichen mit dem Tier, wird er (und das ist das Wesen alles Künstlerischen) in seiner Darstellung instinktiv verbessern, idealisieren, entbösen. Kaum sind zwei zusammen, schon besteigt einer die Bühne und sieht den andern im Zuschauerraum. Sie tun es beide und gehorchen einem speziell menschlichen Trieb, der dem Tier prinzipiell versagt ist, die darstellerische Mitteilsamkeit. Beinahe könnte man aufstellen: Alles, was Menschen tun oder sagen, ist entweder ein Aus-der-Rolle-Fallen oder gutes Theater. Gutes Theater kann böse und Aus-der-Rolle Fallen beglückend sein und umgekehrt, aber nichts wird das Spiel an sich beenden. Der Unterschied von dem Theater der wirklichen Bühne ist nur der, daß Theaterleute absichtlich spielen und diese ihre Absicht, bevor sie die Bretter betreten, verraten, um sie von diesem Moment an vollkommen zu vergessen, während die anderen Komödianten niemals Vorhandensein einer Rolle zugeben, sehr häufig auch bona fide „natürliche" Menschen sind, und bona fide mit Recht, denn eben der Mensch, den Phantasie belebt, ist dem höher gearteten Spieltrieb unterworfen. Will ich diesen Gedanken verfolgen, gerate ich in eine gefährliche Zone. Der Weg führt aber durchs Narrenhaus hindurch in eine noch unheimlichere Welt des körperlich nicht mehr abhängigen Geistes. Der Geist ist es, der bejahend und verneinend zugleich das Leben Spiel nennt, das doch nicht Spiel ist, er stellt die Verbindung her, er hebt den Gegensatz von Spiel und Nichtspiel auf. Spielen und Sein, eines Geistes, Sein und Spielen ineinander aufgelöst und nicht mehr zu scheiden, das ist das Wesen, die Kunst oder die Kraft großer Menschen, die man große Spieler nennen muß.

Ich kenne Menschen, einige sind Patienten, deren Defekt darin liegt — und er ist unheilbar —, daß sie zum Spielen, das heißt als darstellerisch mitteilsame und schöpferisch darstellende Akteure unfähig, vollkommen unfähig sind. In allen Lebenslagen sind sie hemmungslos. Kommen sie mit andern zusammen, die normale Spieler sind, muß die jeweilige Szene, die gerade zu spielen ist, elend durchfallen, weil mein Kranker nicht nur die Rolle nicht kann, die Stichworte vergißt oder überhört, sondern weil er unberechtigt Lampenfieber oder unberechtigt gar keines hat. Der Partner mag auch an Lampenfieber leiden; ist er aber Spieler, wird er damit fertig und kommt nicht aus der Fassung.

Jedes Spiel hat seine Regeln.

Das Lebensspiel hat viele: Höflichkeit, Tugend, der Begriff Gentleman. Das sind Spielregeln. Weiter nichts.

Für den genialen Spieler ist das Spiel eine Verbindung der Regeln mit deren Folgen, die unendlich sind und mathematisch nicht mehr zu berechnen. Der kondensierte Inhalt, das Gerüst, der beweisbare Sinn des Spieles lassen sich mit ein paar Spielregeln erklären. Die Verbindung von Regel mit deren Befolgung ist während des Spiels so innig und so ineinandergreifend, daß die Lebensspielregel, zum Beispiel der Tugend (Liebenswürdigkeit, Bescheidenheit, Höflichkeit), nichts Äußeres, nichts Gerüsthaftes, nichts Formales mehr bedeutet, sondern der wahre Inhalt des Spieles wird: aus der äußeren Höflichkeit wird eine Herzensgesinnung, aus der Bescheidenheit Nächstenliebe, aus der guten Haltung seelischer Adel. Umgekehrt ist auch gespielt.

Es ist zu erwägen, inwieweit nicht alles, was wir tun, außerhalb der naturgemäßen Vollziehung des Daseins von der Geburt bis zum Tode Spiel ist.

Aber vielleicht ist dieser uns persönliche Rhythmus, den ich nicht spiele, eine letzte Pendelspielerei des Saturn — der mit dem Heiligenschein um den Leib schwindelfrei und unermüdlich wie ein Kondor im Äther kreist. —

Auch die Kleine Frau spielt, das heißt sie stellt vor, und wie talentlos sie sich dabei anstellen mag, sie findet Publikum, sie findet auch einen Partner, der auf ihre Stichworte hereinfällt. Auch sie hält mit Recht ihr Spiel für Leben, auch sie verfügt über ein ziemlich reiches Repertoire.

Beliebte Rollen sind: „Das selbstlose Mädi", „Das schöne, aber nicht zugängliche Mädi", „Der kleine Schupo" (Hilfe), „Das kleine Teufelsweib".

Die Spielerin belügt sich selbst, die Zuschauer und Miterlebenden aber merken gerade dieses nicht.

Mir hat von jeher das französische Sprichwort imponiert: „Niemand ist so dumm, daß er nicht einen Dümmern findet, der ihn bewundert."

Die Kleine Frau hat also leichtes Spiel, um so leichteres, als sie ihr eigener Regisseur ist, und weil das Publikum aus gedankenloser Gewohnheit ihrem naßblauen, treuherzig geraden Blick alle Echtheit zutraut, alle Herzensgüte, die der etwas weiter unten liegende Mund keineswegs bestätigt. Diese arg- und gedankenlosen Menschen wissen nicht, daß ein Mund durch Bau und Bewegung viel mehr verrät als durch Worte, die ihm entfallen. Ein Mund kann nur in Worten lügen; nichts aber ist so beredt, so aufschlußgebend wie die verschwiegene Wahrheit einer

Mundlinie, eines Mundwinkels, einer Zusammenziehung oder Lockerung der Lippen.

Eine weitere Rolle ist die der Kinderlieben; beliebt ist auch die der Schutzsuchenden, denn sie schmeichelt der Eitelkeit des Ritters; die Kernrolle aber ist, Trösterin eines Mannes zu sein, der in Liebeskummer dahinsiecht, aber doch so weit Rekonvaleszent ist, daß er sich gern von dem Unrecht, das ihm von einer Seite widerfuhr, durch eine aus neuer Richtung kommende Bejahung überzeugen läßt.

Selbstlosigkeit, die bei der Kleinen Frau nie wirklich begonnen hat, hört da auf, wo sie von dem dankbar zu ihr Aufblickenden, wie immer er beschaffen sein möge, Lohn erwartet und empfängt. Der wahrhaft Selbstlose, ob als solcher erkannt oder nicht, erwartet nichts, weil Anerkennung und Dankbarkeit ihn beschämen.

Die Kleine Frau aber wartet darauf, spekuliert damit, springt in die Hausse und leidet edel und sichtbar in der Baisse.

Alles bezieht sie auf sich, wenn sie sich mit Charakterforschung beschäftigt; wer mit ihr freundlich umgeht, ist ein wertvoller Mensch, was seine Richtigkeit haben mag; sie aber glaubt ihn objektiv wertvoll genannt zu haben, weil sie von Selbstbelügung lebt. Nachträglich belehnt sie ihn mit allen Tugenden. Das Primäre aber ist: er ist ihr freundlich begegnet.

Sie zeigt sich gewöhnlich da am törichsten, wo sie, in Mitleid verstrickt, handelt. Zur Güte gehört Weisheit.

Genial ist ihre nach Wohlwollen haschende Erklärung: „Ich kann keinen Menschen hassen." Damit ist hinlänglich bewiesen, daß sie nicht lieben kann. So viel Ehrgeiz, so viel Fleiß, so viel Prätension — so viel Püree.

„Also, Anna, du bist nicht eifersüchtig?"

„Nein, gewiß nicht."

„Siehst du deinen Freund heute anders?"

„Nein."

„Bist du anders?"

„Nein, aber ich kann nicht mehr so sein, wie ich bin, das ist alles. Ich kann auch nicht mehr so sprechen wie früher mit ihm."

„Aber du könntest ihm das alles sagen."

„Ja, das könnte ich, zum Teil habe ich es auch getan."

„Und er?"

„Er liebt mich wie früher, und ich weiß, daß ich mir da nichts vormache."

„Erzähle."

Und sie erzählte, was ich weiß. Ganz jung kann man nicht mehr sein, wenn man so liebt und geliebt wird. Jung sind sie beide nicht — liebend aber wurden sie zwanzig, obgleich sie doppelt so alt waren. Das Köstlichste einer solchen Liebe ist das Jungwerden und das Nichtblindsein; das wundervolle Wartenkönnen, wenn der sonst auf die Minute pünktliche Geliebte durch Pflichten abgehalten ist; die ruhige Sicherheit gegenseitiger Hochachtung; die Einbeziehung des ganzen Lebens mit all seinen kleinen und großen Teilen in die Zusammengehörigkeit.

„Mit ihm zu essen war außer der Freude seiner Gegenwart auch eine Angelegenheit des Essens an sich. Keine kleine Gefräßigkeit, die man sich nicht gegenseitig mitteilt, keine kleine Dummheit, die einem nicht einfiele, und die Blicke des Einverständnisses, wenn man a tempo dasselbe dachte und sah, daß man es gerade nicht aussprechen kann, weil es ein fremdes Ohr auffangen würde!

Und die gemeinsamen Blicke in die Schaufenster auf Taschentücher, Bleistifte, Fressalien, der gegenseitige Einkauf von Obst, von Lavendelessenzen, von Reiseutensilien, der Austausch von Büchern, die Verbesserungen des Inventars an praktischen Gegenständen — es ist sehr schön so!"

„Und dann kam die Kleine Frau?"

„Es war ein Mädchen da, das kein Gesicht hatte. Ich erkannte sie nur daran, daß sie mit ihm ging. Unscheinbar war sie, ein nettes schlankes Mädchen — ich sah sie oft, ich weiß nicht, wie sie aussieht. Sie erwartete ihn des

Morgens, wenn er in sein Büro ging, begleitete ihn und verschwand. Sie begrüßte ihn nicht, sie redete nicht, sie ging neben ihm. Sah sie mich, so war sie auch schon entschwunden."

„Sehr stark!"

„Ja, und so ungewöhnlich. Das ging Jahre lang. Dieses Nie-sprechen war entwaffnend für ihn und für mich."

„Er hätte sie . . ."

Anna ließ mich nicht ausreden:

„Nein, alles, was er tat, war richtig. Als Liebende habe ich keine Rechte — ich gebe sie. Ich bin im Recht, wenn ich liebe — ich brauche keine anderen mehr."

„Sehr stark! Und weiter?"

Aber Anna bleibt noch bei ihren Gedanken:

„Sie muß ihn geliebt haben mit dem gleichen Recht wie ich", sagte sie, ihre Worte fein aussuchend. „Aber sie redete nicht. Wie ein Hündchen begleitete sie ihn. Nichts war so, wie man es sonst erlebt, sie beanspruchte nichts. Sie sagte manchmal ‚ja', manchmal ‚nein', wenn er mit ihr sprach, ich kann mir eine poetischere Demut in der Liebe nicht vorstellen; wäre sie berechnend gewesen, nie wäre ihr diese ungewöhnliche Form im Liebesspiel eingefallen, oder sie hätte nach kurzer Zeit Fehler gemacht, sich demaskiert. Vielleicht war sie nicht demütig — vielleicht so primitiv, dumm sogar, gefühllos für die Tatsache, daß ich da war, und für die, daß er sie nicht wiederliebte."

„Es gibt unter hundert Frauen noch kaum eine, die diese beiden Tatsachen genieren könnten, im Gegenteil; sie bedienen sich, wenn sie den Dünkel haben, ihre Freundschaft für wertvoll zu halten, einer sehr merkwürdigen Logik: Sie sagen sich ehrlich: Da er mich nicht liebt, da er sogar eine andere liebt, ist meine Gegenwart, mein kleiner Liebesdienst durchaus harmlos, ich kann mit dem besten Gewissen seine liebe Gegenwart genießen."

„Ja, und sie wird immer hinzufügen — ‚ich brauche ihn doch nicht absichtlich zu meiden, wir leben in der Gemeinschaft mit vielen Menschen — man kann sich doch sehen und sprechen und miteinander verkehren, was ist dabei!?' "

„Das aber sagt sie sich nicht, daß sie diesen Verkehr selber künstlich herbeiführte, da er durch andere Umstände nicht gegeben war; sie mußte doch ihr kleines Mädchenzimmer verlassen und, seinen Wechsel kennend, sich um soundso viel Uhr auf dem Weg einfinden, den er zu gehen hatte. Die menschliche Gemeinschaft war also nicht gegeben, sondern herbeigeführt. Es handelte sich nicht um einen nicht zu umgehenden Verkehr, sondern um einen beabsichtigten; mit dem ‚besten Gewissen' durfte er also nicht stattfinden."

„Und wenn sie sich, dank ihrem Spürsinn, trafen, schloß sie sich ihm wortlos an."

„War sie ihm nicht lästig?"

„Das ist schwer zu beantworten. Sie war ihm vollkommen gleichgültig."

„Sagte er?"

„Ja, und er sagte die Wahrheit. Aber ich stellte niemals Fragen."

„Und eines Tages?"

„Nein — es wäre nie etwas geschehen."

„Aber es geschah!"

„Einmal frug er sie", wie er mir erzählte, „ob sie seine Wohnung sehen wollte? Und ob sie wollte! Dieses Anerbieten, eine Art Hilflosigkeit und eine vollkommene Sicherheit seiner negativen Gefühle ihr gegenüber, hatte nichts zu bedeuten."

„Aber es war dir unangenehm?"

„Das kann ich nicht sagen, mein Vertrauen in ihn war unbegrenzt."

„Wie dumm."

„Dichter sind jenseits der Gescheitheit — und wer liebt, ist Dichter."

„Sehr stark und sehr wahr, und diese Dichter stehen irgendwie außerhalb des Lebens, obgleich nur sie es intensiv erfassen — sie machen etwas Ungewöhnliches daraus, und es lebt sich schön im Ungewöhnlichen, im nicht Gemeinen.'

„Ja, das war es. Als wir, mein Mann und

ich, nach Südamerika fuhren auf ungemessene Zeit, fühlte ich mich dem Freund gegenüber schuldig, und ich schrieb ihm den ungewöhnlichen Brief. Schweren Herzens."

„Du gabst ihm Freiheit."

„Die hatte er immer; aber ich hätte ihm das nicht schreiben sollen. Doch warum einen Gedanken vor ihm geheim halten — warum plötzlich nicht den Mut haben, ihm zu sagen: ‚Lieber, bitte denke niemals, daß du meinetwegen etwas unterlassen sollst, was du gerne tätest.' Ich hatte eine kindische Vorstellung von Nöten, denen ein Mann ausgesetzt sein könnte, und dachte, ich müsse meinen Widerwillen, das zu schreiben, überwinden. Jeder hat in sich etwas Anonymes, das sich nicht mit der Persönlichkeit deckt, etwas Tierisch-Sachliches, im Gegensatz zum Geistig-Subjektiven, dieses widmet sich andern Menschen, jenes bleibt herrenloses Gut.

Ich dachte mir, Anonymes möge dem Zufall überlassen werden. Nicht einen Augenblick lang war mir ein Gedanke an das kleine, dumme Mädchen ohne Gesicht gekommen.

Einige Monate später, etwa ein Jahr war ich fort gewesen, besuchte ich ihn wieder.

Nach einer Weile blickte er mich mit seinen ehrlichen Augen an: ‚Ich muß dir etwas sagen.'

Etwas Schnelles, sehr Unangenehmes zwang mich, ihm zu antworten:

‚Nein, nein, nichts sagen!'

Aber er sagte es doch und fügte hinzu: ‚Sie ist aus gutem Hause.'

Genau dieselben Worte gebrauchte er, als er mir zum erstenmal von dem Mädchen erzählte, das ihn wortlos auf seinen Gängen durch die Stadt begleitete.

‚Sie ist aus gutem Hause.' Sollte das eine Beruhigung für mich sein? Sollte das Mädchen gegen einen naheliegenden Verdacht geschützt werden? Aber was ist schließlich ein gutes Haus. Familien, die den besten Leumund genießen, haben unerwartete Produkte zutage gefördert. — Und eben das ‚gute Haus' garantiert den Ernst einer Gesinnung von seiten des Mannes. Um so schlimmer für mich.

Das muß ich verstanden haben — aber im selben Augenblick hatte ich es wieder vergessen und konnte auf seine Frage ‚Wirst du mich denn noch gern haben' antworten — ‚Das macht nichts', und er: ‚Du bist das Liebste und Beste auf der Welt.'

Es gibt Schußwunden, die man im Augenblick des Getroffenseins nicht spürt — es ist ein heftiger, komischer Schlag, und alles schläft wieder — erst wenn die Gewebe ihren Riß gutmachen wollen, merken Nerven und Gefäße, daß ein Fremdkörper ihre Bahnen zerschnitten hat, und dann erst wächst ein Schmerz. Manchmal fällt der Getroffene, dann steht er wieder auf und weiß nicht, was geschehen ist. So ging es mir."

Anna lächelte.

„Und der Schmerz hatte absolut keinen Namen, wie ich ihn auch besah, ich wußte nicht, warum ich litt. Ich haßte niemand, ich machte auch in den langen Denkreisen, die ich später antreten mußte, niemandem einen Vorwurf, ich sagte nie etwas von meinem Schmerz, denn das klingt doch immer nach Vorwurf, nicht wahr? Und in meinem Herzen machte ich keinen. Ich sagte mir, wie das seit Urzeiten jeder tut, dem das geschieht: ‚Alle — nur nicht dieses Mädchen.' Und ganz sinnlos ist ja der Gedanke nicht.

Hätte er mir erzählt, denke dir, ich war in Brüssel oder in Hamburg oder meinetwegen in Budapest oder Preßburg geschäftlich — und da begegnete ich so einer merkwürdigen Person — und sie sagte mir... und ich dachte nun... und da gingen wir... und da... ich glaube, sie heißt gar nicht so — — na — und du hattest mir doch geschrieben... das hätte mir nicht weh getan. Das wäre anonym gewesen.

Das Leben ging scheinbar weiter wie bisher. Einmal traf es sich zufällig, daß ich, ohne daß er es wußte, von weitem sehen konnte, wie er sich von dem Mädchen, das ihn begleitet hatte, verabschiedete. Ein Händedruck, und sie trennten sich. Sie blieb an der Ecke stehen, er schritt die kurze Straße herunter, und als er einbiegen mußte, drehte er sich um und zog nochmals den Hut, denn er wußte, daß sie weiter oben noch auf diesen letzten Gruß wartete. —

Genau wie ich, früher."

Anna lächelte, wie immer, wenn sie etwas Trauriges sagte.

„Das Beschämende ist eben das: Genau wie ich. Da wird man seiner eigenen Sprache beraubt."

„Es ist eben die Sprache der Liebe, und die ist im Grunde bei allen gleich."

„Möglich; wahrscheinlich; aber es darf einem halt nicht bewußt werden, daß man nicht sein eigenes Chinesisch, für andere unverständlich, gesprochen hatte, sondern offenbar den gangbaren Dialekt von Tausenden."

„Anna, wenn du an dieses Mädchen denkst, was empfindest du?"

„Empfinden? Gar nichts."

„Unwillen?"

„Nein."

Eben springt Lurch auf — er langweilt sich, wirft sich mit dem Rücken auf den Boden und macht zerschnittenes Schlangenstück, rechts, links, rechts, links, und dabei brummt er, teils vor Freude an der Reiberei, teils weil er uns unerträglich findet.

Dann steht er auf seinen vier dogskinbehandschuhten Händen und Füßen, benießt den

Smyrna, und da er sich dabei, weil er so niedrig und die Nase so lang ist, diese anstößt, leckt er sie einmal ausgiebig mit dem unermeßlichen rosa Salatblatt, das er, wie immer, schneller zurückzieht, als er es ausstreckt. Dann muß er das Gehirn schütteln, wobei die Ohren wie kleine Peitschen knallen. Nun kommt die Dehnung mit dem Gewicht auf den Händen, deren zartes Zehengehäuse auseinandergeht, so daß die Ebenholzkrallen wie vier kleine Spatzenschnäbel hervorspitzen und die fünf trockenen Leberln auf dem Teppich knirschen. Mein aufmerksames Verfolgen all dieser Phasen bringt ihn in eine Verlegenheit, die er, kurz entschlossen, mit dem Männchen der guten Meinung abreagiert.

Was nun? sagt er. Bobine habt ihr mir eingesperrt, man lasse mich wenigstens den Karlsbader Promenadenkies untersuchen.

Wir werden gehen. Ich verabschiede mich. Wir sind nicht klüger geworden. Die Probleme Eifersucht und „Kleine Frau" sind nicht gelöst. Das Mädchen ohne Gesicht aber mit Poesie ist wieder ein Problem. Doch scheint mir, als sei die Poesie bei Anna. Sie ist nicht böse, daß jemand unberufen in ihrem Garten auf ihren Rasen tritt und ihre Blumen pflückt, weil ihr Garten die ganze Welt ist und Millionen auf ihr wohnen.

Sie ist nicht „eifersüchtig", denn sie liebt als Dichter, ohne Dichter zu sein. Sie liebt in Dithyramben — in Demut, en gros und en détail —, sie liebt jeden kleinen Gegenstand, der in Beziehung zum Geliebten steht, seine Möbel, seine Pantoffel, seine Krawatten, seinen Briefbeschwerer, seine Manschetten, seine Kindheit, seine Pläne und sein dummes kleines Mädchen ohne Gesicht.

Anna ist keine Kleine Frau.

Es ist dunkel geworden, wir sollten längst zu Hause sein.

Erst etwas Leine, bis wir in unsere autolose Allee kommen, dann kann man wieder frei laufen. Immer zuviel in Händen. Die dumme Ledertasche, das gescheite Futterpaket für die Tagesmahlzeit mit schweren Äpfeln, zwei schweren Sardinenbüchsen, die Leine mit einem schweren Ziehhund und endlich die Trottelei, die man gekauft hatte. Das Ganze kommt in die große Apfeltüte, die wütend platzt, und ist man endlich oben angekommen, wo man wohnt, tun einem die Finger von den Paketschnüren weh, die Bizepse von der Unterstützung der Pakete — und es fehlt nur noch eins, daß man an den vorletzten Stufen dem Fuß, anstatt ihn zwanzig Zentimeter zu heben, nur eine Konzession von neunzehn erteilt, so daß man unvermittelt, gekrümmt wie ein Tapir, landet, während die Pakete, endlich Herr der Situation, auf den Stein knallen, den Äpfeln freie Bahn gewährend, weil die Sardinenbüchsen schnell Harakiri ins Papier gemacht hatten.

Lurch, unbeschwert auf elastischen Leberln, steht vor der Tür und wundert sich sanft. Er tritt als erster ins Zimmer, dann tanzt er den Eldorado, das ist ein in Tanzlokalen noch unbekannter Tanz, der darin besteht, daß man sich auf den Rücken legt, mit den Hinterbeinen gigotiert (das ist der Ausdruck, kommt von gigot), dazu gibt der Brustkasten Brr-Brr-Töne von sich, man steht auf, wirft sich in ein Männchen und fixiert die Pakete, die ich auf den Tisch gelegt habe.

Zu den reinen Freuden gehört das Bewirten der Tiere, insbesondere der Nichthaustiere. Es entspringt dem Mitteilungsbedürfnis des Menschen. Da das Wort beim fremden Tiere zunächst verhallt, ohne aufgenommen zu werden, ist Futter die nächstliegende Möglichkeit zur Verständigung. Angebot ist die Anrede, Aufnahme die Antwort. Es dauert lange, bis das Tier-Kind sein erstes Wort spricht. Aber wenig beglückt so, wie die Geduld, die in der Erwartung des sicheren Erfolges geübt wird. Es ist nicht Forschersinn beim Menschen, nicht Habgier und Besitzwahn (ich muß ein Tier besitzen, mir untertänig machen), es ist tatsächlich das Bedürfnis, sich mitzuteilen, natürlich auf der Basis der Selbstgefälligkeit: „Siehst du,

Tier, ich bin mindestens so nett wie die Sonne, die du siehst, ich habe mindestens so gute Delikatessen dir anzubieten, und ich bin auch, außerhalb von all diesem, ein angenehmes Wesen." Das ist ein gewaltiger Irrtum. Der Mensch ist mit seinen entsetzlichen Attributen von Stoffen aus Schafwolle, Leder aus Tierhäuten, Seifen- und Nichtseifengerüchen, mit seinen unnatürlichen Bewegungen und Gebärden ein unangenehmes Wesen. Man stelle sich zum Beispiel eine Windhose vor, die sich am Horizont aufmachte, über einer Wasserfläche zur Wasserhose werdend, und sich zu mir begeben würde, um mir Hummer à l'Américaine anzubieten — ich würde sofort flüchtig. Als Windhosen sieht uns das Tier und verkriecht sich rechtzeitig.

Wir sitzen gegenüber dem Theater, Lurch und ich, es riecht wie vor dreißig Jahren am Bahnhof von Florenz nach Pferdeexkrementen, weil hier Fiaker stehen, mehrere Paar Schimmel mit taubenblauen Nasen und manikürten Hufen und einige Braune mit dem Urandenken arabischer Herkunft, dem minimal verstreuten grauen Haar auf dem dunklen Nasenrücken.

Ins Theater gehen wir bestimmt nicht, wo irgendein langweiliges Schwarzwaldmädel abwechselnd mit Madame Pompadour gegeben wird. Das erlaubt uns unsere Tageseinteilung nicht, und auch sonst würden wir es nicht tun.

Si-Siling-Gi, mit dem Rücken gegen das Theater, erhebt sich auf die Hinterhand und macht Männchen. Ich weiß — er will weitergehen, mein Sitzen langweilt ihn. Seine Männchen sind sehr solide und ausdauernd. Wenn ich auch nicht sofort tue, um was er bittet, so rede ich ihn doch an, und um seinen Mund spielt ein behagliches Lächeln. Bei jedem Wort wedelt das letzte Stückchen Schweif, das nicht an den Boden gedrückt ist.

„So, mein kleiner Knipperdolling."

Vier Zentimeter Schweifspitze sagen: „My mistress is my home."

Sein Männchen hält stand. Bei ihm ist es schon so geworden, daß er nur zuweilen „Hündchen" macht, das heißt auf allen vieren geht und sich wie ein Hund gebärdet.

Ich sitze, und er sitzt. Das Ende der Sitzung, wie bei den meisten Sitzungen, ist eine Resolution, entsprechend den Wünschen des Herrn Vor-Sitzenden, und ich stehe auf. Si-Siling-Gi ist schon ganz Motor auf seinen kleinen Vierzylindern, und wir gehen ihm zuliebe auf Um- und Sonnenwegen nach Hause.

Wenn ich nur wüßte, wann ich schreiben soll. Solange ich denke, geht es nicht, denken ist so spannend wie lesen; ich kann doch nicht ein fesselndes Buch im Augenblick, wo ich es lese, abschreiben.

Mit dem Schreiben ist es wie mit der Liebe: für beides gibt es keine Akademien wie für Musik und Zeichnen. Sprachkenntnis und Sprachliebe, die muß man haben; aber die Anfangsgründe? Ich bezweifle, daß deutsche Schulen viel für die deutsche Sprache tun, dagegen fällt auf, daß der achtzehnjährige Franzose seine Sprache besser beherrscht als bei uns der vierzigjährige Durchschnitt des Besseren. Weit entfernt zu wünschen, daß die Schule mit Absicht

Schriftsteller und Dichter heranbilden möge, sähe ich die Lehrer gern als berechtigte Fanatiker der Sprache, nicht als Erfinder, als pathologische Nörgler, sondern als ideale Liebhaber. Sprache sollte bis zur Liebe beherrscht werden, dann kann man sie, weiter liebend, herrschen lassen. Dann fällt jeder Nationalismus. Ich kenne nur eine Vaterlandsliebe, die wie der Nil zwei Quellen entspringt: der Liebe zum Vaterhaus, der Liebe zur Muttersprache.

Liebe zur Muttersprache mag der Deutsche haben, aber in neunundneunzig von hundert Fällen ist seine Liebe eine unglückliche oder höchstens eine banale. Die Sprache wird, so kommt mir vor, bona fide mißhandelt, und das ist das Ärgste, das man ihr antun kann. Würde Lurch sprechen, seine Sprache wäre klar, sonor im Laut, einfach korrekt, und wenn er sich den Spaß machen wollte, mit ihr zu spielen, er würde sie nie verletzen, sondern sie liebevoll ins Maul nehmen und zart von sich geben. Vielleicht würde ein Hund keine Bilder in die Rede flechten, nie aber würde er mechanisch sprechen und Metaphern „benutzen", die er nur halb spürt und deren Bildkraft er nur zum Teil übersieht.

Metaphern sind scheinbar harmlose Zugtiere, die man einspannen kann, damit sie den Satz fortziehen. Man kann sie nicht behutsam genug anfassen, sonst schlagen sie aus, zertrümmern den Satz und gehen mit ihm durch. Dem Dichter erscheinen sie als liebenswürdige Spukgeister; sie drängen sich auf, ein Bild gibt das andere, so wie Worte einander erwecken. Manchmal hinken sie und müssen orthopädisch behandelt werden. Schlechte Metaphern absichtlich erfinden ist schwer. Oft genug begegne ich ihnen beim Lesen und muß traurig bekennen, daß es sich dabei nicht um französische oder englische Bücher handelt. Mit masochistischem Wohlbehagen las ich einmal (den Autor verrate ich nicht):

„... der Mangel an Verständnis, welches diesem seinem größten Werk entgegengebracht wurde, erfüllte den Künstler mit Schmerz."

Mit diesem Satz habe ich tagelang gespielt. Man stelle ihn sich vor:

„Der Mangel an Einnahmen, die mir entgegengebracht wurden, füllte mein Portemonnaie."

Später wurde diese Stelle geändert; heute lese ich: „Der Mangel an Verständnis, dem er begegnete..." Das ist auch nicht besser. Ich kann vis-à-vis de rien stehen; „Rien" kann aber nicht spazierengehen und mir begegnen.

Folgenden Satz fand ich, nicht etwa in einer Jagdzeitung und auch nicht in einer Revue für Moden, sondern in einer anspruchsvollen Wochenschrift auf satiniertem Papier:

„Jagdmoden gibt es nicht..., es verweben sich mit solch altem Anzug Erinnerungen, die Ridinger-Stichen gleichen; wenn man schweigend in die Berge steigt und die merkwürdig vorweltliche Form einer Gemse neben einer Zirbelkiefer scharf gegen den Himmel sich abhebt, fühle ich noch den Erdgeruch um mich (fühle) und den kühlen Schaft meiner Büchse in meiner Hand. Weidmannsheil!"

Die Vorstellung von „Wenn man steigt, fühle ich" ergibt folgendes Bild: Eine Horde von Bergsteigern erklimmt den Berg einerseits, andererseits fühle ich etwas.

Ferner: „Wenn man schweigend steigt und sich die Gemse scharf abhebt, fühle ich Erdgeruch und kalte Büchse." Wenn man also zum Beispiel lärmend steigt und sich die Gemse nicht abhebt, dann hört alles auf, und der Büchsenschaft ist womöglich lauwarm geworden. Und was geschieht mit „man"? Die Vorstellungskraft muß in höchster Spannung „man" den Abhang hinunterrollen lassen, weil von dem Begriff „man", den sie im Gedächtnis aufbewahrt hatte, nichts mehr ausgesagt wird.

Ein deutscher Verleger, mit dem ich persönlich gottlob nichts zu tun habe, schreibt dem Autor:

„Was die Bilder bei der Publikation betrifft, so muß ich leider bekennen, daß das der einzige

Punkt ist, der zum Schluß ein wenig überstürzt wurde, so daß dadurch einige Mißverständnisse hervorgerufen wurden..." Wie man Punkte überstürzt, kann ich mir beim besten Willen nicht vorstellen; das Hervorrufen von Mißverständnissen ist auch so eine Sache; wenn man stark ruft, müßte der andere eigentlich verstehen; ein Mißverständnis hervorrufen setzt schon eine Absicht voraus, die der Verleger nicht gehabt haben dürfte. Der gleiche Verleger schreibt an anderer Stelle: „Ich werde mir die Angelegenheit inzwischen reiflich durch den Kopf gehen lassen." Man kann sich etwas so lange überlegen, bis es reif geworden ist. Aber reiflich durch den Kopf gehen lassen —? Warum es, wenn es gereift ist, durch den Kopf hin und her summen lassen wie eine Brummfliege?

Dieser Mann sagte in meiner Gegenwart: „Mir ist folgendes Pech passiert..."

Und schrieb 18. Nov. 27:

„... und erlaube mir schon heute auf die Selbstverständlichkeit hinzuweisen, daß für diese Publikation natürlich ganz andere Honorare..."

13. Sept. 27. „...Mit der größten Freude erfüllte es mich von dem Plan zu erfahren, daß..."

9. IX. 27. „...Wenn ich nicht früher zu

antworten vermochte, so geschah dies deswegen, weil..."

11. VII. 27. „... Dies dürfte schon aus dem Grunde notwendig sein, weil wir uns..."

„Die Genehmigung des Bildes von... konnte ich... leider nicht erlangen, so daß ich dieses Bild leider fortlassen mußte, da in der Eile kein neues zu beschaffen war..."

Ein anderer Verleger, mit dem ich auch nichts zu tun hatte, Doktor h. c., schreibt „seinem" Autor am 8. Okt. 1925:

„... ein Honorar des gebundenen Ladenpreises...", und dem gleichen Schriftsteller wird von einem wirklichen Doktor geschrieben:

„Die Form bzw. die Formlosigkeit Ihres Einschreibebriefes bietet mir Veranlassung, weder in der... Angelegenheit noch in irgendeiner anderen in Zukunft mit Ihnen zu verkehren."

Schlimmer ist, daß von hundert Deutschen hundertacht diese Sätze glatt herunterlesen, ohne sich daran zu verschlucken, vielleicht noch schlimmer, daß Manuskripte dem Autor niemals der mangelhaften Sprache wegen zurückgeschickt werden, und daß der Kritiker eines Buches in den seltensten Fällen an das Kunstwerk der Sprache denkt, wenn er seine Rezension schreibt. Der Satzbau, der Ausklang des Satzes, der Rhythmus der Sätze, die Steigerung von einem zum andern, die absichtliche Unterbrechung des Tempos, die Durchschlagkraft des Wortes, die Art, wie es eingebettet ist, die Auswahl der Worte, die Übertragung eines handwerklichen Ausdrucks in eine andere Sphäre, wo es eine Situation, eine Anordnung, eine seelische Einstellung oder körperliche Eigenheit treffend wiederzugeben hat, nichts von alledem wird vom Kritiker besprochen.

Die Wonne meines Alters ist der Katalog der Buchhändler vor Weihnachten. Die Sätze kann man nicht kommentieren, nur illustrieren.

Erkenne dich selbst.

Ich tue nichts anderes seit bald einem halben Jahrhundert. Nicht etwa durch Grübeln oder durch affektiv-mechanische Beschäftigung mit dem „geliebten Ding", dem lieben Ich. Das Grübeln, das heißt ziellos Oberfläche abschürfen, kleine Gruben machen oder Spalten und hineingucken, bedeutet Zeitverlust, weil ich dadurch natürlichen, durch andere Kräfte als die meinen entstehenden Öffnungen nicht Aufmerksamkeit schenken könnte. Für die Erkenntnisse, die ich so erwerben würde, habe ich gerade Zeit zur Verarbeitung, Gruppierung, Benennung nach Ursachen, Folgen, Verwendung und Umsetzung in Tat; für die, durch Grübeln erworbenen, im Augenblick keine praktische Verwertung.

Ich folge also den elementaren Öffnungen, die durch Ereignisse und Personen entstehen, ich folge dem Ruf zur Erkenntnis meines Selbst durch sachgemäße Betrachtung und Aktion, sonst aber bin ich träge und teilnahmslos wie ein Fixstern oder wie ein See. Ich strenge mich nie an, wo es nicht nötig ist, wo nichts ruft und nichts geöffnet wird. Werde ich aber gerufen, das heißt, ergibt sich eine Gelegenheit zur Selbsterkenntnis, so bin ich sofort in Habachtstellung, erkenne mich wieder und entdecke aufschlußgebende Kräfte und Schwächen. Desgleichen beleuchte ich den Rufer, gehe aber vorsichtig zu Werke, sowohl in der Formulierung der Erkenntnisse als auch in der von mir einzunehmenden Stellung in Wort und Tat.

Erkenne dich selbst ist für mich wichtig und wertvoll, aber durchaus nutzlos im übrigen insofern, als das Ergebnis niemals Allgemeingut zu werden pflegt. Es ist unrichtig zu behaupten, daß Taten für sich selbst sprechen. Das tun sie nicht. Taten sind stumm, und es kann jeder hergehen und ihnen willkürlich Motive unterlegen, so daß X für U dasteht. Nicht immer geschieht dies böswillig, aber es geschieht fortgesetzt ohne speziellen guten Willen. Es ist die Folge einer mechanischen Benutzung der Sinne, zum Beispiel Auge und Ohr, mit darauffolgender mechanischer Schlußfolgerung, ohne Vorsicht, ohne Nachkontrolle. X für U steht da oder vielmehr U für X, denn man hatte ohne weiteres angenommen, daß ich selbst X für U gesetzt hatte. Der falschen Diagnose meiner Handlung kann ich in den meisten Fällen keine Berichtigung entgegenhalten, weil ich bei der Fällung des Urteils nicht zugegen bin. Und mit dem Richtigstellen, zumal nach „Verjährung", ist das auch so eine Sache: Qui s'excuse, s'accuse. (Auch ein falsches Sprichwort.) Der Beschuldigte hat unverlangt das Recht zur Lüge, man billigt sie ihm also immer zu, sowie er den Mund auftut. Nicht nur, daß man sie ihm zubilligt — nein, man stellt einfach, und zwar am besten hinterrücks, sein Lügen fest.

Wer es in der Selbsterkenntnis weit gebracht hat, also gewohnt ist, rücksichtslos, ohne Selbstbelügung zu forschen, erliegt, wenn er ein Urteil abgibt, nicht so leicht der Versuchung zu beschönigen oder zu beschimpfen; er bleibt dem Objekt gegenüber um so leichter sachlich, als er gelernt hat, das empfindlichste aller Objekte — sich selbst — sachlich zu beurteilen, wie denn sachgemäßes Denken dort aufhört, rein zu bleiben, wo man die eigene Persönlichkeit mit hineinzieht. Persönlichkeit färbt ab; das Denken aber ist wie ein farbloser Stoff, der, an das Objekt gelegt, von diesem Farbe-Bekennen verlangt. Je schärfer und farbloser das Denken oder der Denkstoff, um so klarer zeigt sich die Färbung des Objektes. Lurch braucht diesen mühevollen Weg nie zu betreten — nichts und niemand stellt an ihn die Forderung, sich selber zu erkennen. Dich kenne ich, sagt er mir, nun erkenne du mich! Wie schwer das ist! Denn das Tier wird immer ein Geheimnis bleiben. Das Tier ist frei von Dünkel. Das ist ein wundervolles

Wort: Kaum denkt der Mensch, schon dünkt ihn etwas, das heißt, er hat die Frechheit aufzustellen, daß er das für seine Person schmeichelnd Vorteilhafte, dessen er sich bewußt wird, nicht selber denkt, sondern daß eine Kraft es für ihn denkt, „ihn dünkt", daher der Akkusativ. Diese Kraft setzt er bei der Umwelt voraus, ist also ganz unschuldig, wenn er sich etwas dünkt — und im Nu auf der Bühne die Hauptrolle spielt. Letzten Endes dünkt er sich selbst, gibt das redliche Denken auf, und der harmlose Mitmensch ist verloren. Ist er höflich, so spielt er das Dünkelspiel mit und bedauert, daß er das andere, viel hübschere Spiel nicht spielen kann, das echte Hingabespiel, das heißt der ehrliche Austausch von Gedanken. Timon von Athen war ein Idiot und Apemantus ein Rüpel, aber allmählich erkennt man an sich selbst, daß man auf dem besten Wege ist, es ihnen gleichzutun.

Unsere Zeit in Karlsbad ist bald abgelaufen, schon ist starkes Hochwasser am Fremdenzustrom zu erkennen. Die Auslagen in den Läden sind herausfordernder, zwingender, die Inhaber sonnen sich nicht mehr, in den Bäckereien wird beim Bedienen der Brotkorb schon höher gehängt, dafür aber schneller mit den Semmeln jongliert; die in ihren Apparaten eingezwickten Schinken beim Charcutier magern sehr rasch bis zum Knochen ab. Bei den Sirenen und Nymphen an den Brunnen werden viel mehr Glasröhren zerbrochen, verwechselt, wütend reklamiert, auf der Post wurde mir im Gedränge mein minderjähriger Schirm entführt, worauf sofort am Himmel Frühsommer-Regenwolken erschienen, und als ich schräg gegenüber der Post zum Schirmmacher ging, sagte dieser: „Sie glauben gar nicht, wie oft man mir Schirme bringt, an denen ich die Krücke ändern soll, das heißt gegen eine neue umtauschen. Die Krücken sind schließlich das einzige Wiedererkennungszeichen..."

Die Mokassinschlange hinkt etwas auf dem linken Hintermokassin. Seit Jahren hat er damit zu tun — zwischen Zehen bildet sich eine Art Ekzem. Es kommt immer wieder, vergeht aber mit der guten Bobretzkisalbe, der einzigen, die je genützt hat. Auf die Gefahr hin, wegen Reklamemacherei anonyme Briefe zu bekommen, kann ich es nicht unterlassen, hier den Namen des vorzüglichen Tierarztes Bobretzki, Troppau, Wagnergasse, zu setzen — jawohl, ich will ihm Reklame machen, anderen Hunden zuliebe, denn von den x Salben, die man mir verschrieben hat, war diese die einzig erfolgreiche.

Abends wird sie in der Größe von zwei bis drei Erbsen eingelegt und der Fuß verbunden.

Lurch rührt diese Verbände nie an, er weiß genau, daß sie ihm gut tun. Er weiß auch, daß er die juckenden Stellen nicht lecken darf, und hört auf Kommando auf, wenn ich ihn dabei erwische.

Er hat mich tatsächlich einmal gebeten, ihm den Verband zu machen, und zwar unverkennbar in folgender Weise:

Mitten im Zimmer wartet er auf.

„Was will die Mokassinschlange?"

Er rührt sich nicht, wirft mir aber einen Blick zu: „Da fragst du noch!?"

„Willst du trinken?" (Plapp-lapp-lapp?)

Durst? Ausgeschlossen. Er wartet ruhig weiter auf.

„Vielleicht Gassi?"

Er ist nicht begeistert, fällt aber auf die Hände und wedelt höflich.

Ich gehe mit ihm den Gang herunter, gehe an die Treppe — er bleibt oben stehen — wartet auf.

Das ist also das sogenannte negative Männchen und bedeutet: „Bitte kein Gassi."

Wir gehen zurück, er hinkt etwas. Im Zimmer angelangt, springt er auf das Bett und wartet wieder auf, mit einem wissenden Blick, unendlicher Geduld im Ausdruck und einem kleinen schwarzen Lächeln in seinen rostroten, hageren Backen.

„Ich bin ein Trottel, Sisi, was möcht' er?"

Am Bett steht ein großer runder Tisch. Er legt die Pfoten an den Rand, und mit der Nase stößt er eifrig an eine Pappschachtel, wartet dann wieder auf.

Nun fielen mir armem, sündigem Menschen die Schuppen von den Augen — in der Schachtel ist die Dose mit der Salbe —, ich öffne, er liegt schon auf dem Rücken, wedelt erlöst und humoristisch und bittet mich um Verzeihung für meine eigene Dummheit. Der Verband wird gemacht, und er schläft mit einem wohlverdienten Seufzer der Erleichterung ein.

Am nächsten Morgen hinkt er nicht mehr. Hoch Bobretzki.

Si-Siling-Gi heißt ab und zu Mokassinschlange, a) weil er auf vier Mokassins geht, b) weil er sich prinzipiell im Zimmer lieber schlängelt als beinmäßig fortbewegt. Wer beschreibt mein Erstaunen, als ich im Berliner Zoo eine sogenannte „Wassermokassinschlange" entdeckte, von deren Vorhandensein auf der Welt ich nicht wußte, als ich dem Hund diesen Namen gegeben hatte. Ich kam gerade an ihr von oben beleuchtetes Aquarium, als eine Wassermokassinschlange etwas für sie Riesiges schluckte, sie machte die Schlingbewegungen mit dem ganzen Körper.

Zwei ganz kleine Wassermokassinschlangen sahen aus einer Grottenöffnung zu, eine neben der andern, wie aus einer Loge.

Die beiden Zwillinge schienen zu sagen: „Heute kriegen wir nichts, der Papa frißt wieder alles allein auf. Aber morgen wird er wie ein Bleistift daliegen, und dann kommt unsere Zeit."

Zwei zusammenhängende Froschschenkel sickern, plötzlich von unsichtbarer Hand hineingeworfen, langsam auf den Grund. Auch aus anderen Logen gucken Wassermokassinschlänglein. Alle sind fasziniert, aber keine wagt hervorzukommen. Da gleitet der Vater in zierlichen Wellenlinien hin, nimmt die Speise und würgt sie sorgfältig hinunter. Vierzehn junge Wassermokassinschlangenaugen verfolgen seine Bewegungen. Mit energischen Schwanzschlägen schiebt er den Magen dem Bissen entgegen, wobei ein Froschschenkel abfällt. Eine kleine Schlange benutzt den Augenblick, als dem Vater die Augen vom Schlucken übergingen, um sich dem Gegenstand ihrer aller Aufmerksamkeit zu nähern. Aber im Nu war der unbesorgte Vater so vieler Kinder zur Stelle, umrahmte den blassen Schenkel mit den Resten seines nicht schluckenden schwarzen Leibes, dann machte er sich auch darüber her und fraß ihn in aller Stille auf, während sich die übrige Gesellschaft endgültig in die Hintergründe der Logen zurückzog.

Kann man vom Gesichtsausdruck der Schlangen sprechen? — Sie sehen nicht böse, nicht tückisch, nicht wachsam, nicht humorvoll aus, das Auge hat keinen Blick, der Mund verschweigt nichts und alles, eine Kaffeekanne zum Beispiel, von einem bestimmten Gesichtswinkel aus betrachtet, hat mehr Ausdruck als die Schlange, deren Kopf Drechslerarbeit, das Auge Vereinigte-Werkstätten-Email ist. Ein leises Grauen mit Bewunderung erweckt nur die Tatsache, daß Schlangen sich in ihrem eigenen Lederetui aus echt Schlangenleder bewegen und niemals verraten, was das Etui umschließt.

Die Schlange ist vielleicht das einzige Tier, in welchem ich mich nicht zu sehen vermag. Ich glaube noch nie einen Menschen gesehen zu haben, dessen Gesichtsausdruck an die Schlange erinnert hätte. Menschlicher Gesichtsausdruck, wenn ich ihn mir besonders abstoßend vorstelle, wird mich kaum an ein Tier erinnern — sondern immer wieder an die Krone der Schöpfung selbst, wie wir Menschen uns zu nennen pflegen, während der Saturn mit seinem Heiligenschein um den Leib — oder vielleicht ist es eine Grammophonplatte für die Sphärenmusik —, ohne eine Miene zu verziehen, das Weltall durchsaust. Übrigens ist die Bezeichnung Krone für den Menschen nicht einmal so übel — denn Kronen, wie der Gothakalender lehrt, haben

a) fiktiven Wert, b) pflegen sie herunterzurollen, wenn die Fiktion zu wenig betont wird, c) geben sie dem Träger Kopfweh, wenn sie real sind, d) sind sie als Währung von zweifelhafter Solidität und Kostbarkeit. Kurz — der Mensch ist sehr wohl die Krone der Schöpfung.

Menschliche Gesichtszüge mit harmlosem Ausdruck erinnern häufig an tierische, es gibt Fischgesichter, Katzen-, Reiher-, Habicht-, Rattengesichter — das heißt, Linien, Blicke, Bewegungen im Gesicht und auch in seinem Bau gleichen der tierischen Gesichtsbildung. Aber der Inhalt eines Gesichts — das heißt sein Ausdruck — ist ein anderer.

Was ist Gesichtsausdruck?

Eine Bilanz von Empfang und Ausgabe des Geistes in ein Gesicht verrechnet. Ohne Empfängnis, also ohne Einnahme, wäre nur Aussehen, namenlose Maske, verschlossene oder leere Kasse.

Menschen haben von jeher versucht, die lebendigste Harmonie von Einnahme und Ausgabe des Geistes, wie sie sich in einem Gesicht ausprägen kann, in dauerndem Material festzuhalten.

Jener, antiken Skulpturen und Bildnissen eigene, nicht mehr absolut auf seine beweisbaren Ursachen zurückzuführende Ausdruck von Heiterkeit oder Melancholie, die die Kenntnisse, Erkenntnisse und Selbstbeherrschung einem Antlitz verleihen — und den wir sehr glücklich mit Schönheit bezeichnen, dieser Ausdruck ist es immer wieder, der gefangen nimmt und verweilen läßt, wenn man ihm begegnet.

Er muß nicht immer einem Menschengesicht angehören. Dieselbe Schönheit, ähnlichen Gesetzen gehorchend, zeigt die Linie des Horizonts, einem Lächeln gleich zwischen Himmel und Erde, die Linie des fliegenden Vogels, einem im Äther verlorenen lächelnden Mundspalt gleich, die musikalische Kadenz, die gekräuselte Oberfläche der Gewässer, der ziehenden Wolken.

Und welcher Tiermund zeigt sie nicht, diese gehaltene namenlose Schönheit, der wir gewohnt sind, den seelischen Hintergrund abzusprechen. Meinetwegen fehle er — aber der Ausdruck ist da, der tiefere Sinn ist vielleicht außerhalb der sterblichen Hülle, er wird immer wieder geboren von Tier zu Tier und erhält sich wie die Schönheit, die Menschen mit Meißel und Federstrich festzuhalten vermocht haben. Alle Tiermünder sind vollendet schön, und welchem Hundefreund ist der Ausdruck im Gesichte seines Hundes nicht in intensiver Weise bewußt geworden?

Er beglückt ihn, und ewig wird er ihm ein Rätsel bleiben. Die sogenannte klassische Schönheit, wie sie Mitlebende vereinzelt nur in Augenblicken oder zeitenweise erleben lassen, der Hund hat sie. Diese klassische Schönheit des Ausdrucks ist sicherlich, was uns unbewußt anzieht.

Da die Sehnsucht nach dem Geheimnis der Schönheit einerseits den Menschen erfüllt und andererseits die Natur in ihm ihre berühmten Rechte fordert, kreuzen sich diese beiden Gewalten, und am Kreuzungspunkt, der Sehnsucht nach Schönheit und der Gewalt eines Naturtriebes, dem auch der Mensch unterworfen ist, an diesem Kreuzungspunkt entsteht leicht die noch viel berühmtere Blindheit oder Blendung, die das Urteil fälscht und die nur den Menschen eigen ist. Das Tier kennt keine Erotik, nur eine einwandfreie konfliktlose Geschlechtswahl. Ihm fehlt auch die Sehnsucht nach Schönheit — es selbst ist seit Jahrtausenden Schönheit, ohne je Einbuße daran erlitten zu haben.

Wir haben beschlossen, morgen zu fahren. Wenn nur das Packen nicht wäre. Ich habe den Koffer aufgemacht, stumm hineingeblickt; ich habe die Kommode aufgezogen, stumm hineingeblickt und den Schrank, der sich sowohl gegen Öffnen als auch gegen Schließen wehrt, stumm betrachtet, während Si-Siling-Gi, mir auf Schritt und Tritt nachschleichend, ungeheure

Dinge erwartet. Da nichts erfolgt, springt er auf einen Pantoffel, beißt in seine Pelzverbrämung und beutelt ihn sich unbarmherzig um die Ohren. Nein, gepackt kann nicht werden, jetzt nicht. Vielleicht in der Nacht. Wir werden Gassi gehen. Ich sage das Zauberwort, damit er den Pantoffel in Ruhe läßt. Einige Minuten später sind wir draußen. Wir gehen an Pupp vorbei — im letzten Augenblick sehe ich von ferne Anna an einem Tisch mit ihrem Freunde Valentin sitzen. Sie haben einen gebratenen Vogel vor sich stehen und sind weniger mit ihm als mit sich beschäftigt. Trotzdem aber machen sie beide Gesichter, als wäre das gebratene Hendl ausgezeichnet.

1927. In einigen Tagen fahre ich nach London. Ich würde Ihn so gern mitnehmen, aber da die Reise nach England geht, ist nichts zu wollen — Hunde müssen auf dem Kontinent bleiben oder sechs Monate Untersuchungshaft ertragen. Si-Siling-Gi hat es ja zu Hause gut, und in vier Wochen bin ich zurück.

Vor dem Krieg, als mich noch jugendliche Illusionen erfüllten, konnte ich es nicht fassen, daß man mir in Dover Käfi, den Vielgeliebten, abnahm, um ihn, ohne mich, auf die Quarantänestation zu bringen. Käfi, anders geartet als Lurch, aß nichts, wenn er Kummer hatte, und die kerkerartige Anstalt war eine Welt von Kummer für sein Gemüt. Ein halbes Jahr sollte er dort bleiben, ohne Gassi, ohne seine gewohnten Nester, in einem Land, wo er die Sprache nicht verstand, denn Englisch hatte er nicht gelernt, und ohne je verstehen zu können, warum ich ihn verlassen hatte. Mein Kummer war nicht geringer als der seine, aber ich war, als Mensch, besser daran und überlegte, wie ich ihn befreien könnte. Ich sprach mit Sir William T., der gar nichts mit der Sache zu tun hatte, aber ehrliches Mitgefühl für Hund und Herrin empfand. Ich erzählte dem König davon, der mir sagte, er sei Gesetzen gegenüber absolut machtlos, was mir einleuchtete. Ich querulierte mild und hartnäckig, wo ich nur konnte. Wenn ich — ich war zum erstenmal in London — in einem Museum Bildwerke sah, verfiel ich plötzlich in melancholische Nebenbetrachtungen: „Wie kriege ich meinen sanften Käfi wieder — er stirbt dort an Waisengram." Da erschien eines Tages Eckartstein. Ich querulierte wieder mild und einschmeichelnd. Er hörte aufmerksam zu und sagte — es war ein Donnerstag: „Morgen haben Sie Ihren Hund — oder sagen wir übermorgen." Schon am Nachmittag erhielt ich von ihm ein dickes englisches Buch, in welchem ein Absatz mit Bleistift angestrichen war, der ungefähr so lautete:

„... Es wird in seltenen Fällen für exterritoriale Persönlichkeiten eine Ausnahme gemacht, doch...", an diesem Abend las ich nicht weiter. Samstag vormittag kam ein grau verstaubtes Hündchen an einer fremden Leine, von einem fremden Mann geführt, im Unterbewußtsein wedelnd, äußerlich aber noch ganz Waisenkind. Dann wurde ihm Maß genommen, und bald erhielt er eine Art Korsett aus siegellackrotem und butterblumengelbem Leder, das verschlossen und plombiert wurde und ein

Schild am Rücken zeigte mit der Gravierung: „In Quarantäne für Tollwut, Nr. soundso, Board of Agriculture". Ich mußte mich verpflichten, den Hund wöchentlich etwa dreimal vom Tierarzt untersuchen zu lassen. Ich versprach und hielt, was man wollte. Der Hund sah in seinem gelbroten Korsett wie ein Pulcinello aus — aber was machte uns das, wenn die Leute auf der Straße stehenblieben. Ihn störte es nicht. Abends konnte ich ihm sein Kostüm, ohne die Plomben zu verletzen, durch einen Trick, den Käfi sehr gut ausnutzte, indem er sich schlangenmäßig verdünnte, abnehmen, am Morgen kroch er wieder hinein und empfing seinen Leibarzt. Als Sir William den Hund sah: „Was", sagte er, „Sie haben ihn tatsächlich bekommen? Und in England, an einem Samstag? Das grenzt an Zauberei."

Ein gedrucktes Gesetz oder ungedruckte Tradition sind unüberwindliche Mächte dort. Aber eine gedruckte Ausnahme wirkt Wunder mit derselben Kraft.

Nigra sum sed formosa:

Wenige denken an London, wenn von schönen Städten die Rede ist; Rom, Paris, Venedig, Konstantinopel tauchen sofort in der Erinnerung auf, und entzückte Blicke fallen auf die Städtebilder dieser Vorstellung. Man sieht ihre schönsten Plätze und Bauten und ihr charakteristisches, sogenanntes Leben und Treiben bei Tag und bei Nacht. London wird nicht genannt. London ist angeblich grau und riesig oder schwarz und nebelig. Ich trage keine rosa Brille, trotzdem sehe ich diese Stadt in rosa Tönen von der tiefsten bis zur hellsten Schattierung. Ich habe in einer Straße, und es gibt Hunderte von solchen, vierzehn Häuser in der Reihe gezählt, die jedes ein anderes Rosa zeigten, und nicht allein das Alter der Backsteine gab ihnen ihre Farbe, sie waren eben von Haus zu Haus verschieden gebacken, wie von verwelkten Rosen war die Tönung, wie von frischen Tulpen, pastellzart oder wasserfarben leicht, und die Rahmen der Fenster und Türen waren weiß abgesetzt wie Kragen und Manschetten an einem dunklen Anzug. Es gibt im Londoner Farbenbild mehr Rosa als andere Töne. London ist mit Kohle gezeichnet, in allen Schattierungen vom tiefen Samtschwarz bis zum Hauch eines vorletzten Grades von Nochnichtweiß, und all diese schönen Rauchtöne sind von Rot und Rosa durchsetzt. Rubinrote Omnibusse fegen in verschwenderischer Zahl auf dem geteerten Straßenparkett, und gerade dieses Rot befriedigt wie das Siegellackrot der Briefkasten, die, Schachttürmen gleich, auf dem Bürgersteig stehen. Vor jedem zweiten Haus sitzt eine Katze, im nordwestlichsten Land Europas der helle Orient. Hinter jedem dritten Gitter guckt ein Pelzhund hervor, niemals ein Portier.

Scheinbar sind die Straßen nicht, wie in andern Städten, starr festgelegt, sie ziehen sich hin, sie drehen sich, sie gehen bergauf und bergab, sie winden sich, verkürzen sich an einer Hausecke wie die Spitze der Mondsichel und verschwinden. Der Straßenlärm ist hölzern, der Pferdehufschlag dumpf, die Autos tuten nicht, nur zuweilen sagen sie leise „Pardon". Die Taxiwagen sehen aus wie hohe Kommoden oder wie Teetische auf Rädern, sie sind gelenkig wie Katzen, gedrungen im Bau wie Wildschweine, und da sie menschenhoch gebaut sind, muß man sich beim Einsteigen nicht unbedingt den Kopf anschlagen, braucht auch nicht erst auf den Boden zu knien wie bei uns nach dem schwierigen Einsteigen, bevor man sich auf den zu niedrigen Sitzen niederläßt. Sie erinnern an Sänften und auch an den verflossenen Hansom, und es können bestimmt hintereinander zehn Wagen stehen, wo in Berlin zum Beispiel gerade acht Platz hätten, weil wir so viel längere Haubenpartien hinter dem Auspuff des Vorderwagens unterzubringen haben. So wie ein Vogel den Hals dreht, windet sich in London ein Wagen aus der Reihe heraus. Er könnte sich beinahe wie ein Kreisel drehen. Die leeren Taxi dürfen in London am Trottoir entlangschleichen; auf einen Wink des Passanten hin stehen sie. In Berlin fährt nichts so schnell wie die leere Autodroschke. Winkt man ihr, wird sie unbarmherzig gebremst, wenn es dem Fahrgast überhaupt geglückt ist, ein Auge des Chauffeurs zu erhaschen, winselnd und knirschend hält der Wagen einen halben Kilometer weiter als man selbst. Ich habe mich erkundigt: die Sauserei der leeren Autodroschken bei uns ist Vorschrift, die Idee: schnell, schnell zum nächsten Droschkenhalteplatz, wo sie nichts zu tun haben und um Gottes willen nicht den Verkehr hindern, was die langsam fahrenden Autos gar nicht tun, höchstens in Straßen, wo elektrische Bahnen verkehren. Die sind natürlich im Zentrum von London längst abgeschafft.

London ist für mich im Hochsommer am schönsten wegen der Färbungen des Sommerabendhimmels, die der Architektur dieser Stadt shakespearesche Heiterkeit als Hintergrund geben, und auch, weil sie zwanglos, mit langsamem Puls an ihrer ölig dahinfließenden Themse wie in Ferien ruhend liegt: man hat Zeit, man hat Platz, die Stadt gehört einem und man nicht ihr und ihren Imperativen. Um allabendlich durch Guardis oder Canalettos Augen zu sehen, braucht man sich nur an die Flußmauer unterhalb Cecil Hotel zu stellen oder noch weiter ostwärts, das jenseitige Ufer erscheint am bläulich dämmernden Abendhimmel wie mit rosa Palästen bebaut, die Themse ist der Canale Grande, nur doppelt so breit. Über den Brückenrampen sieht man in der Ferne gespensterhaft die Tramcars gleiten, hinüber, herüber, man hört sie nicht, man sieht weder Räder noch Schienen, die Brückenmauer schneidet sie nach unten ab, sie spiegeln ihre Lichter im Strom, und die Brücken liegen schwarz darüber, elegant gebogen und fehlerlos. Wenn es schon dunkelt, gehe ich über den Platz am Parlamentsgebäude vorbei, eine oder zehn Katzen und ich sind momentweise die einzigen Lebewesen, die nächtliche Himmelskuppel ist über uns gewölbt, und jedes Dach, jeder Fensterrahmen, jede Hausecke, die Dimension der anliegenden Bauten, die zurückweichenden Fronten und vorgelagerten Steinflächen und Blocks, die Ecken, die Buchten, die Linien und Flächen bilden eine glücklich gefüllte und angenehm unterbrochene Vertikale zu der unregelmäßig begrenzten, aber groß daliegenden Horizontale des Platzes.

Auf leisesten Gummisohlen, wie vorhin die Katzen, saust bisweilen ein Auto durch, sein Lack fängt Mondlicht auf, und seine Augen triefen Licht auf den geteerten Spiegel des Weges. Laternen werfen an einigen Stellen ein grelles Licht auf die Architekturen. Der Kalkstein ist teils angerußt, teils weißgewaschen. Nach welchem Prinzip Regen und Ruß in künstlerischer Vollendung Formen herausarbeiten, kann mir niemand erklären, denn schließlich regnet es überall einmal so und einmal so, mit Osten und Westen hat es nichts zu tun; es gibt nichts Köstlicheres in den Bauwerken dieser Stadt als der verwendete Kalkstein, der hart wie Granit, rauh wie ein gewisses Zeichenpapier und von milchweiß zu kohlschwarz verwittert und umgekehrt sich von kohlschwarz wieder zu milchweiß rein wäscht.

Eine ähnlich weite Skala in der äußeren Beschaffenheit zeigen die Menschentypen, die man beobachten kann. Es vergeht kein Tag, an dem ich zum Beispiel nicht der Londoner „Stadtmaus" begegne. Das ist nicht etwa ein graues Nagetier, aber grau ist dieses Wesen weiblichen Geschlechts und undefinierbaren Alters. Diese Stadtmäuse haben gazellendünne Knöchel und zwei Schienbeine mit Strumpf darüber. Damit gehen sie quer durch den Hydepark, zielbewußt, furchtlos, sportlich, auf braven Sohlen, in braven Lederschuhen. Stoff hängt über Körperlosigkeit. Das Ende vom Lied müßte ein Kapotthut von Anno dazumal sein mit Bändern, aber es ist ein fescher Filzhut für flappers, und daraus quillt es graue Haare an einem wettergetrockneten Gesicht mit karierten Runzeln und stahlblauen oder nußbraunen Augen. Wohin geht die Stadtmaus? Wo wohnt sie? Was für Tee trinkt sie? Was trägt sie in einer praktischen Mappe, wer hat ihr den Mantel mit Raglanärmeln gemacht, und warum hat sie die leer hängende Bluse, die sie gern mit einer Lavallièrekrawatte schmückt, verkehrt zugeknöpfelt, wo sind ihre Enkelkinder, oder warum hat sie keine, und wie sah sie aus, als sie siebzehn war? Sie geht oder sie schlürft oder sie rutscht oder sie storcht nicht immer quer durch den Hydepark. Manchmal steht sie da und denkt und entschließt sich jäh zu etwas. Man sieht sie in der Stadt, in den elegantesten Squares, in Piccadilly, in der City. Manchmal ist sie arm, manchmal fährt sie allein oder mit einer anderen Maus in einem Wagen, der seine eigene Remise hat, einen sehr ernsten, doppelschweren Kutscher und ein oder zwei Pferde, die vier bis acht suppenterrinengroße Hufe in gelangweilter Kadenz aufs Pflaster werfen, während sie mit geblähten Nüstern und wallendem Schweif scheinbar absichtlich den Kontrast zur Maus herstellen, die nicht der leiseste Hafer sticht, dafür aber irgendein latenter, selbstsicherer Ehrgeiz.

Im Hydepark ist es unmöglich, etwas Verbotenes zu tun, weil alles, was mir einfallen könnte, erlaubt ist. Es gibt kein Gras, auf das man nicht treten, sitzen oder liegen dürfte, keinen

Maulkorb und keine Leine, die man anlegen müßte; dafür kann man die herrlichsten Dahlien- und Lilienbeete bewundern und zartgeaderte Salpyglossis in unerhörten Farben und außerdem in eingefriedigter Liliputwildbahn allerlei exotische oder heimische Wasservögel und gewöhnliche wilde Kaninchen. An einem Tag war es so heiß, daß die Kaninchen wie Foxterriers auf der Seite lagen, die vier Läufe und die zwei Löffelchen weit von sich gestreckt.

Obgleich alle Hunde aller Rassen in den Parks frei herumlaufen, gibt es erstaunlicherweise niemals Raufereien, was vielleicht nur dem Umstand zuzuschreiben ist, daß eben die ausreichende Bewegung nur mehr Liebe zum Herrn und keine anderen Passionen in ihnen aufkommen läßt. Diese natürliche Leidenschaft des Hundes für Rennen, Springen, Sichaustoben scheint in einem mir in Berlin bekannten Park besonders unerwünscht zu sein: in diesem Park sind Wiesen, Bäume, Wege, Spaziergänger, Kinder, Kinderwagen, Privatfeldstühle, öffentliche Bänke, fließende und stehende Gewässer, so gut wie keine Blumen, auf den Wiesen wird mäßiges Heu gemacht, die Wege sind nicht besonders gepflegt, kein Auto beunruhigt die Gegend, Hunde aber dürfen nicht einmal an der Leine diese heiligen Haine betreten, geschweige denn frei herumlaufen. Außer der Tafel, die am Eingangsgitter hängt und dieses Gebot kategorisch bekannt gibt, steht dort ein Grandseigneur, der mit eiskaltem Auge und lässig herabfallendem Mundwinkel Lakai spielt und kein großer Schauspieler zu sein braucht, er spielt sich selbst. Das Verbot mag ehrwürdig sein und an „Zeiten" gemahnen; leider ist niemand da, der die Tafel endgültig weghängt, und solange sie hängt, wird der Mann mit den herabfallenden Mundwinkeln das einzige Zepter, das er hat, schwingen. Wer kann es ihm entwinden und unseren tüchtigen Hunden freie Bahn gewähren?

Sehr tüchtig sind in den Londoner Parks die Zwickmänner, die für die Hunderte von grünen Stühlen Sitzscheine austeilen. Sie nehmen zwanzig Pfennig für den Stuhl und lochen den Schein an einer Zwickmaschine, die ihnen an der Brust hängt und die Zwickung mit feinem Glockenton quittiert. Diese Parkwächter sehen einen neuen Sitzgast mit Falkenaugen auf viele Kilometer Entfernung und nähern sich in weitem Einkreisungsbogen über Wiesen und Wegen, und wenn sie gezwickt haben, danken sie (auch im Omnibus dankt der Schaffner, noch ehe man gezahlt hat, einfach fürs Hereinkommen, und der Kellner, der einen pale sherry auf den Tisch stellt, dankt im Namen des Restaurants für die Bestellung: nur der Taxichauffeur dankt matt, wenn überhaupt, erst nach Empfang von nicht unter six Pence Trinkgeld).

Manchmal möchte man den noch nicht bezahlten Sitz im Park verlassen, will aber nicht den Zwickpreller spielen. Sieht man keinen Zwickmann, kann man sicher sein, daß er diesmal das Treiben von rückwärts eingerichtet hatte und in nicht allzu großer Entfernung ungesehen heranpirscht.

London ist nicht nur schön fürs Auge, auch dem Ohr geschieht nichts Schlimmes, obgleich der Verkehr zu gewissen Zeiten und an manchen Plätzen vierzig Grad Fieber zu haben scheint. Hupen ertönen so gut wie gar nicht. Fußgänger und Taxichauffeure, Omnibusfahrer und sonstige Autolenker, alles blickt sich ernst und freundlich an, alles dient dem Verkehr, Privatinteressen ostentativ zu verfolgen mit der entsprechenden Rücksichtslosigkeit gilt als schlechter Sport, das sogenannte Chausseeschwein verfällt der allgemeinen Verachtung und kann einfach nicht bestehen; alle Blicke fallen vertrauensvoll auf das dunkelblaue Polizeiorgan, das den Lederriemen seines Helmes quer über die Wange, dicht an der Unterlippe vorbei, trägt; den Riemen unter das Kinn laufen zu lassen wäre eine Verfehlung gegen die Etikette eines bestimmten, von allen stillschweigend beobachteten Chics. Der „Bobbie" gebärdet sich nicht wie ein Turnlehrer, viel eher wie ein Orchesterdirigent, der den Bässen Pianissimo gebietet und sich die Klarinettisten mit dem Zeigefinger heranholt, während er mit der anderen Hand den Geigern und Bratschisten zu verstehen gibt, daß sie ruhig ihren Stiefel weiterspielen können, bis er mit einem Mal, wenn ihm die Sache reif scheint, Verkehrsströmen von ganz anderer Richtung zuwinkt.

Das Gegenstück zu der Londoner „Stadtmaus" ist der Herr mit dem Anstrich philosophischer Heiterkeit.

Er geht, wenn es irgend möglich ist, vor seinem ersten Frühstück spazieren und weiß warum. Er ist hager, seine Schuhe, ohne ausgetreten zu sein, gehorchen auf einen Wink der Zehen, sind aber, obzwar liebevoll poliert, doch erkennbar alte, treue Diener. So ist auch der Anzug aus der Vorkriegszeit, der sich immer noch sehen lassen darf (kein Fabrikant ist heute noch so dumm, ewig haltbare Stoffe zu weben).

Der Herr mit dem Anstrich philosophischer Heiterkeit wirft Kennerblicke auf einen alten Baum, auf einen gutgezogenen Hund und auf den Mann, der im Hydepark wilde Eichhörnchen von den Bäumen lockt und ihnen Nuß anbietet, die sie, vor ihm wie kleine Pintscher aufwartend, mit Händen und Schnäuzchen nehmen, um dann wie der Blitz auf den Baum zurückzuspringen. Er ist selig, wenn er einen Bekannten trifft, und selig, wenn er wieder allein sein kann. Im Laden weiß er genau, was er will, findet nie, was er braucht, weil man im Geschäft den herrlichen ausprobierten Gegenstand, den er seit dreißig Jahren kennt, nicht mehr so hat, sondern anders; aber man sagt ihm, daß er das Gewünschte wahrscheinlich bei Soundso finden wird, und er geht strahlend hinaus. Obgleich er nur die Sonne liebt, strahlt er vor Jugend, wenn es regnet. Seine ergrauten Haare passen zum Goldbraun seiner mageren Wangen. Er weiß auf das schärfste, was und wer zu vermeiden ist, auf daß er nicht angeödet werde. Er selbst ödet prinzipiell nie an, da er sich nie aufdrängt; aber seine philosophische Glückseligkeit kann gerade dadurch gefährlich für andere werden, daß diese, in entgegengesetzter Stimmung befangen, stillheitere alleinstehende Herren gerade nicht sehen können, ohne vor Neid zu vergehen und auszurufen: „What a bore!"

Der stillschweigend heitere Philosoph ist in der Bahn ein angenehmer Mitreisender.

Wir waren einmal dreizehn Lebewesen in einem Abteil dritter Klasse nach Sevenoaks:

Ein einzelner junger Vater mit Kind.

Ein heiterer Philosoph mit Hund (rauhhaariger Terrier).

Eine einschichtige Stadtmaus mit Katze.
Eine etwa siebzigjährige Stadtmaus.
Eine etwa achtzigjährige Stadtmaus.
Ich.
Zwei junge Leute mit Tenniszubehör.
Ein mitteljunges Ehepaar.
Die Sitzordnung gestaltete sich so, daß der heitere Philosoph mit Hund (auf dem Schoß) mir gegenübersaß, der junge Vater mit Kind auf seinem aufgestellten Handkoffer zwischen uns, das Kind, meinem Vorschlag entsprechend, auf der Reisetasche, die ich mir quer auf den Schoß gelegt hatte. Neben mir saß die Stadtmaus. Der Vater flüsterte dem Kind zu: „Do behave yourself" und sprach es auf cockney aus (du beheiw yerself or Doggie'll beit yer). Aber das Doggie dachte gar nicht daran zu beißen, es hielt den rosa gefütterten Krokodilsrachen sperrangelweit offen, ließ die heraldisch auf und ab rollende Zunge flattern und hauchte Herrn und Nachbarn in beschleunigtem Tempo an. Niemand schien Sorgen zu haben, niemand kannte sich, niemand sprach ein Wort mit Ausnahme des Ehepaars und der Tennisleute, die sich so unsichtbar und unfühlbar machten, wie es eben ging. Es stellte sich heraus, daß der heitere Philosoph Schule macht, wir alle waren innerlich anderweitig beschäftigt oder taten so, heiter schwitzend. Ich konnte sogar lesen, mein

Buch an die linke Wade des Kindes gelehnt, und wenn ich umblättern mußte, half es mir mit einem kleinwinzigen, schmutzigen Zeigefinger. Und so wie man sich in dem Abteil benahm, auf kleinstem Ausmaß, so geht es im allgemeinen in der großen Stadt London zu, man ignoriert sich, aber, wo es nötig ist, hilft man sich anonym und zweckmäßig, höflich und knapp, soviel wie es die Lage erheischt. Unerwünschtem Geschmuse und kontinentaler Jovialität, die irgendwelche Vorteilsberechnung verdecken soll oder irgendeine banale kleine Gemeinheit, ist man so gut wie nie ausgesetzt, was nicht heißen soll, daß etwa in London die Menschen weniger an ihren Vorteil denken oder ihre Mitmenschen mehr achten als woanders, es handelt sich einfach um eine ideale Form des Umgangs: in dem Abteil dritter Klasse herrschte der gute Ton, das heißt der Ton, den man nicht hört.

In den Restaurants ist allerdings Ton und Art der Bedienung stark bergab gegangen, vielleicht weil die Kundschaft eine andere ist, jedenfalls blüht im besten Restaurant ein geradezu kriegerisches Neppsystem und mäßige, fabrikmäßige Bedienung. Die Scheinwirtschaft der Dreiviertelseezunge für zwei Personen wäre vor 1914 in einem Hotel wie dem Ritz undenkbar gewesen. Das ist eine Rechenaufgabe geworden: Eine Person erhält vom Tagesmenü zum Frühstück eine halbe Seezunge; wieviel erhalten dann zwei Personen? Eine ganze. Falsch! Wenn sie an zwei einzelnen Tischen sitzen, erhält jede eine halbe, also, wenn die Personen getrennt sind, zusammen eine ganze Seezunge; sitzen sie aber zusammen an einem Tisch, liegen regelmäßig nur drei Filets in der Platte anstatt vier. Es ist eine Kleinigkeit, wie die meisten Symptome. Überwältigend groß ist dagegen die in ganz England verbreitete Schlechtigkeit des Kaffees. Ich spreche nicht von Privathäusern und nicht von ersten Restaurants; was aber mit der Kaffeebohne andernorts getrieben wird, dort, wo der müde Wanderer sonst nicht allzu viel Grund zur Enttäuschung findet, ist nicht zu ermitteln. Ich glaube, es wird zunächst Koks daraus gebrannt und dann damit geheizt; die Restbestände werden gefiltert oder gesiebt, nur wundert mich, daß der daraus bereitete Kaffee nach dieser Prozedur noch so tief van-Dyckbraun in die Tassen fließt. Vorsicht und Verzicht können mich schützen, und schließlich ist das Übel gering, verglichen mit Londons sommerlicher Schönheit. Unvergleichlich ist diese Stadt, wenn die August-Morgensonne die schwarzen Parkette ihrer Fahrdämme bescheint, wo sich nur vereinzelt Autos zeigen, an zweirädrigen Karren schwere Pferde mit manikürten Hufen, über welchen von den Fesseln eine buschige, blonde Mähne fällt, die bei jedem Schritt bebt. Diese Pferde haben einen Gesichtsausdruck, als läsen sie einmal wöchentlich den „Punch"; sie sind brav und zuverlässig und scheinen zu lachen unter ihrem sorgfältig geteilten, militärisch groben Schnurrbart, der ihnen allmorgenlich nach rechts und nach links zurechtgedreht wird. Er ist kurz, voll, und die Enden kräuseln sich zu einer Spitze.

Die Stadt blinkt fröhlich in der Frühsonne; alle Häuser scheinen für dieses Sonnenfrühstück vorbereitet; die Sauberkeit auf Fahrdamm und Bürgersteig ist kaum geringer als die eines gepflegten Wohnraumes, und dieselbe Patina der Abnützung wie an guten Möbeln und alten Vertäfelungen liegt auf dem edlen Holzpflaster und an den Häusern selbst. Im Gegensatz zu den Menschen sind die Häuser uniformiert, und die Wirkung ist viel erfreulicher. Ihre Uniform ist in Farbe und Schnitt verführerisch; unnötiger Zierat ist so selten angebracht, daß er als unangenehme Ausnahme wirkt. Die asthmatische Bondstreet ist am frühen Morgen und gegen acht Uhr abends menschenleer wie eine Seitengasse, der Verkehr des Tages ist weggeblasen, und man kann ihr das Aufatmen beinahe ansehen. Dann und wann schlängeln sich die bunten Omnibusse heran, und wenn sie vorbeigefegt sind, kann man tief in die Perspektive dieses sonst unübersichtlichen, langgestreckten Marktes fürs Unerschwingliche blicken. Die Straße liegt da, leicht abschüssig und wieder etwas steigend, in ungerader Linie, lieblich bescheiden, fast reumütig, weil sie untertags so unverschämt teuer war, und eine ähnliche Miene haben ihre Zuflußstraßen aufgesetzt, aber morgen werden sie alle wieder teuer und verführerisch sein wie die Sünde, man wird sich begehrlichen Auges die Auslagen ansehen und den schönen Himmel vergessen, der hoch oben an den gezackten Hausgesimsen, in Fransen zerrissen, den Zwischenraum von der rechten zur linken Dächerlinie ausfüllt.

Meinen alten Schuster wollte ich besuchen und ging (gottlob hat er sein Geschäft nicht in der Bondstreet) zur Oxfordstreet in der Nähe von Marble Arch. Er war aber nicht anwesend, wie man mir sagte, sondern spielte Golf. Wie kann eine Stadt nicht schön sein, deren Schuhmachermeister Golf spielen!

Wie alle schönen Dinge hienieden hat sie einen schönen Namen. Er klingt wie ein Gong, wie ganz ferner Donner, wie ein doppelter Orgelpunkt. Der Name, wenn er in meiner Phantasie ertönt, lockt mich mehr als Venedig, das zu einem Lokal degradiert ist, zu einer Reklame für „Die Elegante Welt"' oder für „Sport im

Bild". Venedigs Schönheit liegt fertig da, und ich habe sie bestimmt nicht gemacht. Sie ist klassisch, und man kann nur ja und amen sagen wie ein Ministrant. In London aber lese ich mir aus dem Urtext eines herrlich auf Pergament geschriebenen Manuskripts ein eigenes Brevier von Schönheit heraus, das ich nach Herzenslust auslegen kann.

Das Heim für herrenlose Hunde in Battersea ist schön und offenbar reich dotiert, denn alle Tiere wurden — vor dem Kriege, ich weiß nicht, wie es jetzt gehandhabt wird — drei Wochen gepflegt, drei weitere Wochen zum Verkauf gehalten, — und für wenig Geld konnte man dort hübsche Hunde bekommen — und dann erst wurden die hoffnungslosen Fälle schmerzlos, absolut schmerz- und bewußtlos ins Jenseits befördert.

Für sechs Bob habe ich mir dort einmal eine Terrierhündin gekauft, die mich braun und erwartungsvoll fixiert hatte und, als ich am Gitter weiterging, ein schiefes Köpfchen aufsetzte und wehmütig ihren Mund zu einem kleinen schwarzen Strich zusammenzog. Ich nannte sie Ferki, weil sie auf ihrer rosa Ferkelhaut blauschwarze Flecken hatte. Sie endete durch Selbstmord. Eines Tages im Frühjahr, ich saß mit ihr in dem kleinen Garten gegenüber der Deutschen Botschaft, begann sie bellend herumzurasen, als sei sie von einer Wespe gestochen — sie sprang in die Höhe, lief vor sich selbst davon, wollte sich selbst wieder fangen, sprang an mir herauf und stieß gellende Töne von sich. Unter meiner Hand beruhigte sie sich etwas, fing dann wieder an und wollte ins Haus zurück. Ich öffnete ihr die Türe — sie raste die Treppe hinauf, versuchte im ersten Stock am Liftgitter emporzuklettern, da dies nicht gelang, schoß sie weiter zum zweiten Stock, ich konnte ihr nicht so schnell folgen, dort zwängte sie sich durchs Gitter und stürzte ab. Sie lag tot auf dem Dach des Aufzugs, der eben im Kellergeschoß, drei Stockwerk tiefer, stand.

Nun aber ergab sich eine Folge von beängstigender Schwere für den Hund Käfi. Ferki konnte an einem akuten, innerhalb von dreißig Minuten etwa erledigten Anfall von Hydraphobia gelitten haben, und nur der Tierarzt verfügte über Mittel und Möglichkeit, ein positives oder negatives Resultat durch p. m.-Untersuchung festzustellen. Eine Gewissensfrage, die ich nicht durch Vertuschung ignorieren konnte. Der Tierarzt bestätigte meinen Verdacht, stimmte aber mit mir darin überein, daß Tollwut unter anderen Symptomen beginnt. Er nahm den Kopf der kleinen Selbstmörderin mit. Nach einigen Tagen konnte er mir, selber aufatmend, berichten, daß die Untersuchung negativ verlaufen war.

Es ist schwer, sich beim erstmaligen Betreten eines Landes von dem einzigen, das man bisher von ihm kannte, seiner Literatur, unabhängig zu machen. Das zweite, an das man sich frühzeitig und langjährig gewöhnte, ist die Karikatur; das dritte die Exportware.

Zunächst erkennt das Auge in England nur die Verkörperung dieser Begriffe wieder. Man sieht Dickens und Shakespearesche Figuren, Typen aus „Punch" und der kontinentalen Karikatur und Dinge, die man im übrigen Europa in „englischen Läden" kaufen kann. Man ist sehr befriedigt, man hatte gut gelernt. Da nähert sich fast ausnahmslos ein geschäftiger Landsmann, der offene Türen einrennt und einen daran erinnert, daß man um Gotteswillen nicht Magen, sondern Tummy, nicht Bauch, sondern kleine Marie sagen darf und nicht Hündin. Das wurde schon verboten, als man, zehnjährig, die Sprache lernte und Eigenheiten als selbstverständliches Faktum mit dem Sprachschatz aufnahm.

Mit einem Fuß auf dem infamen Dampfer aus Calais, mit dem anderen in Dover, den heimgesuchten Magen auf Tee konzentriert, lernte ich, was ich auch schon wußte, „Never say bloody".

Meine sonstigen Kenntnisse stammten aus Tauchnitz-Edition-Romanen, die ich zwischen siebzehn und vierundzwanzig las, und in allen Büchern dieser Zeit findet sich, von mir auf der ersten Deckseite geschrieben, eine Zahl, für die Seite des Buches, auf welcher das Wort „mantlepiece" zum erstenmal vorkam. Das ist die obere Steinplatte des Kamins, auf welcher gewöhnlich eine Uhr steht und zwei Kandelaber. Der Beau des Romans pflegte daran zu lehnen. Es gab damals keinen englischen Roman ohne Mantlepiece... Es gibt allerdings kaum ein Haus ohne Kamine.

Dieser Ballast an Kenntnissen verschwand sehr bald, ähnlich wie die mühsam gelernten geographisch-politischen Grenzen in Europa, von denen ich nie etwas wissen wollte. Ich kenne nur botanische und klimatische und Sprachgrenzen dort, wo ich das Idiom nicht beherrsche.

Eingeborene und Freunde fühlen sich in allen Ländern bemüßigt, den Ankommenden auf Charakteristiken eines Landes und seiner Bewohner aufmerksam zu machen, und allemal sind es Schlagworte banalster Art, die sie anführen.

Einheimische tun es scheinbar aus Bescheidenheit und mit der Miene des Schuldners, in Wirklichkeit zwingt sie ihr Selbstbewußtsein, ebendieses Thema anzuschneiden. Als ich vor einem halben Jahrhundert zum erstenmal nach Schlesien kam, sagte mir eine Dame, ich werde mich an die Fasanen gewöhnen müssen, es seien einfach zu viele da, aber das sei gerade etwas für mich, bei meiner Tierliebe, ich hätte wahrscheinlich noch nie einen gesehen. Zufällig hatte ich mein bisheriges Leben zum Teil damit verbracht, Fasanen nicht nur zu betrachten, sondern privatim selbst auszubrüten mit Hilfe einer Haushenne.

In einem sogenannten fremden Land fühle ich mich niemals fremd, sondern im Gegenteil freudig verschwistert. Jedes Land wird ja von der gleichen Sonne regiert und ist ihren Gesetzen unterworfen.

Freilich stellt sich später oder sehr bald ein Bedürfnis nach Klassifikation ein, und ich bediene mich dabei der geographisch-politischen Namen und sage: die Spanier, die Engländer, die Russen oder spanisch, englisch, russisch und bemerke, daß es sich dabei meistens um Küche, Automobil und Eisenbahn, Klima, Bauart und Innenarchitektur, um Sprachlaute handelt, nicht aber um Sprachgeist, Haarfarben, Charaktere oder Gesinnungen.

Postboten, Schneider, Schreiner, Apotheker, Friseure gleichen ihrem Wesen nach allen Postboten, Schneidern, Friseuren et cetera aller

Länder, weil das Gewerbe abfärbt, nicht aber der Geburtsschein.

Alle Bettler, alle Monarchen, alle Kokotten, alle Gigolos sind schwer, ihrem Wesen nach, als Bürger eines bestimmten Landes zu erkennen, und die Großen des Geistes sind allemal nicht nur international, sondern intermondial.

Charakteristisch für ein Volk ist vielleicht die Stellung zur Frau, zum Kind, zum Tier. Man ist oft in der Lage, typische Einstellungen zu konstatieren, und ich möchte sagen, daß die englische mir für meinen persönlichen Gebrauch bei weitem die sympathischste ist. Aber von dieser sehr wichtigen Besonderheit spricht der Einheimische selten. Lieber verweilt er bei Belanglosigkeiten, die er vielleicht für charakteristisch hält, wie die landläufigen Gemeinplätze vom feurigen Spanier und vom langweiligen Engländer.

Wenn der Einheimische mir, der Fremden, sagt: „Wissen Sie, bei uns", so weiß ich nicht, was erwidern, ich bin nicht im Bilde, denn was er hervorhebt, deckt sich häufig mit Erscheinungen allgemein-menschlicher Art.

Es lebe die Geographie; die Geschichte, diese heillose Suggestion zum Chauvinismus, hole der Teufel. Sprachen pflege man; die Gallier, Zimbern, die Teutonen, die Sachsen und Normannen, die Hellenen, die lasse man ruhen.

Sie mögen ein Fabeldasein führen im heutigen Leben wie Drachen, Feen und Zauberer, Sphinxe und Chimären. Die Vergangenheit ist ein Mythos — sie spricht zur Phantasie, und das allein ist der Sinn und die Entstehung aller Chimären.

Erinnerungen sehr verworrener Art tauchen auf, wenn ich durch Londons Straßen gehe. Der Schock, den die Katastrophe 1914 auslöste, hat so rasiermesserscharf mein Leben in London an allen Wurzeln durchschnitten, daß es mir heute schwer fällt, Namen zurückzurufen — obgleich ich Stimme und äußere Erscheinung aller Bekannten und Freunde sehr wohl vergegenwärtigen kann, viele Gespräche und viele glückliche Augenblicke. Ich erinnere mich eines offiziellen Diners, nach welchem, englischer Sitte gemäß, die Damen zusammensaßen, während die Herren rauchend noch im Speisezimmer verblieben.

Ich war dreiunddreißigjährig die Jüngste, die anderen waren mindestens fünfzig, höchstens achtzig. Aber das hinderte nicht, daß sie eingehend, aber mit sympathischer Befangenheit, die Frage behandelten, was am empfehlenswertesten wäre in der Anordnung ehelicher Schlafzimmer.

Ich bin entschieden für das alte System, ein Riesenbett mit „zwei Gedecken", sagte Lady D. und glättete ihre schönen weißen Haare. Nein, meinte die Frau des Großadmirals B. Zwei

Betten. Ja, zwei Betten in je einem Zimmer, sagte Lady C. — Ich bin für zwei Zimmer à einem Riesenbett und einem Feldbett, sagte geheimnisvoll die kinderreiche Lady B. Warum Feldbett? die andern. Aber es erfolgte keine präzise Antwort, und nun war es an mir, meine Ansicht zu sagen, lustig flackernde Augen sahen mich an: „Nun, und was würden Sie vorschlagen? Zwei Betten in einem Zimmer, ein Bett in zwei Zimmern?" „Zwei Häuser", sagte ich und machte eine kleine Pause, um den Zuhörerinnen Zeit zu geben, sich von ihren halbschokierten, halb beifälligen Lachskalen zu erholen, — „und einen entzückenden Garten dazwischen", fuhr ich fort. „Und je mehr sie einander lieben, desto schöner soll ihr Garten sein. Sie hat Rosen und Lavendel, er pflegt Rittersporn und Phlox — und das Unkraut jäten sie zusammen aus."

Als die Herren uns wieder räumlich eingeholt hatten, waren wir ziemlich einig darin, daß die im höchsten Sinne gute Ehe notwendigster, wünschenswertester Luxus sei, wie alle Verbindungen von Natur und Geist, deren Basis und Ziel Kontinuität erstreben, also wie die Künste. Für die Künste ist Talent Voraussetzung; für den Umgang der Menschen miteinander von der weitesten bis zur engsten Beziehung nicht einmal Dilettantismus...

Paul Cambon, der französische Botschafter, setzte sich zu mir und wünschte ein Gespräch fortzusetzen, das wir einige Tage zuvor über die Eifersucht begonnen hatten. Schon damals beschäftigte mich die Frage. „Sie ist die große menschliche Leidenschaft", sagte er, „die primäre Leidenschaft der Lebenden."

„Also ohne Objekt schon vorhanden?"

„Nicht ohne Objekt — aber, da wir nicht allein leben — Objekte sind immer vorhanden."

„Ist diese Leidenschaft Haß, dann verstehe ich die Notwendigkeit des Objektes — dann heißt sie eben Haß; ist sie Leid, dann genügt ein Subjekt, und dann genügt vor allem das Wort Leid, präziser gesagt, Liebesleid."

„Eifersucht ist doch die Kombination von Leid mit Haß — und dieser Haß kann gegen sich selbst, gegen den Geliebten, gegen den Dritten gerichtet sein, abwechselnd sogar, Sie können den Haß auch Liebe nennen —"

„Oder naiven Egoismus im Quadrat. Das Ich ist eine friedliche Sache — fühlt es sich unbefestigt aus irgendwelchem Grunde, entsteht in seinen Tiefen ein mehr oder minder gewaltiger Aufruhr."

„Nun ja — dieser Aufruhr, wenn Ihr Ich in der Anschauung Ihres Freundes, wie Sie zu erkennen glauben, zugunsten eines Dritten herabgesetzt wird, wird Eifersucht genannt."

„Gut. Dieses Stück wird also mit drei Personen gespielt. Aber der Aufruhr könnte auch einfach dann entstehen, wenn ich, scharfer Beobachter, zu bemerken glaube, daß mich mein Freund nicht mehr so intensiv liebt, daß ich ihm, wie man sagt, gleichgültig, oder wie ich sage, weniger spannend geworden bin. Es ist kein Dritter oder keine Dritte im Spiel. Ich leide — basta. Wie heißt mein Leid?"

„Liebe in Kombination aller Formen: Selbstliebe, Gattenliebe, Freundesliebe, was Sie wollen."

„Nicht Eifersucht?"

„Noch nicht."

„Wird denn erst, wenn ich einen Beweis habe, die Sache juristisch-psychologisch spruchreif? Wenn ich also zufällig durch das aktive oder passive Auftreten einer Dritten quasi ein Korpus delicti im Auge habe, ohne daß sich mein schon früher vorhandener innerer Aufruhr verstärkt hätte oder geändert? Ist denn für ein Gefühl ein Beweisstück nötig?"

„Ja, für seine Benennung, denn die Menschen brauchen ein Wort."

„Für ein unverändertes Gefühl, das schon Liebesleid hieß?"

„Es muß verändert sein."

„Flagranti ändert nichts Wesentliches."

„Ah pardon! Sie wissen nicht, was Sie sagen!"

„O doch — aber was ich sage, wird immer bestritten. Ich will für mich das Wort Eifersucht fallen lassen. Hat die Dritte es systematisch darauf abgesehen, ein Interesse für sich bei meinem Freund herbeizuführen, so werde ich so und so über sie denken, ich werde mir zum Beispiel sagen — nur mir, sonst niemand —, sie ist kein Gentleman."

„Offenbar nicht. Weshalb sollte sie es sein?"

„Das weiß ich nicht — einfach weil ich es bin."

Hier wurde unser Gespräch getrennt. Ich habe es zu Hause niedergeschrieben und leider nie fortgesetzt, obgleich Cambon mindestens einmal die Woche zu mir kam, um sich fern von aller Politik über Fragen zu unterhalten, die mich von jeher leidenschaftlich erregt haben, Sprachgeheimnisse, Sprachgewalt, Sprachschönheit.

Meine ersten bewußten Kenntnisse von Logik hatte mir als Kind die französische Grammatik gegeben und damit die erste Sprachfreude, verbunden mit dem starken Gefühl, daß die Sprache eine lebendige, strenge, anspruchsvolle Person sei, vor der man sich in acht nehmen müsse, die aber, wenn man respektvoll mit ihr umging, jede Freiheit schenkte und, wenn man sie liebte, tausendfältigen Lohn.

Wäre ich nicht so unerhört träge damals gewesen, hätte ich doch täglich dreißig Minuten dafür verwandt aufzunotieren, was ich in den fast zwei Jahren Londoner Lebens sah, hörte und dachte!

Die letzte halbe Stunde des Tages wäre dafür geeignet gewesen, aber da siegte das Milieu, bestehend aus Käfi, dem Dachshund, Romein, dem abessinischen Kater, und zwei Kanarienvögeln, deren Käfig ich allabendlich öffnete, während ich im Bette las, die Lampe zur Linken, Hund und Katze zu Füßen, und es dauerte gar nicht lange, da flog das zitronengelbe Weibchen zu mir herüber, setzte sich mir auf den Kopf, so daß an meiner Rechten das merkwürdigste Schattenbild entstand: Kanarienvogel auf lesender Frau. Und Romein machte seine gelbsten Augen, sein Schweif wurde buschig und selbständig wie eine Riesenplüschraupe, und der sanfte Käfi, dem die Aufgeregtheit des Katers nicht entging, legte eine beschwichtigende Hand auf seine Schulter.

Unter solchen Umständen sollte ich ein Tagebuch schreiben!

Ich erinnere mich dunkel, das ist das Wort, denn der Krieg hat alles verdunkelt; hätte ich aber, wie es meine Pflicht gegen mich selbst gewesen wäre, nur einigermaßen Ereignisse und Gedanken schriftlich festgehalten, ich könnte die schwarzen Schleier, die der Krieg über die damalige Zeit geworfen hat, heben und wie in

Pompei und Herkulanum Verschüttetes wieder aufdecken.

Vieles kommt wieder, wenn ich durch Londoner Straßen gehe.

Ich bin im geographischen England, das kann ich behaupten, denn ich sehe niemand. Ich wohne in einem süßen Häuschen Chesham Place. In anderen Jahren hatte ich auf vier Wochen ein verlockendes „Bachelors suit" gemietet im Parterre einer der kleinen Straßen, die in Piccadilly münden. Abends kamen die Straßenkatzen durchs Fenster herein, denn ich hielt für sie immer einiges bereit, das ich von meinem Teller schnell, wenn die übernoblen Kellner nicht hinsahen, in eine zu diesem Zweck mitgebrachte Tüte gepackt hatte. In meinem Wohnzimmer spielten sich allnächtlich, wie es bei Eisenbahnunglücken heißt, herzzerreißende Szenen ab. Die Katzen riefen in ihrem besonderen Nachtdialekt nach ihren Müttern: „Mammââ", mit einem unzufriedenen Endlaut. Aber Katzen ist dieser Klagelaut eine Bejahung von Kraft und Freude, die nicht nur den Überresten von Turbot und Hendl gilt, denn die Katze ißt schweigsam mit sorgfältig emporgehaltenem Schnurrbart. Lurch pflegte in jungen Jahren sein Essen böse anzusehen, um es „einzuschüchtern" (auf daß es ihm nicht davonliefe), machte ihm verglaste blaue Augen, biß es tot und schluckte es. Heute, als gesetzter Gourmand, bläst er es einmal an, holt ganz fein Atem und blättert darin herum wie ein Romanleser, bis er es ganz aus„gelesen" hat. Aber die Auslese besteht darin, daß er den Rest auch noch nimmt. Dann dehnt er sich wie die Wassermokassinschlange und macht „Harun-al-Raschid", das heißt, er wälzt sich und grunzt „Harun, Harun, Harun", steht auf und niest „al Raschid!"

Es ist drei Uhr nachts, und ich werde durch das Telefon geweckt. Im Telefonbuch steht auf jeder Seite „Sagen Sie nicht Halloh". Ich nehme also den Hörer ab und sage „Halloh". Eine Männerstimme erzählt mir etwas von Polizei und Wasserrohrreparatur und man werde gleich kommen.

Ein ausgezeichneter Gaunertrick, denke ich mir. Ich wohne im zweiten Stock und habe die Verantwortung mit einer Verwandten, die ich einstweilen nicht weckte. Richtig schellt es wenige Augenblicke später an der Haustüre. Ich ziehe mich rasch an, mache für alle Fälle etwas Elizabeth Arden, laufe hinunter und begucke mir vom unerleuchteten Speisezimmer aus den Läuter:

Ein Polizist. Aha, ausgezeichnet, der Gauner kommt kostümiert. Ich öffne die Türe, lasse aber die Kette daran. Nun erklärt er mir, er müsse den Dachboden untersuchen, dort sei das Wasserreservoir und ein Rohr müsse geplatzt sein. Richtig hörte ich außerhalb des Hauses in der stillen Nacht ein Niagaragetöse. Obgleich ich immer noch dachte, es könnte, auch wenn ein Rohr geplatzt sei, ebendiese überzeugende Gelegenheit, die bekanntlich Diebe macht, einen Gauner auf den Trick gebracht haben, sich, als Bobby verkleidet, Eingang in ein Haus zu verschaffen, löste ich die Kette und besah mir die Schuhe des Eintretenden. Nein — das waren ehrliche, schön gewichste, echte Bobbyschuhe — und ich hätte den Augenblick nutzen sollen, meine lang zurückgehaltene Frage zu stellen: „Wie erhaltet ihr eure Schuhe in dem jungfräulichen Zustand einer unversehrten Morgenwichse, ob es regnet oder nicht, wer putzt sie euch?" Aber das Wasserrohr war wichtiger. Wir stiegen hinauf, im dritten Stock war die Köchin mit ihrem Hund erwacht — ich brauchte den Schlüssel zum Dachboden und klopfte an ihre Türe. Dahinter bellte es, die Köchin miaute und erschien, die Haare in Lockennadeln eingedreht, der Hund mit gesträubtem Rückenhaar. Beim Anblick des Dunkelblauen schlug sie sofort die Türe zu und frug jammernd, ob die Einbrecher oben seien. Aber bald konnte ich sie von der Harmlosigkeit des späten Besuchs überzeugen, das Wasser wurde abgesperrt,

Niagara, Köchin und Hund beruhigten sich, und ich verabschiedete mich von dem Bobby mit entsprechendem Dank an der Haustüre. Ich frug ihn, wie er mich telefonisch erreichen konnte? Er habe zuerst lange erfolglos unten geläutet, sei dann ins nächste Polizeirevier gegangen, und mit Hilfe des Adreßbuches habe er die Nummer gefunden. „Es war gut, daß Sie ein Telefon am Bett hatten", sagte er. —

„Unsere tägliche Seezunge gib uns heute", sollte ich beten, denn was immer Tagesmenü und Speisekarte verkünden — ich bestelle eine Sole frite. Berkeley, Ritz, Scott wetteifern in der Zubereitung, aber Sieger ist der Koch vom Hyde Park Hotel, dessen Seezungen hellrostbraun erscheinen und der es versteht, seine friture dem Fisch wie einen minimal zu großen Panzer anzupassen, der sich trocken löst, während das schneeweiße Fleisch saftig bleibt. Stets werde ich bei dieser Prozedur an die Fischgeschichte erinnert, die Admiral Fisher zitiert: Ein nicht gerade pulvererfindungsreich aussehender Mann fragt Mark Twain, ob die Behauptung stimme, daß Fisch, weil phosphorhaltig, insbesondere für das Gehirn des Menschen als Nahrung zu empfehlen sei. „Ja, das ist richtig", war die Antwort, „und ich empfehle Ihnen dringend, täglich zum Frühstück Walfisch zu essen." Das Lachen kostete mich den linken Ellenbogen, denn das schwere

Buch der Fisherschen Memoiren geriet über meine Heiterkeit ins Wanken, wollte zuklappen und aus dem Bett fliegen, und da es Sir William T. gehörte, konnte ich den Schaden nur durch zu plötzliches Jonglieren verhüten, wobei das Buch zum Glück ins Bett zurückfiel, ich aber, das Gleichgewicht verlierend, mit dem Ellenbogen auf dem Parkett landete. Einige Wochen später mußte ich ihn mir operieren lassen, wobei ich in Hidalgostellung, „le poing sur la hanche", vom Schnitt bis zur Naht sechzig Minuten zu verbleiben hatte. Die Hand an der Hüfte war schon eingeschlafen, ehe das Anästhetisieren des Ellenbogens vollkommen gewirkt hatte; Admiral Fishers Humor und meine Fürsorge für ein geliehenes Buch waren aber für Geld- und Schleimbeutel nicht zu teuer erkauft, denn Lachen ist für Gehirn noch wirksamer als Fisch.

Daher wohl der Himmel, aus Angst, mein Gehirn könnte wachsen, ausgiebig dafür sorgt, mich nicht allzu sehr lachen zu lassen. Indessen muß er sich aber, wenn man so sagen darf, höllisch anstrengen, mich zum Weinen zu bringen. Das tut er auch, aber lassen wir das! Tränen sind ein merkwürdiges Produkt, und ich habe mich oft gefragt, ob der Organismus einen größeren Vorrat davon beherbergt — so groß wie das geweinte Quantum kann der Tränensack gar nicht sein — oder ob der Weinende spontan produziert. Wenn ja, was drückt wo auf was, was quetscht wo etwas zusammen, damit Augen überfließen?

Tiere haben den Tränensack, die Kuh vergießt große Tränen, wenn man ihr das ganz junge Kalb fortnimmt, und ich habe in Nubien einen Esel weinen sehen, große Kristalltränen rollten über sein graues Gesicht, weil er mit einem Hinterfuß in einer steinharten Erdspalte gefangen war. Als es mir gelang, die Fußfalle zu lockern und ihn an der Hinterhand emporzuheben, blieb er stehen, seufzte tief, schüttelte die Tränen ab und konnte nicht glauben, daß er wieder vier Beine hatte. Eselstränen versiegen schnell.

1928. Lurch ist acht Jahre alt. Sein Gesicht ist weißer geworden, aber Kraft und Temperament sind scheinbar unvermindert. Das Zauberwort „Gassi" belebt ihn nach wie vor, er wartet mehr auf als je, kennt keine Sorgen, weiß nichts von den meinen, tröstet mich aber mit seinem alten, unwiderstehlichen Trick, wenn ich in meinem Zimmer sitze und ihm ganz leise sage: „Lurch, ich hab' Kummer", im Nu ist er mit der Elastizität einer Forelle auf meinem Schoß, im Handumdrehen sind seine Hände um meinen Hals gelegt, seine Fuchsnase steil nach oben gehalten, um seinen kostbaren Trüffel vor Berührung zu schützen, und väterlich gestattet er mir, mein Haupt an seiner zwanzig Zentimeter breiten „Schulter zu bergen", wie es der Gartenlauben-Roman berichtet, wenn Ada ihre blasse Wange auf Arthurs Homespun legt und „Herzen aneinander schlagen", was ganz unmöglich ist, denn um Arthurs pochendes Herz an dem ihren zu spüren, müßte es bei ihr rechts liegen.

Lurchs Fellkleid, aus schwarzem Tuch gefertigt (ich liebe dieses sorgfältige Wort aus der Zeit des Wamses), sitzt noch so gut wie ehedem, er ist schlank geblieben, er ist „fit", das heißt in bester Verfassung, zu allem geeignet, er ist da — mitten in seinem und meinem Leben. Und einmal wird er darin nicht mehr sein. Ich schwindle ihn den Naturgesetzen ab, täglich und stündlich, allenthalben aber lauert das Zerstörungsspiel der Rabenmutter Natur.

Ein sympathischer Duft von Moos und warmem Brot geht von ihm aus, während ich wieder einmal mein Haupt an dem kleinen Rest einer abfallenden Schulter berge und ihm Dinge sage, denen er andächtig Gehör leiht, wobei mir der Behang über den Mund hängt. Meine Worte kitzeln das lange Stück Hundestoff, und es erschauert:

„Du Heil der Kranken."
„Du Zuflucht der Sünder."
„Du ebenholzene Blume."
„Du Morgenstern."
„Du lauwarmes Vögelchen."
„Du Steg zur Andacht."
„Du überirdische Grille."
„Du Maulwurfsgrille."
„Du Grille tout court..."

Er lächelt mit seinem fünfundzwanzig Zentimeter langen Mund aus schwarzem Satin, und wenn ich in meinen Beschwörungen eine Pause eintreten lasse, ermutigt er mich durch eine sacerdotale Geste: er legt mir eine seiner Hände aufs Auge fast ohne Druck, mit der präzisen Leichtigkeit, mit der ein Falter auf der Blume landet. Wenn etwas außerordentlich gut übereinstimmt, müßte ich sagen, das „paßt wie die Hundeshand aufs Auge —"

Sentimentalität dies alles? Keine Spur. Ein Mysterium. Ich lege ihn mit dem Rücken auf sein Bett, er bleibt so, sein Blick läßt mich nicht fallen, wieder sucht seine Hand mein Auge, und sein Lächeln nistet tief in den Hängefalten seiner Wangen. Auch ihn scheint das Mysterium meiner Zärtlichkeit zu überwältigen, aber er forscht nicht wie ich, er ist still und andächtig, voller Ehrfurcht — er ergibt sich naiv —, denn er kann nicht wissen. Ich auch nicht —. Was ist es, das uns bindet?

Dem Hund gegenüber bleibt der Mensch kontemplativ und empfänglich; sein Leben baut er nicht auf diesen geheimnisvollen Zusammenhang. Der Mensch geht anderen Chimären nach, das muß er, entsprechend seiner Natur, dieser merkwürdige Überhund Mensch mit deutlichen Merkmalen des „Unterhund".

Der Verkehr mit dem „Unterhund" ist schier unmöglich, denn als Fachmann für Dummheit und Niedrigkeit ist er stets Herr der Situation, und ich bin, in dieser Lage keinen Ehrgeiz habend, a priori verloren. Ehrgeiz wäre — alle Unterhunde an der Leine führen zu wollen. Mit den Überhunden geht es ohne Ehrgeiz und meistens ohne Leine. Keiner führt den anderen oder nur zeitenweise. Man schnüffelt sich durchs Leben. Der Verkehr regelt sich immerhin nicht ohne Schwierigkeiten auf der gemeinschaftlichen Basis von Soll und Haben; Voraussetzung ist Gentleman sein.

Aber die Unterhunde! Man kann sie nicht wie fremde Hunde ihren Ecken überlassen. Geflissentlich kreuzen sie unsere Wege, sie stellen uns, sie beißen hinterrücks, sie sind Legion, und anstatt sich mit den vielen Ecken, die ihnen zu Gebote stehen, zu begnügen, erregt unsere Zimmerreinheit ihre besondere Aufmerksamkeit, ihre besondere Lust, ihren besonderen Tatendrang, dem rücksichtslos nachgegeben wird.

Guter Wille ist gerade, was den „Unterhunden" fehlt, so kann man nicht erwarten, daß sie guten Willen woanders sehen, erkennen, voraussetzen. Man sagt, daß der Weg zur Hölle mit guten Vorsätzen gepflastert ist, offenbar mit schlecht oder gar nicht ausgeführten guten Vorsätzen. Ich habe, wenn ich meinen guten Willen messe, wie M. Jourdain, der Prosa machte ohne es zu wissen, während bald fünfzig Jahren, ohne es zu wissen eine Riesenchaussee zur Hölle gebaut. Nun muß ich die kurze Zeit, die mir noch übrigbleibt, zur Anlage eines hübschen kleinen Fußweges zum Himmel benützen.

Vor mir her läuft Lurch auf seinen Gummileberln.

Aber was für ein Himmel wird das sein, wo Hunde und Tiere keinen Zutritt haben.

Immerhin, Lurch! Himmelwärts! — Man macht uns auf, vielleicht.

Wer ist Man, und wer sind Wir?

Ich weiß nicht einmal, wer und was ich bin (und der Saturn kreist unentwegt in unerreichbaren Bahnen), cogito ergo sum. Der Teil von mir, der war, „mein Gelebtes", ist nicht mehr, der die das Ich war, kann nicht mehr denken, ergo existiert dies er, sie, es nicht mehr. Vergangenheit ist ein Kunstprodukt wie die Zukunft — trotz eigener und vergleichender Erfahrung. Es bleibt also zwischen Vergangenheit und Zukunft eine Messerscheide, schärfer als Augen wahrnehmen können — und auch sie, Gegenwart genannt, ist nicht, da sie kommend schon gewesen ist, da sie nicht denken kann und nicht wahrnehmbar ist. Welch ein Schweben des Nichts im Nichts. Mein Denken stockt. Ich atme, ob ich will oder nicht. Welch ein Geheimnis. Ich bin der Lurch eines Höheren. Ich nehme in mir ein Sehnen und Dehnen wahr und ein melancholisches Ausspannen, wie das Pflanzen eigen sein muß, die es, wie wir glauben, nicht wissen. Sein oder Nichtsein ist nicht einmal Frage — ich weiß nur eine Antwort: Nichtsein bis auf die unwahrnehmbare Messerscheide, die nicht einmal zu einem Atemzug langt.

Und dieser nicht vollzogene Atemzug ist das größte, das einzige Gedicht, vor dem sich unermeßliche Abgründe auftun, Ozeane von Nichtsein, Nichtmehrsein, Nochnichtsein, die ich, cogitans, auf einem nie brachruhenden Grund von Gefühlen belebe.

Das Jahr 1928 ist ins Nichts gefallen.

Für dich, Hund, hat sich nichts verändert, nichts verschlechtert. Der Herr-Den-Du-Liebtest und Der-Dich-Liebte, den du mit mir acht Jahre kanntest und den ich sechzehn Jahre vor dir kannte, der Herr hat uns verlassen. Es sind heute genau dreihundertundfünfundsechzig Tage vergangen seit dem großen Riß in meinem Leben, dreihundertundfünfundsechzig Nächte seit der letzten, in der du, mit Geheimwissen feinsten Tiersinnes, in siebenstündiger Totenklage Unabwendbares verrietest, woran ich nicht glauben konnte —

Diese Nacht, mein alter Hund — —!

Du weißt nichts von menschlichen Qualen, von Sorgen, Verzweiflung, Weh, von Liebe weißt du nichts, du rätselhafter kleiner Egoist, du hingebender Egoist, du Virtuos im Glück egoistischer Hingabe. Ich muß die Qual meines Herzens niederdrücken, denn der, dem ich sie offenbaren möchte, ist nicht mehr.

Die Buchseite wird gewendet — es wird weiter gedruckt, die Buchseite wird gewendet — das ist das Leben. Zuweilen hält man inne, zuweilen blättert man vergangene Seiten auf, mit schlechtem Gewissen sieht man sich im voraus die letzte Seite an — —

Anna hat mir ihr Tagebuch überlassen, das ist nun freilich nicht gedruckt. Ich kann nur Briefe lesen, die an mich gerichtet sind, andere Manuskripte kosten mich zu lesen einige Überwindung. Aber, sagte sie, es ist wegen der „Eifersucht".

„... Du bist Cyclamen, bist die Sehnsucht meiner Kindheit, der goldene Rand der Wolken, die vor mir wegziehen und morgen wiederkommen."

Das ist ein Liebesgedicht. Man macht sie immer so. Und weiter:

„... Ich bin, wenn Du da bist, ein langweiliger Teppich, auf dem Du gehen und stehen kannst. Wenn ich allein bin, rolle ich mich auf und könnte sprechen. Du hast mich getötet. Aber ich bin wie ein Phönix und lebe achtmal mehr. Bin ich selig oder tief betrübt, ich weiß es nicht. Aber wenn ich sehr alt bin, vielleicht auf dem Totenbett, das hoffentlich keine Matratze ist, sondern Moos unter ein paar Tannen, wohin ich mich, weit von den Menschen, verkrochen hätte, dann werde ich vielleicht wissen, ob es in der Natur einen Strauch gibt, der, wenn man ihn bis auf die letzte Rindenhaut durchschneidet, doch noch lebt. So ein Strauch wäre ich gewesen."

„... Ich mache es wie der Springbrunnen, der in sich selbst zurückfällt, sich an seiner eigenen Frische berauscht und höher schießt."

„Ich fühle mich Deiner Unendlichkeit nicht gewachsen. Deine Stunde ist es, Dein Tag, den ich begleite. So wächst endlich ins Unendliche unser Zusammenleben."

„Daß man, um geliebt zu werden, um zu merken, daß man geliebt wird, ein Accident herbeiwünscht! (Angst und Sorge des Geliebten, die einander näherbringt.)"

„Die normale Eifersuchtszene: man sollte sie nicht spielen. Ebenso falsch wäre aber die heroische Verdrängung des Gefühls der Eifersucht, ein zur Schau Tragen absoluter Selbstenthaltung. Ersteres habe ich so wenig gemacht, daß der Partner mich für uninteressiert halten mußte, letzteres so gründlich, daß er nie wissen kann, wie ich gelitten habe und leide. Merkwürdige Folgen dieses Leids, Eifersucht genannt. (Gott gebe ein besseres Wort, ein schlechteres findst Du nit.) Man möchte sich im Straßenstaub wälzen wie ein Spatz, um den Schmerz nicht zu spüren, man möchte in den Straßen Häuserecken wie Kuchen abbeißen, Bäume fällen, sich ein wenig vernichten, doch gerade nur so, daß einem nichts Ernsthaftes passiert, weil man Ihn doch noch erleben möchte, solange man atmet."

Und in welcher Beziehung stehen diese merkwürdigen Vernichtungs- und Belebungsgelüste zu der Tatsache, daß der Mann eine andere als man selbst irgendwie beschenkte? Bei ihm war „nichts" dabei. Aber sie schlief monatelang nicht. In ihrem Kopf sauste ein und dieselbe Grammophonplatte: „Er hat, ich habe — ich habe — er hat." Dabei oder nicht dabei, sie schlief eben nicht, es war halt doch etwas Schlimmes dabei.

Aber — ich bin in keiner Weise gerührt oder gar erschüttert. Vielmehr beschäftigt sich meine Phantasie mit Annas Gatten, der leer ausgeht.

„Nein, er geht nicht leer aus", sagt Anna, „ich gebe ihm, was er braucht. Er will so wenig!"

Und ich weiß, das ist eine der wenigen Sachen, die ich weiß — „zu erhalten, was man braucht", genügt nie. Ein jeder sehnt sich nach Überfluß; das, was man braucht, ist kein Besitz, sondern Prämisse zu dem überflüssigen Geburtstagsgeschenk, auf welches jeder täglich wartet, obgleich er nur einen Geburtstag hat. So sind die Menschen, und Annas Gatte geht leer aus, trotz der Prämisse. Zwar, man sagt, er habe Evelyn nie vergessen können, seine erste Frau.

Gedanken kann man haben und in Worte

fassen, man braucht nicht einmal selbst daran zu glauben. Der durchgeführte, bis zur Beruhigung geleitete Gedanke ist wie ein für sich selbst dastehendes Kunstwerk, hat Hand und Fuß, hat Form und Inhalt, ist schön, paradox, komisch oder grandios, es ist mein Gedanke, denn ich habe ihn gefangen und geführt, als er auftauchte, aber warum soll ich ihn für mich gedacht haben? Ich kann ihn mitteilen, kann andere zu Antworten und Folgerungen zwingen, ich bin das Gefäß, in welchem er gar gekocht wurde. Ich kann nicht wissen, ob mein Gedanke richtig ist, aber ich muß ihn weitergeben, in einem anderen Gefäß mag er seine letzte Form finden: die Tat.

Und so schreibe ich Anna, ich habe ihr Tagebuch nicht ganz gelesen, das schreibe ich ihr nicht: „Anna, gib Deinem Mann den ganzen Überfluß, mache für ihn das Kunstwerk der Liebe, die Ehe ist ein Vertrag, meinetwegen von einem analphabetischen Notar und ahnungslosen Kontrahenten unterschrieben; aber solange der Vertrag nicht aufgehoben ist, und das willst Du nicht und kannst Du nicht — ich weiß, daß Du an Deinem Mann hängst —, sei Künstlerin und be a gentleman. Du weißt nicht, was der Tod ist, der zwei Menschen, die miteinander lebten, auseinander reißt. Du weißt nicht, was das ist!

Man irrt sich, man irrt sich so schön oft — aber Irrtum bis zur Tragödie, die sich nicht mehr abwenden läßt, kann ein Leben kosten. Anna, be a gentleman."

Mein großer Saturn, der irrt sich nie. Und als ich den Brief abgeschickt hatte, dachte ich irgendwie schuldbewußt an Valentin, Annas Freund. Da packte ich meinen seidenen Lurch und fuhr nach Wien zu Mary, die mir ihre Wohnung zur Verfügung gestellt hatte.

Ich möchte, bevor ich sterbe, erleben, daß in Wien ebenso wie in Berlin eine Taxe für Packträger eingeführt würde, die einen Reisenden nicht hindert, noch ein Extratrinkgeld zu geben. Auf die Frage: „Was bekommen Sie?", die ohnehin genug Freiheit läßt, erhält man ewig die anwidernde Antwort: „No, was S'halt geben", in viereinhalb Worten eine Viecherei, eine typische Verlogenheit und eine gräßliche Belastung meines Denkapparates. Diese verfluchte, seelenlose Gemütlichkeit an der Bahn, die Hausmeisterwirtschaft im Haus, wo ich, weil nicht ich gemietet habe, sondern meine Cousine, bei der ich wohne, keinen Hausschlüssel bekomme, und die Wirtschaft der Kellner im Restaurant, die wie Schmeißfliegen schwarz herumsausen, ohne zuzuhören, wenn ich bestelle, sondern im Gegenteil mir das falsche Wort aus dem Mund nehmen, es aufschreiben und mir blitzschnell Frackschöße ins Gesicht wedeln, diese dreifach unerträgliche Wiener Spezialität verdirbt mir eine Stadt, die den Charme uralter Kindersehnsucht hätte.

Lurch macht große Prater-Gassis jeden Tag und begleitet mich des Morgens, wenn ich Eier und Milch zum Frühstück hole. Mittags koche ich ihm etwas auf einem ungemein kapriziösen Spirituskocher, während er ein Nord-, Süd-, Ost- und Westmännchen macht. Er versucht alle Seiten um den Kocher herum und denkt, ich bemerke ihn nicht, wenn er, allseits sichtbar, dasitzt.

In Wien kann ein Einsiedler mit Hund nur unter Lebensgefahr Straßen und Plätze überqueren, weil weit und breit kein Auto zu sehen ist. Hat man aber die Mitte zum Beispiel des Schwarzenbergplatzes erreicht, erscheint DAS Auto. Ihm gehört der ganze Platz wie dem Haifisch der Ozean; die Richtung, die es einschlagen wird, kann man nicht voraussehen; es kommt daher wie ein Büffel in der Prärie; wenn es Hörner hätte, wären sie gesenkt, und wenn einen Schweif, wäre er erhoben. Es nützt nichts, ehe man kreuzt, die verschiedenen Richtungen, aus welchen ein Auto kommen könnte, ins Auge zu fassen. Man sieht nur freie Bahn, will sie in Gottes Namen ausnützen und steht plötzlich mitten im Leben, umbraust, umtobt, umhupt von einer einzigen hundert Lippizanerfohlen-Kräften-Dementia-Limousine von sechs Zylindern oder wahrscheinlich sechs Steyrerhütln. Dieses ist der Augenblick, wo aus einer neuen Richtung das zweite Auto erscheinen wird, von dem man auch nicht wissen kann, wo es hin will. Beide im Auge zu behalten ist nicht möglich. Ich kann nur ruhig stehenbleiben und hoffen, daß man mich nicht sur place mit dem Hund zu Beuschel mit Knödel zermalme. Während dieser Frist kommt aus einer Seitenstraße, ernst und bunt, ein berittener Polizist, der befriedigt Umsicht hält, und ein rasender Milchwagen, dessen Pferd mit verhängtem Zügel und verhängten Strängen ohne Schweifriemen versucht, den Rekord an Lärm den beiden Autos abzujagen. Die Dementia-Limousine macht ein S an Lurch und mir vorbei, das zweite, ein Amok-Kabriolett, beschreibt ein eiförmiges O um uns herum, denn es hatte sich in der Adresse geirrt, und der wütende Fahrgast brüllt: „Durch die Renngasse, durch die Renngasse!", während der Chauffeur die Kiefer aufsperrt, um besser hören zu können. Das Milchpferd, das an Beriberi, und der Kutscher, der an Schlafkrankheit leidet, machen inzwischen gemeinsam einen Strich durch das Ganze, und der Polizist, wenn er ein Schiffskapitän gewesen wäre, würde jetzt sein Perspektiv gezückt und durchgeguckt haben. Da er aber eine Stadt- und Landratte ist, macht er mir am endlich erreichten Ufer des Bürgersteiges eine Szene. Ich spiele „stumm" und fuchtle schnelle Zeichen mit Händen und Fingern, wie ich das an Stummen gesehen habe, die Öse der Leine ums Handgelenk gelegt, um beredter stumm sprechen zu können. Da er meine Sprache nicht kann, geht bald jeder seines Weges.

Und im Hintergrund erhebt sich, in anmutiger Harmonie den wilden Platz krönend, das Schwarzenberg-Palais.

In den beiden Städten, die für sich die Gemütlichkeit gepachtet haben, in Wien und in München, kann ein Hund in der elektrischen Tram nicht mitgenommen werden. Woanders zahlt man für den Hund, dort aber ist dies nicht gestattet. In Berlin wiederum, wo der Maulkorbzwang aufgehoben ist bis auf weitere imaginäre Fälle von Tollwut, wurde der Zwang, der in der Elektrischen nie bestanden hatte, neuerdings eingeführt, so daß der Hundebesitzer den Maulkorb auf allen Wegen selbst tragen muß, will er nicht, wenn er sich plötzlich zu einer städtischen Fahrt entschließt, von dieser ausgeschaltet werden.

In München steht auf der Hauptpost, inmitten der telegraphierenden und Post aufgebenden und postlagernd abholenden Schafherde, ein Hirte in Gestalt eines jungen, hochgewachsenen Münchners in Polizistenuniform, das heißt in einer capriblauen Toga, der nicht nur für die angenehme Abwickelung der Geschäfte zu sorgen hat, sondern auch mit besonderer Beflissenheit Erwachsene bewacht und ihnen nach Belieben verbietet. Seine Leidenschaft ist,

Hunden, die brav an der Leine warten wollen, bis ihr Herr sein Telegramm aufgegeben oder seine Briefmarken eingeheimst hat, den Eintritt zu verbieten, worum sich woanders niemand kümmert.

Auf den Stufen, die zum Hauptbahnhof führen, steht auch solch ein junger Riese in blauer Toga, und als ich einmal nach siebenstündiger Fahrt mit dem Hund, den ich mühsam und sorgfältig das Labyrinth des inneren Bahnhofs hatte passieren lassen, ohne ihm eine wohlberechtigte Entlastung seiner innern Organe zu gestatten, endlich den Bürgersteig erreicht hatte und ihm — nota bene außerhalb des Bahnhofsgebäudes — auf dem Pflaster erlaubte, das Bein zu heben, stieg in wallendem Faltenwurf der Blaue die paar Stufen herunter und donnerte mich an, das sei eine Schweinerei, und wenn das jeder tun wollte! Ich sagte ihm, das tut jeder seit eineinhalb Millionen Jahren, und ihn möcht' ich einmal sehen nach siebenstündiger Bahnfahrt mit sechs Maß Bier im Leibe. Während dieser biblischen Rede und Gegenrede, die ich halten mußte, um Lurch Zeit und Muße gewinnen zu lassen, hatten sich schon Schuhwichser, Obstweiber, Kommissionäre, kurz Münchner Publikum um uns gesammelt, und Lurch schrieb ruhig seinen langen Brief weiter unter den pastoralen Schimpfereien des Himmelblauen.

„Recht hams, Freilei, a Hund is ja auch a Viech."
Lurchs langer Schriftsatz konnte zum Glück bis aufs I-Tüpfel vollendet werden, sonst wäre er mir womöglich physisch am Münchner Komplex erkrankt. Kurz und gut, ich wollte nur sagen, daß in den Städten, wo Passanten einem „Mei'n, das liebe Hunterl" sagen, weil sie gemütlich sind, eine positive Abneigung gegen die Hunterln herrscht, die an Rachegelüste grenzt. Ich weiß aber noch mehr: im tiefsten Grunde drückt sich in den Fällen von „Hundswut", die ich erlebt habe, „Wut aufs Frauenzimmer" aus. So auch in folgendem: Es regnete, und wie das eine Wiener Spezialität ist, es regnet stark von unten herauf, denn das harte Steinpflaster saugt nichts auf, sondern gibt es wie es kam mit der gleichen Spritzkraft zurück, so daß man im Nu bis zum Knie durchnäßt ist. Als ich endlich eine Taxihaltestelle erreicht und freundlich meine Adresse angegeben hatte, sagt der Chauffeur: er „führt" keine Hunde. „So", sage ich, „du Rollmops, das trifft sich herrlich, mein Hund hat mir eben anvertraut, daß er auf keinen Fall in dei'm Viechkasten eingestiegen wäre. Gott zum Gruß!" An der nächsten Straßenecke hatte der Chauffeur vom Kopfwagen offenbar die Hundswut des Rollmopses beobachten können, und als ich die Hand, noch ohne ein Wort zu sagen, auf die Wagenklinke gelegt

hatte, sagte er unter halbgeschlossenen Fischaugen sadistisch: „Der hat Ihnen net fahr'n woll'n, i reiß mi a net drum." Ich fragte ihn, auch sadistisch, aber mit guten Hundsaugen, mit Vorstehhundsaugen:

„Wie lange fahren Sie nach der Burg Kreuzenstein?" (Wo ich gar nicht hin wollte.)

Da öffnete er langsam für mich den Wagenschlag und sagte:

„Ondertholb Stund bei den' Wetter."

„Danke, ich reiß mich nicht drum", erwiderte ich mild, und da es sehr stark von unten regnete, machte ich mich schleunigst auf die Suche nach einem dritten Auto, das uns Gott sei Dank aufnahm und in meiner Strohgasse absetzte.

Ein nasser Hund, der im Wagen so angebunden wird, daß er nicht auf den Sitz springen kann — Lurch weiß genau, daß er, wenn er Lehm- oder Wasserbauch hat, unten bleiben muß —, beschädigt den Wagen ebensowenig wie vier nasse Menschenschuhe mit zwei triefenden Schirmen. Bei uns angekommen, bleibt Lurch mitten im Zimmer sitzen, er weiß, daß ich ihn mit warmem Wasser abwaschen und mit seinem Tuch abreiben werde und daß vorher alle Sitzmöbel tabu sind. In der angenehmen Erwartung, daß er über die Waschschüssel gestellt werden wird und daß durch warme Ablutionen Brust, Bauch, Leberln et cetera von Lehm befreit werden, macht er stets in der Nähe des Waschtisches das sogenannte „Waschmännchen": „Bitte, mein Bauch ist schmutzig und kalt."

In Wien sind die Wolken ungeheuer lebendig, und der Hintergrund eines grünen, blauen, rosa Äthers, auf dem sie sich sammeln, zerreißen und tummeln und zuweilen regungslos in anmutigen Reihen und abgestuften Gruppen ausruhen — dieser Hintergrund zieht sich hin, das weiß ich, bis zu meinem Vaterhaus im Niederbayrischen, und dort schrieb ich als Kind auf das bunte Gewölk Gedanken und Wünsche nieder, die ich heute nach so vielen Jahren lese; es ist wunderschön und wundertraurig. Wer hat nicht auf dem Firmament Gedanken und Wünsche niedergeschrieben. Es ist für Jeden Platz seit Jahrtausenden — und stündlich bleicht die Sonne und wehen die Winde die Zeichen weg. Aber ein Blick nach oben genügt, ich vermag sie noch zu lesen, ich denke und wünsche aufs neue auf der alten Melodie — ich aber werde vergehen, der Äther wird bleiben und mich nicht verraten.

Täte er's doch! Es waren schöne und gute Wünsche.

Es ist Dezember geworden. Seit April schreibe und spreche ich wider die Natur, das heißt ich beschäftigte mich mit dem Recht, das ich habe, mit dem Unrecht, das mir geschieht. Leider sehe ich optimistisch rosa, wo ich pessimistisch schwarz sehen sollte, baue immer wieder auf Noblesse, wo der Grundstein das Gegenteil davon ist, kurz ich bin der Idiot meiner eigenen anständigen Gesinnung. Es ist so leicht, so angenehm, bona fide ein Idiot zu sein, und dort gescheit, wo es eine Lust ist; aber widerwillig idiotisch und weise zu reagieren ist seit Monaten eine Notwendigkeit, die über mich verhängt ist, wogegen sich das Schwert des Damokles wie eine Sicherheits-Gilette-Klinge ausnimmt.

Im Dezember spüre ich, daß ich dem Zugvogelimpuls „weg von der mitteleuropäischen Kälte" nicht widerstehen kann. Ich lasse meinen alten Romein bei meiner Schwester. Ich weiß, ich werde ihn nicht mehr sehen. Er ist zwar ganz gesund — aber sechzehneinhalb Jahre alt. Sein Opossumfell, sein gelbes Auge, seine milchweißen Pfoten, schön wie je. Seine Grazie, seine Freundlichkeit, seine kindlichen Freuden, seine Leidenschaft für Fisch, alles ist unverändert — nur taub ist er, und das muß ihn beglücken, denn Katzen hassen den Lärm. Und er schnurrt wie eine Dreschmaschine, wenn er mich sieht, als bemühe er sich, wenigstens diese Selbstgespräche des Wohlbefindens und der Freundschaft zu hören. Er schnurrt stärker als je —

weil er sich hören möchte. Nie hat er so geschnurrt.

Ich küsse ihn, küsse diese sechzehneinhalb Jahre Zusammenseins, Lagerteilung. Sechzehneinhalb Jahre hat er, schon eingeschlafen, im Augenblick, wo ich das Buch öffne, seine vier Glieder gestreckt, an meinem Kopfkissen seine zehn Krallen geschärft und hat sich zwischen mir und dem Buch einen Platz gesucht, der das Lesen unmöglich macht. Jedesmal mußte er weggedrückt werden, jedesmal stellte er sich so, daß wenigstens der Schweif über die Buchseite schwingen konnte, und jedesmal endete es damit, daß ich das Buch zuklappte und mit seinen Ohren spielte, seine Krallen zählte, die wie Reiskörner aus rosa Etuis schossen, seine schwarz und rosa gefleckten Leberln untersuchte, ihm überschüssige Flaumbuketts aus dem Fell zog und dann die ganze Riesen-Minzi auf den Rücken legte. Vorn ist sein Pelz nicht Opossum, sondern Schleiereule.

Erst nach dieser sechzehneinhalb mal dreihundertfünfundsechzig maligen Prozedur, abgerechnet die Tage der Trennung, durfte ich ungestört abends lesen. Zu Füßen liegt Lurch, aber auch er hat Systeme. Ich selbst muß wie der Jenissei liegen, damit jeder die Bucht hat, die ihm zukommt, überdies will Romein eine Hand oder den einen Ellenbogen als Unterlage für seine Brust haben. Solange ich lese, muß er warten. Kaum aber habe ich ausgelöscht und die unabänderliche Schlafstellung eingenommen, steht er auf, tritt, je nachdem wie ich liege, angenehm über mich — ich fühle mich als Landschaft — ihn als Spaziergänger — ich fühle einige Schritte über Arm und Schulter, ein lauwarmes Leberl am Hals, eine schnuppernde Puppennase am Ohr, er tritt auch auf Haare, die er etwas zieht — aber das ist alles angenehm, ich bin seine Landschaft, und endlich hat er mit beiden langen Armen meine Hand ergriffen, sich darüber gelegt, schnurrend stützt er sein Kinn auf meine Finger, und endlich ist es um uns geschehen — wir sind alle sorgfältig aufgeräumt und voreinander verschwunden.

Lebe wohl, mein Opossum.

Wir werden eineinhalb Tage und zwei Nächte rollen, Lurch und ich. Gegen zehn Uhr abends geht der Schlafwagen nach der Riviera. Ich löse eine Hundekarte bis zur Schweiz. Warum kann ein Koffer transit, ein Hund nur zizerlweise reisen. Und nun kommt die große Frage: Wird es mir gelingen, ihn im Schlafwagen zu behalten? Die Hauptsache ist, hineinzukommen. Das übrige mache ich. Aber die bösen Männer mit Kappen, die Männer der sogenannten unfreien Berufe. Alles kommt darauf an, daß der Hund, den ich über dem Arm hängen habe, mit einer

Decke darüber, so daß alles wie ein Plaid aussieht, nicht beim Einsteigen blöd zappelt. Wenn ich keinen Hexenschuß hätte, wären meine Kräfte hinreichend. Aber, von der Hexe waidwund geschossen, die monumental senkrechten Stufen eines kontinentalen Eisenbahnabteils besteigen mit einem acht Kilo schweren Hundekolli, das nicht zappeln, sondern wie eine tote Decke aussehen soll — —

Aber es gelang. Und ausnahmsweise hatte ich einen ungewöhnlich netten Schlafwagenschaffner, ein Kind, ein netter kleiner Page, der italienisch-deutsch sprach. Wir waren gerettet.

Die Matratzen der Schlafwagen sind meistens aus Beton gemacht, so auch diese. Ich weiß nicht, wie ich mich betten soll, um mich über den Hexenschuß hinwegzutäuschen. Es gelingt nicht — aber die Sonne wird ihn wegschmelzen. In Basel fing es an zu schneien. Aber jenseits der Alpen konnte Lurch wieder trockenen Fußes die Stationen an ihrer Basis studieren.

Wenn es keine Alpen gäbe — wäre da im nördlichen Europa ein subtropisches Klima, oder würde, nach dem System des einen faulen Apfels, der zwölf gesunde verderben kann, der Nordpolhauch unsere infamen Winter über den Süden verhängen?

Lurch und ich sind mit etwa einem halben Dutzend anderen die einzigen Gäste in dem großen Eden-Hotel am Cap d'Ail. In dem terrassenförmig bis zum Meer angelegten Garten sonnen sich noch lebendige Blumen und Pflanzen der vergangenen Saison: alte Rosen, alte Geranien, Lavendel, Fettpflanzen, Agaven.

Von meinem Fenster aus sehe ich auf das Meer. — Die nächste Halbinsel linker Hand ist Monaco, rechts das Cap Ferrat mit dem Leuchtturm, der mir alle sieben Sekunden eine Lichtgrimasse schneidet und sich, um nicht in flagranti erwischt zu werden, schleunigst umdreht.

Vor einundzwanzig Jahren war ich zum letztenmal in dieser Gegend gewesen. Andere Zeiten, andere Menschen, inklusive ich.

Wenn Lurch nicht wie ein Besessener Straßenkorrespondenz führt, bin ich in fünfundvierzig Minuten in Monte Carlo. Wegen der Autos muß ich ihn an der Leine halten. Die Ausläufer des Hexenschusses und ein überkräftiger Ziehhund an der Hand, der als Graphologe alle Geheimschriften am Weg entziffern und mit Glossen versehen muß, der nicht nur nach vorn zieht, sondern mich von rückwärts mit einem energischen Ruck zum Stehenbleiben zwingen will, indem er hinter mir plötzlich, mit allen vieren stemmend, die Leine strafft, dieser kleine dreißig Zentimeter hohe Despot, das ist, ich muß es schon sagen, schlechtweg unangenehm. Ich zeige ihm meinen Unwillen, und dann machen wir beide Konzessionen. Käfi, der Vielgeliebte, war darin ideal. Ich konnte ohne Leine in Berlin spazierengehen, er blieb „bei Fuß" durch dick und dünn. Lurch aber, dieser Wüstling, würde belebteste Fahrdämme plötzlich kreuzen, weil er gegenüber geokynologische Studien unternehmen will. Aber er hat eine gute Eigenschaft, niemals geht er verkehrt um ein Hindernis herum, sei es Mensch, Baum oder Laternenpfahl, so daß diese im Leinenlasso gefangen sind und einer von uns den Rückzug antreten müßte.

Den Hund loslassen und aufatmen kann ich nur, wenn ich am Meer entlang gehe, wo ein Eidechsenweg zwischen Felsen und Geröll fort bis nach Monaco führt. Dafür muß ich aber Pürschschuhe anziehen, mit denen ich mich in Monte Carlo nicht sehen lassen kann. Wie ein Handwerksbursche Reserveschuhe mitschleppen, die ich dann beim Friseur mit den staubigen Gebirgsschuhen vertausche, ist lästig. Ich komme mir vor wie eine gewisse Art Ehemann, Gatte einer reizenden, kleinen zärtlich geliebten Frau, die ihm vollkommen und ausschließlich zugetan ist, die ihn aber zuweilen in der Arbeit oder sonstwie stört. Sie will ihn Tag und Nacht „für sich" haben. Sie versteht nichts von seiner Arbeit, sie spielt nicht Karten, sie trinkt keinen Wein, sie haßt den Klub, wo er gerne mit

Freunden zusammenkommt, sie erzählt ihm von ihren Einkäufen, von den Kindern, er muß dies tun und jenes, weil sie ratlos ist, zuweilen schmollt sie, er muß sie entschmollen, zuweilen weint sie, er muß ihr die Tränen trocknen. Er möchte sie gern für sich „erziehen", wie das eine gewisse Art Ehemann tut, aber das geht nicht, da macht sie traurige Gazellenaugen, denen er nicht gewachsen ist, im Gegenteil! — sie ist eine unermüdliche kleine Fragen- und Bittstellerin.

Lurch ist viel selbständiger. Er bleibt allein und winselt nicht, er wartet, wenn ich ihm sage zu warten. Er wird niemals naschen, auch wenn Essen für ihn erreichbar wäre, zum Beispiel mein Frühstück, oder das Essen der Katze; aber mein lebenslänglicher Vertrag mit ihm verpflichtet mich ihm gegenüber, um so mehr, als ich niemand habe, dem ich ihn zeitweise am Tag übergeben könnte. In vergangenen Zeiten war immer jemand im Hause, der für die Gassis sorgte, wenn ich verhindert war, der ihn pflegte und mir nachher berichten konnte. Heute habe ich allein Verantwortung und Pflichten, die häufig störend in meinen Tag eingreifen.

Das allererste Morgengassi kann ich nicht allzu lange hinausschieben — und gerade die ersten Stunden des Tages gehören meiner Arbeit. Mindestens zwanzig Minuten muß ich ihm gönnen und mich dafür vollkommen anziehen. Komme ich zurück, liegt auf meiner Phantasie eine Art Meltau, der sich nicht leicht wegputzen läßt. O du verflixter Lurch! Auch er macht Gazellenaugen, vielmehr Johann-Wolfgang-Goethe-Augen, denen ich nicht gewachsen bin, und kontrolliert jede meiner Bewegungen. Ich bin verloren, wenn er merkt, daß ich Schuhhölzer aus Schuhen hebe. Dieser Holz- und Lederlärm (beim Aufziehen der Riemen) weckt ihn selbst aus tiefstem Schlaf. Ich kann mich anstellen wie ich will, das noch so sehr unterdrückte Geräusch entgeht ihm nie. Beim Anziehen verfolgt er jeden Griff. Er findet, daß ich zu viel unnötiges Zeug anlege, und wenn ich noch lange nicht fertig bin, sagt er: „Na, aber jetzt könnte man doch ausgehen!" „Aber Sisi, ich habe ja noch keinen Rock an!" Bei jedem Ärmel denkt er, es könnte eine Art Mantel sein.

Aber dann kommt das Unvorhergesehene: Es muß etwas schnell genäht werden. Das haßt er. Wie ich es hasse, ahnt er nicht. Er legt, während ich wütend einen stützigen Faden in eine bockige Nadel einfädle, seine Hände auf meine Knie und sagt: „Nimm einfach ein anderes, wo du nicht zu nähen brauchst." — „Jawohl, ein anderes, das tue ich schon seit Tagen, immer ein anderes, jetzt ist keins mehr in der Schublade — ich muß nähen. Betti gehn, Lurch!" Er denkt nicht daran, jetzt wo man so nahe am Ausgehen war. Aber folgsam legt er sich mir zu Füßen, mit weit geöffneten Augen jeden Stich verfolgend.

Eins ist sicher — keine Treue auf Erden ist so unzerbrechlich, so fehlerlos dauernd wie die zwischen Mensch und Hund. Und diese Sicherheit vermindert nichts, wie es vielleicht zwischen Mensch und Mensch der Fall wäre, am Zauber der Beziehung, wahrscheinlich weil der Partner Hund dem Menschen das Geheimnis seines Daseins, seiner Hingabe, seines Vertrauens nie aufdeckt, nie aufdecken kann. Zwischen Mensch und Mensch kann ein seelisch sicheres Vertrauen bestehen, nie aber die mechanische Sicherheit eines Safes. Menschen haben es unter sich versucht, haben diese Treue herbeigesehnt — aber nie hat der Teil, dessen momentane Rolle die des Hundes gewesen wäre, das heißt stumme Freude, stumme Heiterkeit, stumme Liebe, Hingabe, Vertrauen zu schenken, bis zu Ende fehlerlos zu spielen vermocht: Es kam zur Sprache, und es kam zur Sprache, weil der Mensch zum Bewußtsein gelangt, hauptsächlich weil er zu Bewußtsein zu gelangen glaubt. Er glaubt zu wissen, er greift nach dem Wissen, er erfaßt es nie. Er muß, um alles zu fassen, schon Ergriffenes und Begriffenes fallen lassen. Wahrscheinlich sollten sie abwechselnd die Rolle des stumm liebenden Hundes spielen.

Der Hund aber wird nie sprechen und sein Geheimnis mit ins Grab nehmen, ein Geheimnis, von dem er selbst nichts weiß.

Und das ist, was uns anzieht — dieses große Naturgeheimnis (wie das der Sterne, der Blumen, aller Wesen, alles Werdens und Seins), das sich in einer äußeren Form von Kindlichkeit und einem vollkommen „savoir-faire" des Erwachsenen birgt. Das Unverständliche, das Ungreifbare, das Uneinnehmbare (und es bleibt immer etwas Uneinnehmbares in einer tiefen Beziehung zwischen zwei menschlichen Wesen), das ist, was stets von neuem anzieht und was zum Verweilen zwingt, eine unsichtbare, zur Phantasie sprechende, unbekannte Größe, Schönheit, Fremdheit, die sich ebenso wie beim Hund in eine wahrnehmbare Form birgt, die unendlich mannigfaltiger ist als die des Hundes. Kindlichkeit und savoir-faire des Erwachsenen.

Wir Hundefreunde, und das ist eine besondere Sorte Mensch, wissen, daß unsere Liebe nicht mit den bekannten Sätzen ausgedrückt ist: „er ist so komisch, so drollig, so nett, so rassig", oder: „er ist ein ausgezeichneter Jagdhund, Wächter, Polizeihund, Ziehhund", oder gar: „es ist chick", einen Hund zu haben, welcher ist augenblicklich die Mode, damit ich den richtigen mir auswähle. „Es ist chick, einen Hund im Auto zu haben", und dann wird solch ein Hund einem Achtzig-Kilometer-Zugwind auf Ohren und Augen preisgegeben. „Er fährt so gerne Auto."

Nein, unsere Liebe hat nicht viel mit dem „er ist so drollig" zu tun. Sie begnügt sich nicht mit der sichtbaren Form, die gewiß Freude gibt. Wie alle Liebenden sind wir schöpferisch und machen uns Illusionen. Man muß diese Liebe sogar etwas verheimlichen, will man nicht verlacht oder verrissen werden. Die einsame alte Jungfer mit ihrem Mops ist immer Gegenstand eines grausamen Spotts gewesen, und insofern berechtigterweise, als sie ihren Ami falsch ernährt hat.

Diesen Sommer wird Lurch neun Jahre alt. Sein Gesicht zeigt weiße Haare, seine großen Braunkirschen-Augen einen gewissen bläulichen Schimmer. Aber nichts in seiner Figur, in seinem Temperament, in seiner ungewöhnlichen Muskelkraft hat an Jugendlichkeit eingebüßt. Er hat vor etwa drei Jahren eine einmalige akute Erkrankung an der Prostata gehabt; die gefährliche Tendenz ist da und muß durch sorgfältige Vermeidung von schwer zu verarbeitender Nahrung bekämpft werden. Das ist drei Jahre lang geglückt.

Einmal wird etwas nicht mehr glücken...

Und nichts weiß er von diesen Ängsten. Er weiß auch nichts von anderen Sorgen. Alles findet er vor, Wasser, wenn er es braucht, seine Wehwehs werden sofort behandelt, und wenn es ohne Tierarzt geht, ist es mein Glück, denn er haßt jeden intensiv, unversöhnlich und grimmig. Wenn eine unangenehme Untersuchung auf dem Operationstisch unter dreiköpfigem Zerberusgeheul, einem Gestrampel von mindestens sechzehn Füßen und nicht zu bändigenden Lachssprüngen, Krallengerutsch und Stemmungen stattgefunden hatte, war sein erstes, noch auf dem bösen Emailtisch aufwartend, seine Hände um meinen Hals zu legen und mir ins Ohr laut weinend sein Leid zu klagen: „Er hat mir mit seinem Finger ... Hast du gesehen, mit seinem Finger ist er mir ... Meinen Schweif hat er festgehalten ... Und außerdem hat er meine Ohren lange untersucht, oh, oh", und so verklagt er den Veterinär, in dessen Gegenwart, und findet nachträglich ein hysterisches Vokabularium, dem nichts hinzuzufügen ist als ein beschwichtigendes: „Ja, sie ist eine arme, mißhandelte Hundi." Nachher, während gesprochen und Rezept geschrieben wird, sitzt er ostentativ an der Türe, den Rücken gegen den Arzt gekehrt.

Und von meinen Sorgen weiß er erst recht nichts, der kleine Egoist. Er ist nicht einmal Egoist, er tut nur so, er ist Neutralist. Seine Sprache und seine Impulse sind wie unser „es schneit". „Es ist Maminku, es wedelt." Das heißt: ich, Maminku, komme zu ihm, und er wedelt mich an. „Es ist draußen, es pfeift." Das heißt: es gibt außerhalb unseres Zimmers die Gassi-Welt, und leise durch seine gespannte Nase geht ein kleiner Pfeifton der Begehrlichkeit. „Es klopft, Mann dumm, bös, fremd, es bellt." Das ist der Briefträger mit seiner Riesentasche. Dagegen: „Es Hausmädchen, Kellner, ganz Wurst." Das wird nie angebellt, weil alle dienstbaren Geister, und wenn er sie zum erstenmal sieht, gleichgültig wie das Wetter, in die Hausordnung eingereiht und als Hausgeister gekannt werden.

„Es draußen Hundln." Das heißt: er erinnert sich, daß draußen eine größere Korrespondenz auf ihn wartet. Sein Gedächtnis ist davon erfüllt, und durch Unruhe drückt er den Wunsch aus, Briefe von Kollegen zu lesen und zu beantworten. „Cherchez la chienne" ist wohl das Urmotiv und das alleinige Thema. Der einzige Konflikt in seiner Seele ist der zwischen seinen Schnüffelpassionen und seinem Vertrag mit mir. Wer und was hat aber diesen nicht notariellen Vertrag diktiert, den er, sechs Wochen alt, mit seiner kleinen Babyschrift unterschrieben und seither so leidenschaftlich gern eingehalten hat, wie es unter Menschen selten sein dürfte.

Ein Hund, könnte er sich in die menschliche

Sphäre „empor"schwingen, würde Tatsachen respektieren, die, auf der Basis von Freundschaft und Liebe entstanden, für ihn rechtmäßigen Bestand haben. Er glaubt seinem Herrn, denn sie lügen beide nicht, sein Herr und er. Das ginge per Handschlag ohne Notare, Anwälte, Gutachten, Schriftsätze. Die einzigen Schriftsätze, die er sich leistet, schreibt er stilistisch einwandfrei, am Weg entlang. Man ist übereingekommen, sie als eine hündisch schmutzige Angelegenheit zu betrachten.

Und die Schriftsätze einer vierspännigen Gegenpartei unter Führung eines Anwalts, der, ehedem der meine, im Handumdrehen sich gegen seine Mandantin stellte? — So unsauber ist kein Hund.

Für die große Noblesse, die ihm die Natur verliehen hat, mußte ihm Sprachbewußtsein und Sprechfähigkeit vorenthalten werden — ich wage nicht zu sagen Denkfähigkeit; in unserem abstrakten Sinne fehlt sie wahrscheinlich, aber im Hundegehirn spielt sich etwas ab; gewisse Bilder und Ideen folgen einander; mitten in intensiver Lauferei und Schnüffelei, mitten im angenommenen Tempo, etwa fünfzig Meter vor mir her schießt in Lurch die Furcht empor: „Gottes Willen, kommt sie mir nach? Hier dreht sich mein Weg, vielleicht will sie woanders hin, ehe der kleine Hügel, um welchen ich sausen wollte, mir und ihr die gegenseitige Aussicht aufeinander raubt, sehen wir uns einmal nach ihr um."

Einwandfrei beobachte ich, wie diese Bilder- oder Gedankenreihe blitzschnell seine ursprüngliche Absicht durchkreuzt und wie er blitzschnell den Entschluß oder den Trieb unterbricht, um sich nach mir umzusehen. Ist alles in Ordnung, verfehlt er niemals freudig mit dem Kopf die Bestätigung, die von mir ausgeht, zu bejahen und sein Tempo zu beschleunigen, weil er durch die Rücksichtnahme etwas Zeit verloren hatte.

1929. Lurch erhellt die Gesichter der Vorübergehenden, der Omnisbusfahrer, kurz, wo er sich zeigt, wird er von Franzosen, Engländern, Monegassen bewundert, während sich niemand um die vollendet schönen Terrier und Pekinesen kümmert. Er ist in bestem Zustand, schlank, sein Haar glänzt wie Atlas, und das schwarze Oval seiner seidenen Stirn mit den zwei rostbraunen Fleckchen Usedom und Wollin über den Augen verläuft vorteilhaft in den vielfältig und lappig schwer im Raglanschnitt darangehefteten Behang.

„Joli basset?" sagte ihm im Vorübergehen ein vorher sauer dreinblickender Apéritifsucher. Ein Maurer stieß den Kollegen an mit der geladenen Kelle, während Lurch seine Leiter beschnüffelte:

„Bijou? Tou-tou?"

„C'est pas ça", sagte der Kollege.

„Comment qu'y s'appelle, Madame?" frug er mich. Ich erzählte ihm, daß er ungefähr fünfzehn Namen habe, „augenblicklich heiße er (französisch ausgesprochen) Zizi-Lingui".

In der Elektrischen konnte sich ein Kaninchenjäger nicht mehr beherrschen und redete mich an:

„Das muß ein superber Jagdhund sein."

„Ja", sage ich, „unvergleichlich. Er stellt jeden Hirsch, fängt Füchse, steht Rebhühner; apportiert Hasen und Kaninchen, keine Maus ist vor ihm sicher." — „Da muß er sich hier langweilen." — „O nein, er dankt Gott, dem fürchterlichen Winter seiner Heimat entgangen zu sein, wo die Rehe im Wald stehend erfroren aufgefunden wurden, wie man mir tatsächlich schrieb."

Ein kleines Mädchen, im Stadtviertel Beausoleil-Monte Carlo, das man geschickt hatte Milch holen, schepperte hinter mir, und bald neben mir mit dem leeren Zinneimer. Endlich sagte sie mir:

„Es ist, weil wir zu Haus auch so einen Hund haben." Ich war erstaunt.

„Nur ist er ganz schwarz, seine Pratzen auch."

„Und sonst ist er genau wie meiner?"

„Ja, nur nicht so lang, und die Schnauze ist nicht so spitz, und er ist ein wenig höher auf den Pratzen."

„Und wie heißt der eure?"

„Gribou."

Wir unterhielten uns längere Zeit über den hohen Dachshund mit der kurzen Nase, der noch überdies seulement un petit bout de queue hatte, womit er nur ganz klein wedeln könnte, aber dafür „sehr schnell".

Ein amerikanisches Ehepaar, das ich nicht kannte und das mir auf der Corniche begegnete, blieb stehen, und die Dame sagte nach einigen Sekunden Betrachtung:

„How d'you keep him so shiny?" (Wie machen Sie es, daß sein Fell so glänzt?)

„Well, you see, he must be kept warm, night and day, besides he gets a lot of hugging and a lot of exercise." (Er muß Tag und Nacht warmgehalten werden, außerdem wird er viel „geherzt" und bewegt.)

Und Lurch stand da im Staub, alles Licht der Riviera widerspiegelnd, mit schwarz-silbrigen Reflexen auf dem gespannten Rappenfell, mehr als je gebügelter Zylinderhut.

Im großen, teerosengelben Hotelomnibus, der zwischen Cap d'Ail und Monte Carlo verkehrt, ist er sofort das Zentrum, auf welchem strahlenförmig alle Blicke haften und von dem alle Zungen in allen Sprachen reden. Seine Affektationen, Posen und Schaustellungen sind geradezu herausfordernd. Zwischen den kosmopolitischen Beinen findet er ein Plätzchen, wo er aus purer Herzigmacherei plötzlich aufrecht und in dieser Schildwachenstellung alle Schwankungen des Autos, alle Kurven und unerwarteten Sprünge mitschwingt, ohne das Gleichgewicht zu verlieren. Jeder schmilzt in Rührung vor dem kleinen Bleisoldaten, der zuweilen meinen Blick zu erhaschen sucht, zuweilen einen Gast fixiert, zuweilen seine Hand stützend auf ein fremdes Knie legt. In drei bis vier Sprachen werde ich gefragt, was er wolle, ob ich ihn gezogen hätte, wie alt er sei.

Wir suchen Häuser mit Gärten. Die ganze Riviera scheint Agenten zum Verkauf überlassen zu sein. Ich kann nicht sagen, daß ich diese Gegend liebe. Weit entfernt. Aber die Sonnenfrage in den bösen Monaten Mitteleuropas! Und diese Sonne ist hier teuer. Die Häuser sind durchweg — ich will nicht sagen scheußlich, aber ich habe keines gesehen, das mich durch seinen Bau erfreuen könnte. Alles ist System „Eckkanapee" gebaut, System „Wandschmuck", System „Bücherschrank", der als Virtuos zugleich Bufett, Sofa und Vitrine spielen kann. Die Prunkvilla 1890, die Blitzvilla 1920, das mißverstandene Cottage aus Zement und glasierten Kacheln, das infame Beton-Schweizerhäuschen sitzen nebeneinander auf Felsen und entschuldigen alles mit der Aussicht auf das Mittelmeer.

Lurch findet diese Felsenhockhäuser nach seinem Geschmack. Seine Johann Wolfgang-Augen sehen nur, was ihn interessiert. Übrigens werde ich durch Lurchs Augen daran erinnert, daß Goethe von Italien nicht einen einzigen

Gegenstand mitgebracht hat, der, vom künstlerischen Standpunkt, besonders wertvoll gewesen wäre; nicht eine Bronze Kleinplastik, nicht einen Fayenceteller, der erstrangig zu klassifizieren wäre; nicht einmal zufällig hat er einen Paesaro, Deruta, Gubbioteller mit erwischt. Vielleicht täuscht mich heute meine Erinnerung an die Weimarer Goethesammlung, aber der damalige Eindruck des Künstlerisch-Minderwertigen ist noch stark, Goethe hat gesammelt mit der Pedanterie eines Historikers, der er nicht war, mit der Konsequenz eines Ethnographen, für den die gesammelten Gegenstände wenig Aufschluß geben, offenbar unbekümmert um die Herrlichkeiten, an welchen er sicherlich vorbeiging. Sein Auge war durch keine Glasur gebannt, durch keinen meisterlichen Zeichenstrich, durch keine Vollendung einer handgedrehten Form; was aber hat den Mann, dessen Formgefühl, dessen Gedanken, dessen Hingerissenheit zur Schönheit in die Sprache geflossen ist, an den zahlreichen kleinen Minderwertigkeiten des Weimarer Museums gefesselt?

Die erschwingliche Villa hat hier nie einen nennenswerten Garten; sobald er für mein Bedürfnis hinreichend wäre, wächst in dem Gartengrund an Stelle der Rosen und Rittersporne gemeiner Bauwert — und die Villa wird unerschwinglich.

Dann gibt es häßliche Villen mit großen Gärten, von russischen Großfürsten erworben oder gebaut, meistens für weibliche Nichtmitglieder der Familie Romanow. Da sind für jedes Schlafzimmer Bäder eingerichtet, Kupferkasserollen hängen in den Küchen, die Gärten sind weitläufig, es blüht und grünt und summt darin der bunteste, üppigste Frühling, ein uralter Gärtner zupft und kratzt irgendwo, Orangen-, Zitronen- und Mandarinenbäume wachsen schwarz verzweigt und, obgleich abgeerntet, noch fruchtbeladen aus Smaragdwiesen empor, und der Krösus, der dafür die Millionen auf den Tisch legen könnte — bin ich nicht; ein anderer scheint auch nicht vorhanden zu sein.

Da die Häuser meinem Geschmack, was den Bau betrifft, nicht entsprechen, da sie, wenn sie innerlich angenehm bewohnbar wären, mehr erfordern, als meine Kapitals-PS leisten können, ist die Gefahr eines „Durchgehens" bei mir herabgesetzt. Nur darf nicht plötzlich eine Blume dastehen, ein hoher Strauch mit Blättern und Zweigen wie Rittersporn und mit Blüten, deren Blau das Herrlichste ist, was ich je gesehen habe: Zwischen Enzian und Wasservergißmeinnicht: unzählige hohe Rispen, ozeanblau leuchtend, der Stock kommt zwischen Felsen aus der Erde, um ihn herum wuchern in allen lichten Farben Anemonen — ich kann mich kaum losreißen. Aber der Besitz ist ein Millionenobjekt, und ich bin ein kleines Rentensubjekt. Wir verlassen den Garten, und Lurch schreibt an der Torecke einen kurzen Abschiedsbrief.

Ich habe einen Kollegen gefunden, einen Hund, der einen Herren an der Leine führt. Er ist stark wie ein Bär, rostfellig mit violetter Zunge, ein schöner Chow-Chow. Sein Herr, ein sehr älterer Herr, nicht ein sehr alter — der Komperativ ermäßigt hier die Aussage —, trägt vorsintflutliche Vatermörderkragen mit weit abstehenden Spitzen und darunter eine bunte Krawatte, deren Schleifen rechts und links vom Kragen weit hinausragen, mit Vorliebe Bordeaux- oder Siegellackrot, die das Gegenstück zur herausflatternden Zunge des Hundes bildet. Er trägt einen hellen wunderbar geschnittenen Überzieher von Anno dazumal, und seine Füße in den Gamaschen sind kaum größer als die des Hundes, der seine vier stämmig setzt, mit kleinen Rucken, Schritt für Schritt, wie wenn er Punkte in den Sand bohren wollte; und mit der ganzen Kraft seiner Schultern zieht er den Herrn, Mr. N...., USA., durch Monte Carlo, zieht wie ein Ackerpferd den Pflug, durch die Promenade, durch das Restaurant, durch dick und dünn — ich habe noch nie einen Hund so stetig, so langsam, so stark ziehen sehen, außer auf der Schweißfährte. Dieser Chow aber zieht mit erhobenem Kopf, blicklos, geistig abwesend, freundlich bleckend. Er bleibt zuweilen stehen — aber die Leine lockert sich nicht: wie eine Eisenstange ragt sie aus dem dichten Fell heraus und endet in der ausgestreckten Hand des Herrn, während er sich mit Freunden unterhält.

Wir sitzen in der Sonne gegenüber dem Kasino in Monte Carlo, Lurch weißbestaubt wie ein Müller, denn wir sind zu Fuß gekommen, auch meine Schuhe sind des Müllers Lust, man könnte Kreuzworträtsel darauf schreiben. Die Saison will nicht recht einsetzen. Das Publikum ist spärlich und unelegant, ja schäbig und zu neunundneunzig Prozent hochbetagt. Die Knopfbuben (buttonboys) der schicken Hotels und Restaurants schlafen wie Dornröschen oder spielen Boule mit Murmeln, während ihre Chefs hinter bewölkten Stirnen an Engländer und Amerikaner denken, die nicht da sind.

Die Sonne kommt und geht, aber nicht der leiseste Engländer und nicht der lauteste Amerikaner dämmert. In der Markthalle liegen Berge von Seezungen, dunkelgrüne Langusten befreien sich von der Holzwolle ihrer Verpackung, sie würden so gern zwicken, aber sie haben keine Scheren. Manchmal galoppiert eine mit Schweifschlag, aber sie wird gleich von dem bärtigen

Fischweib in die Kiste zurückgelegt. Der Lachs hätte noch viele Wochen ungefischt in der Loire spielen können, und die vielen Loups, Barben und Turbotins in ihren silber-schwarzen Rüstungen sind rein für die Katz.

Wir sind in Gottes Hand, so habe ich immer gehört; und wenn wir sehr brav sind, dürfen wir darauf rechnen, dereinst in Abrahams Schoß zu sitzen. Soviel ist sicher, tagein, tagaus, jahrein, jahraus, lebenein, lebenaus sind wir an der Leine. Über uns ist der Leinenzwang dauernd verhängt. Gesundheit, Schicksal, Charakter, das Milieu der Geburt, des Berufes, die Beziehungen zum Herrn Nächsten und Fernsten — das alles sind Leinen, die Gottes Hand fast immer zur Verschärfung der Zugkraft an einem Korallenhalsband, wie der Fachausdruck lautet, befestigt hat. Und außerdem hängt man an der Leine des Bankiers, des Anwalts, des Arztes, des Friseurs, des Staates, des Steuersaugers, des Eisenbahnministers, des Schusters, des Hausmeisters, des Schupo, des Schlafwagenkontrolleurs, des Kellners, an der Leine aller Idioten, aller Teufel und aller Moskitos. Und nach diesem überwältigenden Hundedasein soll man als Schoßhündchen Abrahams — —

Nicht auszudenken. Bleiben wir bei der Realität der Leine. An meinem Korallenhalsband wird unheimlich gezogen, nach allen Himmelsrichtungen, so daß ich in der Mitte aller Ziehungen stillstehe und nur gleichmäßig verteilten Ruck und Druck verspüre. An ein Durchbeißen der Leine oder an ein Herausschlüpfen aus dem Halsband ist nicht zu denken. Beim geringsten Versuch heißt es gleich: „Wirst du woll?" und ich mache es dann wie Lurch: „Ich wollte doch gar nicht entschlüpfen, ich wollte nur eben mal ein bißchen schnüffeln." Mit dem freien Willen ist es wie mit dem Automobil, das einem des Fahrens Unkundigen geschenkt wird: Der Motor ist wohl da, aber man kann ihn nicht ungestraft in Bewegung setzen.

Und da ich nicht allein an der Leine hänge, sondern ungezählte Kollegen habe, ist kein Wort über meine speziellen Leinenverhältnisse zu verlieren. Leinen- und Maulkorbzwang ist allgemein verhängt, aber es erscheint jedem einzelnen, als habe er den falschen Maulkorb an, der den Maßen des Nachbarn entsprechen dürfte, nicht den eigenen, als sei das Halsband zu eng, der Leinenhalter ein Tyrann, ein Blinder, ein Wüterich, ein Trottel, ein Vakuum, das einen restlos aufsaugt.

Lurch ist krank, das heißt er hat an der Gurgel einen Chimborasso von einem Furunkel, ist aber seelenvergnügt. Sein Halsband kann er nicht tragen. Auf der Kommode stehen Flaschen und

Tiegel mit Medizin, Salben, Verbandzeug, Leukoplast, teils für meinen Hexenschuß, teils für seinen Chimborasso. Bis jetzt habe ich mich in der Verabreichung unserer verschiedenen Salben und Tropfen noch nicht geirrt. Er läuft herum wie ein Bonner Borusse mit Leukoplast rosa verklebt, ich hinke angeschossen und gebeugt hinter ihm drein. Wir brauchen einen Veterinär, aber — vorläufig behandle ich ihn sachkundig selbst. Auf Kommando legt er sich auf den Rücken und bietet mir, läppisch wedelnd und nervös lächelnd, die Gurgel. Fingerdick schmiere ich eine Kugel „Iki"balsam auf den Gipfel, darauf etwas Gaze und Guttapercha. Dann sage ich ihm das wohlbekannte: „Rühr dich nicht, untersteh dich!", denn ich brauche beide Hände, um Leukoplast zu schneiden, und muß sicher sein, daß er so lange die Rückenlage einhält. Aus Schalkhaftigkeit bleibt er liegen. Nun wird der kleine lokale Verband kreuzweise fixiert, und dann erhält er um den ganzen Hals herum ein 5 cm breites Leukoplasthalsband, das vierundzwanzig Stunden bestimmt hält. So geht er spazieren, unter allgemeiner Teilnahme, und der „Iki"balsam tut ungehindert seine Pflicht, so hoffe ich.

Wäre ich ein Kapitän, wüßte ich, welche Windstärke heute weht. Allgemeiner Tumult und Schlamperei herrschen in der Luft, das bißchen künstliche Gras, das in Beeten gezogen wird, wälzt sich im Kreis wie ein grüner Bubikopf unter dem elektrischen Föhnapparat. Die Palmen zeigen unentwegt und knatternd die Futterseite ihrer Zweige, die Geranien zerbrechen gegen ihre Gitter und senden ihre eigenen Ableger zu den lila Bougainvilleas, die sich krampfhaft an der Hauswand festkrallen, dem Postboten fliegt das Käppi weg, der Zigarrenladen ist hinter Volants von Zeitungen versteckt, die an der Eingangstüre hängen, die Vorhänge an den offenen Fenstern stehen horizontal flatternd mitten im Zimmer, die Autos überfahren rollende Hüte, und das Meer ist von Schaumwellen weiß liniiert wie eine Riesenschiefertafel. Es donnert an den Stein- und Zementbefestigungen und schießt aus Felsenlöchern wütend in die Höhe. Ich möchte mich gern vor der rücksichtslosen Zudringlichkeit des Sturmes durch Einschließen hinter festen Mauern schützen, aber Lurch versteht keinen Spaß — er muß hinaus ins feindliche Leben. Er muß Morgenpost lesen und glossieren. Wir gehen in Gottes Namen hinaus. Lurchs Behang und mein Rock nehmen identische Lagen ein. Lurch hebt ein Bein — aber noch ehe er sich geäußert hat, muß er es aufgeben; denn auf dreien kann er heute nicht stehen; windgeschützte Stellen gibt es nicht. Er sieht sich nach mir um, als hätte ich den Sturm entfacht, und bleibt unentschlossen auf vier Beinen am Boden kleben. Er will schnüffeln, aber der Wind weht die Nachricht fort, noch ehe er sie empfangen konnte. Ich will ihm Windschutz machen und versuche mit Hilfe eines Mauervorsprungs, an den ich mich lehne, eine kleine geschützte Kabine zu bauen, aber auch jetzt wirbeln seine Ohren in die Höhe (und was die Ohren tun, tut wieder mein Rock), denn der Mistral greift im Kreis um sich und bläst in jedes Versteck. Wir gehen weiter. Man haucht uns den gehäuften Straßenstaub ins Gesicht, mit Papieren, Baumblättern und allem Kehricht. Lurch niest, ich kann es nicht hören. Ich höre aber die Stimme der Vernunft, die mir eindringlich zuflüstert: „Siehst du nun, was dir bevorsteht, wenn du dich in dieser Gegend niederläßt?" — „Ja, das sehe ich — das ist überhaupt keine Gegend. Wo ist hier Gegend? Was ist das schon, ein felsiger Abhang, der mit häßlichen Häusern dicht bepflanzt zum Meer fällt? Es bleibt nur Meer und Himmel übrig, das ist farblich schön, aber es genügt meinem Landschafterauge nicht, vor allem will ich immer die Villen und Hotels ausradieren." — „Warum spielst du mit dem Gedanken, dich hier niederzulassen?" — „Wegen des schönen Winters, weil ich eine Eidechse bin, eine Biene, ein Dackerl, aber kein Eskimo."

— „Deine Heimat willst du verlassen?" — „Meine Heimat ist die deutsche Sprache und eine Phantasie von blühenden Kastanien und Lindenbäumen, von Pilzen im Wald, Rosen, Rittersporn, Lavendel und Reseda im Garten." — „Hier hast du Palmen." — „Hole sie der Kuckuck, der hier nicht ruft." — „Und Blumen kannst du haben, das ganze Jahr." — „Ja, aber hier wird jedes Fleckchen Blumenerde als Bauplatz bewertet." — „Dafür wächst auf jedem Fleckchen Bauplatz die grün-holz-fleischige Agave, die allein..."

Man kann bei dem Sturm nicht denken, nicht rechnen, nichts sehen und nicht gehen. Auf, in den Omnibus, runter nach Monte Carlo, rein ins Etablissement-des-Bains! Von Madame Caldos lasse ich mir Grillen und Kummer wegmassieren, während Si-Siling-Gi am Heizkörper der Eingangshalle wartet. Mme. Caldos ist Witwe, Mutter von elf erwachsenen Kindern, eine bäurische Kaiserin Eugénie mit Antilopenaugen, Pêche Melba an Farben, hasengut und heiter wie eine Haubenlerche. Sie massiert wie ein grabender Dachshund. Einer ihrer Söhne, Chauffeur, heiratet demnächst. Er hat ein fleißiges, braves Mädchen gewählt, die „in der Schneiderei ist". Mutter Caldos wird das Hochzeitsmahl bereiten und hat sich schon für einen „Mousseux" entschieden, nicht zu süß und nicht zu

trocken. Alle kommen zur Hochzeit, die ihn kennen, und alle Geschwister. Eine ihrer Töchter ist „in den Hüten" und verdient gut, abends ist sie Garderobiere im „Perroquet", der Mann Croupier im Sportklub. So brave Leute! Er sieht das Geld Tag und Nacht auf Tischen rollen, er sieht es kaum, es bewegt ihn nicht, er erzählt selten von seinem Kasinodasein, spricht nie von seinen Kollegen. Sein Metier ist ein Beruf wie jeder andere, er hat persönlich nichts damit zu schaffen. Er muß gut angezogen sein, er hat feine Manieren, und das hat sie bestochen. Sie war Kammerjungfer gewesen und spricht Englisch, und sie kann wunderschön packen, bügeln, und sie weiß, was eine Dame braucht. —
„Ihre elf Kinder haben Sie lieb, Mme. Caldos?"
— „Oh, wissen Sie, man muß nie darauf bauen. Ich bin die Alte, ich bin das Haus. Keins hat mich jung gekannt, und Kinder wissen nie."

„Was wissen sie nie?"

„Es ist schwer zu sagen. Man ist in ihren Augen wie eine Art Nähmaschine, man erfüllt einen Zweck, man ist eben die Mutter, die jeder hat, man hatte den Zweck, sie ins Leben zu setzen — und es ist gut. Man wird wohl respektiert, ja, das wird man; aber ein Haufen Kinder, das wiegt den einen Mann nicht auf, mit dem man zusammen gelebt hatte. Es ist kein Leben mehr ohne ihn. Und zu niemandem kann man mit offenem Herzen reden. Man kann jung erwachsenen, selbständigen Kindern nichts sagen von dem, was einen betrifft. Sie meinen es gut und wissen eben nicht. Sie denken, man darf Maman nicht erlauben, traurig zu sein, wie sie es nennen, und bei allem, was ich sage, heißt es: ‚Aber das ist ganz natürlich, Maman.' Und ich spreche, was erlaubt ist: ‚also mein Rindfleisch war gut?!' Wenn mein Mann lebte, so wäre ich noch Antoinette, so aber bin ich Maman hier und Maman dort; ‚Maman, kannst du uns einen Tisch leihen, und Maman, wir schicken dir Marius und Toto über den Sonntag, weil wir nach Nizza fahren', und am Montag heißt es dann, ‚Toto hat sich den Magen verdorben, was hast du ihm nur zu essen gegeben?'"

„Haben Sie einen Hund, Mme. Antoinette?"

„Einen Hund? Vor acht Tagen ist meinem Sohn einer zugelaufen, ein Amour von einem Terrier. Er hat ihn mir gebracht, weil er doch Chauffeur ist und nicht weiß, was mit ihm anfangen. Der Hund geht nicht weg von meinem Rock, ich habe ihn Tommy genannt. Aber wie soll ich ihn behalten — ich nähme ihn gern mit, aber hier darf er nicht sein, und die Privatkundinnen wären erstaunt, wenn ich mit einem Toutou daherkäme. Ich muß eine Stelle für ihn suchen, eine gute Stelle, möglichst bald, denn ich hänge schon so sehr an ihm. Er ist so zutraulich, man möchte ihn küssen wie gutes Brot."

„Mme. Antoinette, sind Ihre Töchter so schön wie Sie?"

„Die, die ‚in den Hüten' ist, gleicht mir, aber sie ist viel kleiner. Hier macht man keine großen Menschen."

„Haben Sie Zeit zum Lesen?"

„Zeitung dann und wann, ich habe keinen Hang zur Lektüre, aber ich habe Bücher gelesen, einige, wenn man gerade Zeit hatte — aber die Hauswirtschaft, Nähen und Flicken! Als mein Mann noch lebte, da war es etwas anderes. Heute freut mich nichts mehr, aber das darf ich nicht sagen, dann heißt es gleich ‚Voyons, maman!', und sie haben ja recht."

„Ja, Mme. Antoinette, die Grausamkeit des Todes, die kennt nur, wer am eigenen Leib den furchtbaren Riß erleben mußte — dem Zurückbleibenden erscheint das Leben wertlos, und die Tatsache, daß er allein lebend zurückblieb, kann man nicht zu Ende denken."

Mme. Caldos ist längst fertig, und ich bin längst wieder angezogen. Ich muß eine Treppe steigen und freue mich schon auf das Wiedererkennen vom kleinen Lieschen.

Lieschen sieht mich nicht und hört mich nicht kommen, weil ich auf Gummisohlen schleiche. Er liegt sehr gesittet mit erhobenem

Kopf, die rechte Hand ausgestreckt, die linke in der Brusttasche wie Napoleon. Sein Gehirn geht sichtlich im Leerlauf. Plötzlich muß er daran denken, daß ich unter einem Torbogen verschwunden bin und an der gleichen Stelle wieder zu erscheinen habe, und er wendet den Kopf, sieht mich stehen und hat vor Freude vier Ohren, acht Pratzen und sechs Schweife, die er, laut lachend, durcheinanderwirbelt. „Ja,ja,ja,ja, ja!" lacht-bellt er, und ich muß meinen Zeigefinger auf den Mund legen, damit er still ist, und „bschsch" sagen. Diese Finger-auf-dem-Mund-Geste kennt er, er schluckt sein Gelächter, dehnt sich, um die Zeit auszufüllen. Nun gehen wir im blaugoldenen Mittagsschein unter geradezu Trompetenstößen eines Sturmwindes die Promenade entlang; die Beete sind mit scharfstacheligen niederen Kakteen eingefaßt, wohl um die Hunde abzuschrecken. Es ist für sie schwer, geeignete Plätze für einen gelegentlichen Federstrich ihrer fortlaufenden Korrespondenz zu finden. Wir werden oben im Zeitungskiosk bei der bösesten Frau von Monte Carlo eine Zeitung kaufen. Diese Frau pflegt im schützenden Dunkel ihres Pavillons Dauergespräche mit einer unsichtbaren Kollegin und beendet den Dialog geflissentlich nicht, wenn sich Kundschaft zeigt. Wer eine Zeitung erstehen will, muß erst die Pointe einer der beiden Witzboldinnen abwarten. Von draußen kann man nicht sehen, was innerhalb des Kiosks vor sich geht. Eine dunkle Gestalt lehnt an der Rückwand, der Kopf ist für den aufrecht am Gucklochstehenden nicht sichtbar. Die Leser mehren sich begehrlich. New York Herald, Le Petit Niçois, Le Temps, Le Huit-Heure (Acht-Uhr-Abendblatt — das bin ich). Zuweilen streckt die Frau, während sie weitersprudelt, ihre gewollt lethargische Hand mit einem „Figaro" heraus, scharf legt der Käufer sein Geld hin, schlapp rollt sie einige Sous zurück und meckert abgewandten Hauptes mit der Kollegin — und mitten drin:

„Le Huit-Heure? Y en a pas."

Das ist nun ein kleiner Spezialsadismus; seit Tagen bitte ich sie, mir das Blatt zu reservieren, ich würde es täglich abholen, und selbst wenn ich eines Tages nicht käme, würde ich am nächsten die altbackene und die frische Zeitung mitnehmen. Ich packe eine englische und eine Wiener Zeitung, lege mein Geld hin und bekomme, wie ich voraus wußte, zu wenig zurück. Das ist der Trick, den sie seit Jahren mit Fremden — nie mit Hotelangestellten — locker und graziös ausführt.

„Mit mir geht das nicht", sagte ich ihr, und Ehrenbeleidigungsklage-Phobie überwindend, die nachgeworfenen Sous einkassierend, hinterließ ich ihr im Abgehen ein vernehmliches

„Vieille tricheuse". Von diesem Tage an waren wir per Madame hin und Madame her, und das Acht-Uhr-Abendblatt wurde mir sorgfältig jeden Tag zurückgelegt.

In Beausoleil, einem hochgelegenen Stadtviertel von Monte Carlo, begegnet man niemals Bekannten und sicherlich keinen Kasinogängern.

Du wirst heute auf dem alten Römersteig so lange gehen, bis ... ich stelle mir eine Aufgabe. Hauptsache ist, daß Lieschen ein ordentliches Gassi hat, ohne Automobilgefahr. Große Steinplatten, kleines Geröll, manchmal ein Absatz, das ist der Weg, den die Römer über das Gebirge gelegt haben und den Tausende von Maultieren hufab und hufauf seitdem gegangen sind.

Ein kleines häuserarmes Dörfchen muß passiert werden, dann ist der Berg, wenn man die Römerstraße verläßt und links abbiegt, unbebaut, unbewohnt, nur zu meiner Freude mit hohen Rosmarinbüschen bewachsen, Ginster und einem lavendelartigen Strauch. Lurch, die schwarzseidene Schlange, passiert alles Gestrüpp und Gedörn mit unermüdlicher Aufmerksamkeit. Aber er findet rein gar nichts, das ihm von irgendeiner Seite her geläufig oder sympathisch wäre. Der Berg ist an Farben stumpf wie Wolle — aber tief unten glänzen die Mauern von Monaco im Ocker der Abendsonne, die Fenster des Schlosses leuchten feurig und stahlblau auf, das Städtchen ist scharf und bunt gezeichnet, jedes Fenster empfängt letztes Sonnenlicht und wirft es aus rosa getönten Häusern zurück, während das Meer dem lichttrunkenen Stadtgemäuer um die schon in Abenddämmerung versunkene Halbinsel einen kostbaren Hintergrund bereitet.

Der Himmel auf der Ostseite schimmert nicht mehr, das Meer, sein leises Echo, kopiert jeden Farbton und liegt ebenso still da, nicht grau, nicht blau, nicht weiß, es rührt sich nicht, wie der Himmel, und plötzlich ist Monaco ausgelöscht, wie die Sonne hinter mir. Lieschen sitzt vor mir und schnuppert mit klein aufsteigenden Nasengesten. Das ist die Abendpost, die er liest. Es steht nichts drin, aber er blättert — Abendlüftchen — kennen wir. Hasen — flau. Hündinnen — fest. Kalbsknochen — gesucht. Fremde Menschen — unnotierte Werte. Maminku — hinter mir. Er dreht sich zu mir. „Gehen wir bald? Hier ist es langweilig." O du dummes Lieschen, gekritzelte Hundenachrichten an Mauern sind dir wichtiger als dieser trockene, unbeschriebene, unbegangene, unverwertete Fleck Boden, von wo aus der Horizont so weit ist wie je, mein Blick dorthin ein ewiges Erinnern und Abschiednehmen. In hundert Jahren wird hier ein Haus stehen, und wir beide nicht mehr.

Ich muß Petersilie haben. Sie ist nirgends zu bekommen wegen eines Wetterumsturzes mit Schneefall. In den kleinen Läden ist keine und in den Markthallen auch nicht. Dann eben ohne. Ich schleppe mich mit einem Sack neuer Kartoffeln, mit Reis, Curry, Sellerie, Porree, Karotten, mit Lurch, mit meiner Geldtasche bis zu einem Metzger, wo ich noch ein Pfund Rindfleisch kaufe. Ein Packesel hat wenigstens vier Füße und eine brauchbare Rückenfläche für Proviantsäcke, und niemand erwartet von ihm, daß er einem 40-PS-Dachshund folge, der urplötzlich Rückwärtslauf in diabolischem Starrkrampf einschaltet, weil er auf dem schon beschrittenen Weg nachträglich Indizien erschnüffelt hat. Scharf blickt er von oben auf die kaum sichtbar beschriebene Trottoirstelle, einen Zentimeter mit der Nase davon entfernt, peinlich sachkundig wie Einstein, kaltblütig wie Jago, totenernst wie Grock zieht er seine Schlüsse und hebt ein Bein, während er preziös ein Prozent Zunge vorstreckt und einzieht wie der Kenner bei der Weinprobe. Aber es bleibt bei der Geste — wir sind schon über eine Stunde unterwegs —, er senkt das Bein und vermeidet es geschickt, ohne hinzusehen, die kaum wahrnehmbaren

Indizien damit zu berühren. Sein Chimborasso ist glücklich geheilt. Eines Tages, beim Abnehmen des Verbandes, fand sich die Kuppe geöffnet, die Schwellung ging bald zurück, und ich atmete auf.

Lieschen und ich landen endlich bei Anna und ihrem Mann, die vor einigen Tagen gesund eingetroffen sind und nun in einer kleinen Dreizimmerwohnung mit Küche in Beausoleil liegen, Anna mit gebrochenem Bein und Artur ebenfalls krankgemeldet. Da sie keine Bedienung haben und nicht ins Restaurant gehen können, habe ich mich als Koch angeboten und alle negativen Beteuerungen überhört. Das ist ganz schön, denn ich koche leidenschaftlich gern, und Lurch bekommt auf diese Weise köstliches Futter. Aber nachher Kessel, Kasserollen, Bestecke und Porzellan säubern! Ein Liliputgasöfchen steht mir zur Verfügung. Die Suppe wird angesetzt, und ich laufe noch einmal weg, um Eier, Rahm, Milch und zwei Tafeln Schokolade zu holen.

Gestern hatte ich Riz à la persane und Hühnercurry gemacht, heute ist Pot-au-feu und Crême au chocolat. Ich mache es wie diejenigen, die eine Sprache verstehen und lesen, aber nicht so geläufig sprechen können, daher nur die Worte benutzen, die ihnen keine Angst mehr machen: so koche ich nur, was ich wirklich kann, und das schmeckt mir und den beiden Kranken, die ich — ich habe sie fast drei Jahre nicht gesehen — verändert finde, nicht im Wesen, aber in ihrem gegenseitigen Verhalten. Annas Blick ist nach innen gekehrt, Artur sieht vage in die Ferne; früher erfaßte er die nächste Umgebung mit scharf gezücktem Auge.

Anna gehört zu den Frauen, die „zu der großen Liebe" berufen scheinen, die „so lange, wie das Leben dauert, vom ersten Augenblicke an erglüht und deren Flammen nie erlöschen". Artur nennt das das unendliche V, und das gäbe es nicht. Er ist eine Art Philosoph, der die Welt graphisch sieht; er ist kein Maler im bekannten Sinn, er kann nicht zeichnen, außer Hemdenkragen, wie er sie haben will, Schuhe und Automobilkarosserien. Er ist auch kein Denker, der für eigene Gedankengänge Formeln finden wird, die diese Gedankengänge eröffnen, zugänglich machen und anderen Problemen zuführen. Die willkürliche, oder genauer gesagt, die freiwillige Einteilung auf der Basis des Erkannten, Erlebten und Dazugedachten unter strenger Beobachtung der Naturgesetze, die er intuitiv kennt, suchte er graphisch schwarz-weiß darzustellen, in Schemen, Grundrissen, Auswüchsen, Füllungen und Linien; und so entstanden Zeichnungen, die Tapetenmustern und Gittern glichen, und jeder würde sagen, er habe sich bei diesem oder jenem so entstandenen Muster von den Wurzel- und Blattmotiven eines Strauches inspirieren lassen. In Wirklichkeit entstanden diese Zeichnungen aus einer Schematisierung psychologischer Erkenntnisse, und es war erstaunlich und verblüffend genug, daß abstrakte Gedankengänge, graphisch übertragen, naturähnliches Rank- und Blätterwerk oder insektenartige Gebilde, Kristallformen und so weiter ergaben. Die Natur ist eben eine Einheit, und jedes ihrer Teile und Teilchen enthält nur immer wieder sie selbst. Dies sprach für die Richtigkeit von Arturs System. So hatte er für „die große nimmer aufhörende Liebe" das Zeichen V festgesetzt; es beginnt mit einem Punkt (dem Anfang dieser Liebe), dem V-förmig aus dem Winkel zwei ins Unendliche strebende Linien entspringen. Dieses V setzt er zunächst auf „Unbekannt" (dafür zeichnete er unter den Punkt einen Kreis), denn nichts setzt sich ohne Anfang fort, es ist irgendwo entstanden. Setzen wir nun für dieses „Unbekannt", das ist Charakter, Milieu, bisheriges Leben, und für Charakter einige Hauptelemente dieses Charakters, so kann man sich schon ein Bild dieser Kreise und Linien machen, die sich Artur ausdenkt. Daß das V eine Art Fühlhörner als oberster Abschluß seiner Kreise, Ellipsen und ausstrahlenden Linien bildet, erweckt beim Betrachter das Bild eines phantastischen Insekts. „Nein", sagt er, „die große, sich gleichmäßig ohne Aufhören entwickelnde Liebe, die gibt es nicht. Dagegen sprechen das Naturgesetz der Schwere, das Naturgesetz der Abrundung, Abnutzung, des Abschlusses und das Naturgesetz der Variabilität, der Spaltung und endlich der Wiederholung, wie wir am Kreislauf der Sterne sehen, an den Jahreszeiten und so weiter."

Artur braucht zu den Komplikationen zwischen Menschen nicht Stellung zu nehmen. Er wird nie ein Urteil fällen. Er hat zwei Dinge studiert in seinem sechzigjährigen Leben: unterhalb des Äquators die Termiten, oberhalb ist er Phrenologe; aber er wird sich nie für Bienen interessieren oder phrenologischen Erkenntnissen entsprechend sich dem Individuum gegenüber verhalten. Er konnte einen Kopf bis in letzte Details deuten und die Zuhörer durch die Präzision seiner Aussagen fesseln, um so mehr, als seine Kunst einer vergangenen Zeit angehörte, von welcher heute kaum mehr gesprochen wurde. Graphologie und Chiromantie waren dem Publikum geläufiger.

Arturs akutes Augenleiden verbietet das Ausgehen. Meinen Pot-au-feu findet er ausgezeichnet. Ich ertappe mich bei dem Gedanken, daß ich vom Pot-au-feu über Termiten sehr gut mit ihm auskommen könnte. Der ewige Fehlschluß aus Prämissen, die nicht viel mit dem Wesen eines Mitmenschen zu tun haben. Artur ist ein typischer Vorkriegsmann, ein kontinentaler Engländer (seine Mutter war Irländerin), ein stiller Sybarit und guter Erzähler. Seine Anzüge aus vorkriegs-unverwüstlichen Stoffen haben die Patina nie beschmutzter, nur benutzter bester Wollgewebe. Den Humor des täglichen Lebens kennt er nicht; gedankenvoll unbeteiligt wohnt er dem sogenannten „Familien-Läpp" bei. Es ist Zeit, daß ein seit über dreißig Jahre bestehendes, von mir eingeführtes Wort: „der Läpp", das in der sehr weitläufigen, zahlreichen Familie bis ins vierte Glied geläufig ist, dem deutschen Sprachschatz einverleibt werde. Läpp kommt natürlich von läppisch, nicht direkt von Lappen. Es bedeutet Clown- oder Exzentrikhumor, Heiterkeit mit einem kleinen Stich ins Groteske. Entstanden ist das Wort aus dem Verbot: „läppisch zu sein", das hin und wieder von Eltern und Erziehern aus Nebenzimmern und aus allernächster Nähe ertönte, wenn wir just im besten Lachen waren und uns einander wie Zirkusleute Bälle des Unsinns zuwarfen. Jäh verstummten wir — bis ein einzelnes Auge dem Blick eines anderen verstohlen begegnete, und dann waren wir davon überzeugt, daß es nur eine Seligkeit geben könne — läppisch zu sein. Der Läpp berechtigt zu vielem. Nun, Artur war der „heilige Läpp" nie aufgegangen. Er fand es sympathisch, wenn andere lachten, er konnte aber nicht mit. Dagegen konnte er Anekdoten erzählen und alles Vorbereitende geschickt auf die Pointe hinleiten, aus Selbsterlebnissen aber konnte er die Quintessenz nicht in Form bringen, also selbst die Anekdote oder die Komik einer Situation erzählend wieder aufbauen. Läpp ist weder eine Anekdote noch eine Geschichte, sondern eine Stimmung, ein Gesichtswinkel, eine Mimik. Auf die Frage meines Bruders vor etwa sechzehn Jahren: „Wie war das gestrige Diner?" konnte ich antworten: „Ungeheuer läppisch." Bei diesem höchst offiziellen Diner in der Hauptstadt Europas, das Mitglieder des Adels, Politiker und Diplomaten vereinigte, wurde als einer der ersten Gänge an vier Stellen zugleich eine kalte, mit Aspik überzogene Speise serviert. Sir Hugh C. und ich sprachen gesittet und spielerisch über Hunde, französische Grammatik, über „herbatious borders" und Shakespeare. Inzwischen hatte sich ein ganz kleines Stückchen bernsteingoldenen Aspiks auf meinen Schoß gesetzt, wo die Serviette lag, ohne daß ich es bemerkt hätte. Spielerisch und gesittet unterhielten wir uns weiter. Ich drückte eine Sekunde lang meine Serviette an meine Lippen, bei dieser Gelegenheit sprang und klebte sich der kleine Bernstein von seinem glattgebügelten bisherigen Standort auf meine linke Wange. Ich lege ihn mit zwei Fingern auf den Tellerrand und bespreche weiter die Antwort Kents an Lear, wo er dem König etwa sagt: „You have, my Lord, what I should call authority", was wir mit „Hoheit" übersetzen in Ermangelung eines absolut gleichartigen Wortes; wir sind uns aber einig, daß „Hoheit haben" schön sei. Längst sind die Teller gewechselt, mein linker Nachbar, Lord Lansdowne, der Hausherr, wendet sich zu mir: „Ich bin gespannt, was Sie zu der merkwürdigen Zusammenstellung warmer Schinken mit Pfirsichen sagen werden. Die Kombination stammt von meiner Mutter." (Seine Mutter war Französin.) Die Pfirsiche sind im ganzen eingemacht, dunkelbraun, heiß, groß und glänzend — irgendwie zu etwas Unvergleichlichem denaturiert und von köstlichster Saveur zu dem ebenso köstlichen Schinken. An meiner linken Pulsader spürte ich etwas Unangenehmes. Ich sehe verstohlen hin — das kleine Aspik! Ganz nebenbei benutze ich unter leutseligem Geplänkel die Serviette bei ihrem rechten Zipfel. Da ich nicht radikal schrubben konnte, bleibt an der Pulsader ein pappiges Gefühl, aber das Aspik ist hoffentlich zu einem Nichts reduziert. Alle Gäste spielen auf ihren Tellern mit jade-grünen Spargelspitzen. Meine Gabel ruht schon, und in graziös nonchalanter Weise liegt meine Linke neben dem Teller, während die Rechte mit dem Handrücken für einen Moment auf dem Schoß bleibt und ich gespannt mit abgewandter Schulter den Ausführungen meines rechten Nachbarn folge. Ich bin seiner Ansicht und muß deshalb mit dem Zeigefinger auf dem Tischtuch mit Druck diese Ansicht etwas bekräftigen. Auf dem Handrücken, wieder fest im Sattel, sitzt das kleine Aspik, halb so groß wie früher, reiselustig und anhänglich wie immer. Jäh unterbreche ich meine Antwort und fixiere es streng. Dieses war der Augenblick, wo „der Läpp" einsetzte, mein Nachbar erkundigte sich nach der Ursache meines strengen Blicks, erfaßte die Lage, die Komik, meinen Dispositionen begegnete er mit freudigster Bereitwilligkeit, und nichts war erheiternder als die darauf folgende Beobachtung der anderen Gäste, die alles waren, alles darstellten, alles hatten, nur kein Aspik! Auch mein linker Nachbar, der Hausherr, eine gewiegte, längst ergraute, menschlich und als Politiker hochstehende Persönlichkeit, war sofort wieder der kleine Eatonboy, der er vor fünfzig Jahren vielleicht gewesen war, als wir ihn in unsere inoffizielle Heiterkeit einweihten, in den stillen, aber hartnäckigen Kampf von der Suppe bis zum Käse mit einem kleinen, frechen, bernsteingoldenen Stückchen Gelee.

Hätte Artur neben mir gesessen, weltängstlich wie er ist, er hätte gelitten.

Anna war eine gute Stiefmutter gewesen, von ihrer Aufgabe begeistert, Artur gegenüber ehrlich romantisch, jung und vertrauend; das Spiel Weib-Mann oder Dame-Herr hatte sie nicht gespielt, sondern Kind-Freund, und das war mit dem damaligen Artur, so schien es, ein verlorenes Spiel.

Lurch machte unentwegt Männchen; so gut hat er schon lange nicht gegessen. Ich aber muß Kasserollen putzen. Allmählich komme ich auf Vorteile in der Technik, verbessere mein System. Heißes Wasser habe ich soviel ich will, Hauptsache ist langfristige Aufweichung des Belags aller Geschirre.

Anna möchte mich sprechen, während Artur seine ermüdeten Augen schließen und ruhen soll. Ich sage nichts, sondern setze mich bequem auf einen Fauteuil, die Beine auf Annas Kanapee. Hätte ich sie unten gelassen, wäre Lurch in seinem Bett geblieben. Bin ich aber kanapee-entsprechend gelagert, muß er kommen und sich an der Kniebucht anlehnen — das ist eine zehnjährige Gewohnheit. Und Anna erzählt, wie sie dem Leben nicht gewachsen sei. Das sind wir wohl alle nicht.

Im vergangenen Jahr war sie am Lido gewesen, dort hatten sie Minja Erlenbach getroffen, mit der Anna auf der Schule gewesen war, das heißt die kleine sechsjährige Minja kam ins Internat, als Anna es achtzehnjährig ein halbes Jahr später verlassen sollte. Das Kind wurde ihr speziell anvertraut, und nun sah sie sie, als dreißigjährige Witwe mit zwei Kindern, wieder. Sie hatte sehr jung geheiratet, ihr Mann fiel im Jahre sechzehn, das zweite Kind kam nach dessen Tode zur Welt. Minja erinnerte an Arturs erste Frau, sie hatte die gleichen tiefblauen Augen und den gleichen Zauber im Lächeln, das sich von einem gesunden Gebiß wegzog, ohne daß die Augen sich daran beteiligten. Sie war weder lebhaft noch gescheit, weder warmherzig noch spirituell, sie war nichts als Augenweide, war wie die Mode und tat, wie die Mode wollte. Sie war so leer, daß jeder Mann sie mit etwas, das ihm und seinen Wünschen entsprach, füllte. Es gibt, um sie zu charakterisieren, drei kleine Geschichten aus ihrem Leben, deren Pointen aus ihrem Munde stammen.

Als sie die Todesnachricht ihres Mannes erfuhr, sagte sie: „Um Gottes willen, wer wird mich noch heiraten wollen mit einem lebendigen Kind und einem noch ungeborenen."

Als das zweite geboren war, verlangte der Arzt im Übereifer, daß ihr Hund entfernt würde, das sei unhygienisch für Kinder. Sie gab den kleinen Terrier in Pflege außerhalb der Stadt.

Vierundzwanzig Stunden später war der Hund wieder zur Stelle, selig über den Erfolg seines mehrstündigen Durchbrennens ohne Kompaß, ohne Karte, nur von seiner treuen Hundeliebe geführt. Und was sagt Minja? „Ich habe ihn dann natürlich vergiften lassen. Es war mir schrecklich, denn ich liebte ihn mehr als das Kind." Und die dritte Geschichte: Anna hatte eine kostbare Uhr verloren. Artur sagte ihr, sie solle sich eine neue aussuchen. Sie wählte eine einfache, silberne Armbanduhr mit bestem Werk und zeigte sie: „Das verstehe ich nicht", sagte Minja, „ich hätte mir eine aus Platin mit Diamanten ausgewählt." „Daran zweifle ich nicht", sagte Anna und ließ Minja ihre primitiven Spiegelungen spielen, die Artur blenden sollten. Der Termitenkönig paßte beim Spiel nicht auf, er hatte keine Absicht zu spielen, aber mit einem Male entdeckte er in Minja eine Seele, er, der systematisch jedem Versuch Annas, die ihrige ihm zu offenbaren, mit freundlichem Beiseiteschieben begegnet war, so wie man weich und sicher mit einer Bürste Brotbrösel vom Tisch wegfegt.

Und Anna, die wohl wußte, wie sehr er an der ersten Frau gehangen hatte, zog sich nach jahrelangen Versuchen diskret zurück. Es muß sehr schwer sein, einem Partner, der es zu übersehen scheint, zu sagen und zu zeigen: „Sieh, so bin ich." Niemand will wissen, wie eines anderen Innenkonstruktur beschaffen ist, sei sie nun einfacher oder komplizierter, als man denkt, dazu hat man ja selbst Augen, Ohren und Verstand; jedes Anderssein, als man sieht, hört oder denkt, verlangt eine veränderte Einstellung, zu der nur jugendliche Verliebte imstande sind, sagt Artur. Seiner ersten Frau, Engländerin wie seine Mutter, galt wohl diese zu allem fähige jugendliche Flamme. Anna war davon überzeugt, daß Jugendliche zwar Enthusiasten seien, die Berge versetzen und sich von oben bis unten umkrempeln könnten, wenn sie liebten, daß sie aber nur Feuer, Licht und Nacht kannten, nicht die Vollkommenheit eines paradiesisch schönen, fanatisch gepflegten Gartens. So sah sie Valentin und wußte, daß Valentin dem Traum entsprach. Aber Valentin war irgendwie primitiv abgeglitten durch das Geschehnis der Tage, wenn auch sein Herz ihr und nur ihr gehörte; fatalistisch empfing er, was der Tag ihm brachte, und das waren Briefe der abwesenden Anna und die Gegenwart des stummen Mädchens, das kein Gesicht hatte. Konnte er sich frei machen, verbrachte er seine Ferien mit ihr, an Orten, wo er mit Anna in früheren Jahren zusammen gewesen war. Er beschenkte sie, er lehrte sie all die Dinge, die einst Anna ihm offenbart hatte. Er ging mit ihr in Restaurants und bestellte so, wie er es von Anna gelernt, oder er verbrachte Nachmittage mit ihr in seiner Wohnung, die Anna liebevoll eingerichtet hatte. Anna kommt wieder, das wußten sie beide, und sie wußte auch, daß nur Anna das Herz ihres Valentin besaß — aber, wenn Morgen vielleicht ihr Schmerz bringen sollte — das Heute war unverlierbar. Anna war Valentins Heiligtum, das hatte er dem Mädchen gesagt. „Du wirst nie ihren Namen nennen." Und daran hielt sie sich tapfer, im stillen hoffend, daß jeder gewonnene Tag das Band zwischen Valentin und ihr befestigen möge. In tiefe Melancholie befangen, ließ Valentin sich von dem Mädchen Hilda beschenken, und Anna, schwer verwundet, sagte nichts, wenn sie ihn gelegentlich wiedersah; jedes Wort hätte wie ein Vorwurf geklungen, und jedes Wort hätte ihn vor eine Wahl gestellt, vor einen Entschluß, dessen Ausführung, wie immer sie ausfiele, schwere Zeiten für alle bedeutet hätte. Sie hatte sich unzählige Male vorgestellt, wie sie ihn bitten wollte — ja, was? „Schluß zu machen?" Mit einem Wesen, das jahrelang, als er es in keiner Weise beachtet hatte, treu und still wie ein Hündchen sich auf seinen Wegen einstellte und ihm nachlief? Mit einem Wesen, das der Erfolg hierzu berechtigte? Wäre Anna frei gewesen, so hätte es zwischen ihr und Valentin nur weniger Worte bedurft — das wußte sie —, aber das Schicksal biegt menschliche Wünsche, im Augenblick, wo sich Erfüllung zu zeigen scheint, um.

Am Lido neigte die Hauptsaison ihrem Ende zu, als Artur und Anna eintrafen. Minja, die schon abreisen wollte, verlängerte ihren Aufenthalt auf unbestimmt. Sie lag auf ihrem Strandstuhl, gargebräunt wie eine Mispel, hutlos im Schatten eines japanischen Schirmes, nur ihre Zähne leuchteten und der Kobalt ihrer Augen zwischen lang befiederten Lidern, als Artur und Anna vorübergingen. Artur hatte sie einen Augenblick durch seine rostbraune Brille bewundert und gesagt: „Wer kann das sein?", als von rückwärts Annas Mädchenname gerufen wurde: „Anna Berrinck?"

Was — das war das rundliche sechsjährige Schulbaby gewesen, das wie eine junge Katze die älteren Mitschülerinnen zu kratzen pflegte, wenn es seinen Willen nicht bekam?

Sie sieht aus wie eine Engländerin, sagte Artur am Ende des Tages. Wie eine Engländerin? Wie eine Mistinguett vor dreißig Jahren, dachte Anna — aber, vor allem wie Evelyn, Arturs erste Frau.

Am ersten Tage wurde geplänkelt. Minja erzählte Schulgeschichten, die Artur mit fünfundvierzigjährigen Reminiszenzen aus seiner Schulzeit in der Schweiz und in Schulpforta übertrumpfte. Am zweiten Tag wurde ein Aviatiker, „flüchtiger Bekannter" Minjas, kaltgestellt. Am vierten Tag wurden überlebensgroße Langusten in einem Restaurant in der Stadt bestellt, am fünften ein Motorboot, am sechsten ging Anna allein nach Venedig und am siebenten gemeinsam mit Artur zum deutschen Augenarzt.

Eine Woche später konnte Anna weder an den sehr bestimmten Absichten Minjas zweifeln, noch an den Worten des Arztes, der ihr, als sie ihn allein aufsuchte, eine ungünstige Prognose für die Sehkraft Arturs stellte, und diese zwei Gewißheiten übertönten sich gegenseitig in Annas Phantasie, am tiefsten aber hatte sie die Versicherung des Arztes erschüttert, daß Artur nicht nur in vollem Maße über die Schwere seines Augenleidens orientiert war, sondern es seit längerer Zeit vor ihr meisterhaft zu verheimlichen gewußt hatte. In ihr quoll die heiße Sehnsucht nach seinem Glück auf, der Wunsch: „Könnte er mich doch lieb haben", und der ohnmächtigste Groll gegen sein Schicksal. Sie hätte gern im Sturm sein Vertrauen zu ihr erobert. Aber auch seine Verschwiegenheit wollte sie respektieren. Vielleicht irrten die Ärzte, vielleicht erschien es ihm leichter, die Last furchtbarer Erkenntnis allein zu tragen. Sie wollte sich vorläufig seinen Absichten entsprechend verhalten. Als sie zurückkehrte, fand sie ihren Mann allein auf dem Balkon seines Zimmers. Er ergriff ihre Hand — sie setzte sich neben ihn. Was ist geschehen, dachte sie — wenn er mich nur nicht fragt, wo ich gewesen bin. Aber er sagte nichts, sondern lächelte sie an, wie jemand, der selig über ein reines Gewissen ist. „Ist es dir recht, wenn wir übermorgen abreisen?" sagte er.

„Nach Berlin?"

„Warum Berlin?"

„Weil ich so gerne möchte, daß du Professor W. siehst."

„Ist das so wichtig?"

„Das einzige, an das ich denke."

Er sah sie lächelnd an, und sie dachte, daß sie in fünfzehnjähriger Ehe sich keines so intimen Zusammenseins erinnern könnte. Warum aber drängt er nach kaum dreiwöchigem Aufenthalt zur Abreise. Am nächsten Morgen sah sie ihn am Strand Minja gegenüber stehen. Mit einer heftigen Bewegung warf Minja den Zipfel eines orange und schwarz gefleckten Schals über die linke Schulter, und Artùr lachte wie jemand, der anderer Ansicht und seiner Sache gewiß ist. Minja in ihrem safrangelben Schwimmtrikot, die Augen blauer als je unter der zitronenfarbigen Krempe ihres Strohhutes, fehlerlos in Wuchs und Haltung, fehlerlos von der Nasenwurzel bis zu den fein geschnitzten Gelenken ihrer Arme und Beine, hellbraun gar gekocht von der Septembersonne, scharrte mit ihren weißen Leinensandalen im silbergrauen Sand. Anna fühlte, daß von ihr die Rede war, konnte aber ihre Gehrichtung nicht mehr ändern. Als sie herankam, sagte Minja:

„Sie hat ein hübsches Kleid", und Artur:

„Sie ist immer gut angezogen." Anna staunte über diese Bestätigung Arturs, der nie etwas Derartiges zu bemerken schien.

„Ich sagte eben deinem Mann, er stände ganz unter dem Einfluß seiner Frau, und das fand er so komisch, daß er lachte", fuhr Minja fort, um Aufrichtigkeit und Harmlosigkeit zu markieren.

„Darüber haben wir, glaube ich, noch nie nachgedacht", sagte Anna, und Artur bestätigte es:

„Es hat auch niemand von uns einen Versuch gemacht, Einfluß zu gewinnen. Dafür sind wir beide, nein, dafür ist meine Frau zu klug."

„Warum diese Korrektur? Hatten Sie weniger Klugheit?"

Anna schnitt den Trilog mit einem schnellen Wort ab: „Ich gehe mir lila geplatzte Feigen holen, das Problem wird besser ohne mich gelöst."

Am übernächsten Tag, der ein Freitag war, reisten sie nicht. Für die nächsten Abende waren die Schlafwagen voll besetzt.

„Warum drängst du zur Abreise?" fragte Minja.

„Wieso? Ich dränge?"

„Dein Mann sagt es."

Anna unterdrückte rechtzeitig ein: „Das kann doch nicht stimmen."

„Ich weiß, warum du abreisen willst; du willst in Berlin sein", fuhr Minja fort. „Ich kenne dein Geheimnis."

„Wir haben uns vierundzwanzig Jahre lang nicht gesehen, Minja, und ich glaube, daß wir uns inzwischen sehr verändert haben", sagte Anna lächelnd, „Geheimnisse sind Schulangelegenheiten."

„Artur kennt dein Geheimnis auch", sagte Minja in einem kindlich wissenden Ton, genau wie sie vor vierundzwanzig Jahren von sich selbst gesagt hatte: „Minja will Annas kleine Freundin sein."

Anna dachte, sie hat gar nicht per „Artur" von ihm zu reden. Aber was soll das Ganze heißen — eine so grobe Taktlosigkeit oder Zielbewußtheit kann es gar nicht geben (wie falsch sie dachte!); weist man Minja barsch ab, ist sie zu jeder Rache fähig, geht man auf ihren Ton ein, ja, wie kann man auf solchen Ton eingehen. Schließlich, ohne eine Pause im Gespräch aufkommen zu lassen, denn Minja durfte an Anna nicht die leiseste Bestürzung wahrnehmen, antwortete sie langsam und uninteressiert:

„Wenn du so alt sein wirst wie ich, Minja..."

„Du bist ja nicht so alt, das ist nur Pose", unterbrach die um zwölf Jahre Jüngere.

„Also wie du willst", sagte Anna, glücklich, nun gar nicht mehr antworten zu müssen.

Als dann endlich der Tag zur Abreise festgesetzt war, erklärte Minja, bis München mitfahren zu wollen, denn sie hasse es, allein zu reisen.

Dies alles hatte Anna erzählt.

„Nun, was ist seitdem geschehen, was hat Minja angestellt?" fragte ich.

„Minja lebt heute mit ihrem flüchtig gekannten Aviatiker. Sie hatte sich in den Kopf gesetzt, Artur zu heiraten. Es wäre vielleicht — ich sage vielleicht, denn ich weiß es nicht genau —, es wäre vielleicht geglückt, hätte sie nicht versucht, mich bei ihm anzuschwärzen. Sie hat ihm unerhörte Räubergeschichten erzählt, Namen genannt, Details erfunden, bis er ihr einmal sagte, es war der Tag, an dem ich in Venedig allein zum Augenarzt gegangen war:

‚Frau von Erlenbach, wenn Sie mir gefallen wollen, müssen Sie mir beweisen, daß meine Frau häßlich, langweilig und unliebenswürdig ist. Sie sagen mir nur, daß andere sie schön und reizvoll finden, und das weiß ich selbst.'

Aber das ist nicht alles. Einige Wochen später, als er mir dieses erzählte und nicht etwa hinzufügte, wie es jeder andere Mann getan hätte: ‚wie aber steht es damit, ich will die Wahrheit wissen', sagte er mir ganz nebenbei: ‚Ich weiß, daß ich dich nicht lange mehr werde sehen können mit meinen Augen — so wie du bist, möchte ich dich aber immer sehen, selbst wenn ich erblinden sollte. Wirst du so bleiben?' Ich küßte seine Augen", sagte sie mir, noch erfüllt von der Charaktergröße dieses Artur, von dem es immer hieß, daß er ein perfekter Gentleman wäre — aber etwas langweilig und konventionell, und ich weiß, daß Anna es aus ganzer Seele tat. Es scheint, daß die ihn unvermutet packende Todesangst, diese Frau verlieren zu können, mit der er wie ein Blinder lebte, ihn plötzlich sehend gemacht hat und daß eine glühende sogenannte Eifersucht plötzlich in ihm aufloderte, als er, argloser Odysseus, nahe daran war, den Lockungen einer Circe zu unterliegen, die in ihm, weil sie äußerlich seiner ersten Frau glich, alle verkapselte Leichtigkeit, die er der Toten gegenüber im Reden und Leben empfinden konnte, wieder erweckt hatte. Blitzartig wurde die kompliziert verknotete Beziehung eines Mannes zwischen zwei Frauen gelöst, und wenn die Diagnose mehrerer Ärzte richtig war, lernte er kurz vor der physischen

Erblindung die Frau kennen, die er, einer bisher unwandelbaren Einstellung wegen, nicht hatte sehen können.

Ich verabschiedete mich schnell, Lieschen wollte längst wieder auf Leberln den Berg herunterlaufen, ich hatte noch einige Besorgungen zu erledigen; als wir unten anlangten, war eben der rahmfarbene Hotelomnibus weggerutscht, und wir setzten uns in die Elektrische. Lieschen erregte die Aufmerksamkeit dreier Kumpane.

Das ist ein Basset.

Die Bassets sind brave Hunde.

Worauf mein Lieschen neben mich auf die Bank sprang und ein Männchen machte, eine Hand auf meinem Ärmel, die andere nachlässig abgeknickt, den Blick auf die Kumpane gerichtet, sozusagen: „Wir sind eine G. m. b. H., ich bin stiller Teilhalber. Sie ist meine Maminku, ihr dürft mitfahren, aber die Elektrische gehört uns. Ich mache Männchen, damit ich besser hören kann, was ihr sprecht. Französisch kann ich auch. Jawoll."

„Wie nett er ist!" sagt ein Kumpan. „Das sind treue Gefährten, solche Hunde! Das hat mehr Verstand als wir alle zusammen, aber es kann sich nicht aussprechen. Ich, ich habe einen Hund gehabt..." In diesem Augenblick räusperte sich der Wagen an seinen Achsen, der

Fahrer gab dem Läutwerk einen Fußtritt, die Fensterscheiben klirrten und die Räder wetzten sich kreischend an den Schienen. Mit dem Fahrruck verlor Lieschen sein Gleichgewicht, hielt sich mit beiden Händen an meiner Schulter fest und tat, als wollte er zum Fenster hinaussehen.

„Das ist gar nichts", antwortete der andere Kumpan dem Erzähler, „ich habe eine Taube gehabt, il était terrible ce pigeon, das ganze Haus mußte sich nach ihr richten. Wenn sie nicht wollte, durfte ich nicht schreiben, da hat sie aufs Papier gehackt und mir die Feder aus der Hand gerissen; nachts kam sie aufs Bett und wollte Korn haben. Man hat ihr Brotkrumen gegeben. Nein, Korn mußte es sein. Winter und Sommer schlief sie auf dem Ofen. Dort hatte sie ein Schälchen mit Wasser. Nein, Wasser trank sie auf dem Waschtisch vom Krug, der immer gefüllt sein mußte, damit sie das Wasser erreichen konnte. Ich war verrückt nach der Taube, und sie liebte mich und haßte meine Frau. Sie war es, die den Wassernapf auf den Ofen gestellt hatte. Die Taube wollte eben nicht im Schlafzimmer trinken, ein Schlafraum ist kein Bistrot, zum Teufel. Sie nimmt ihren Apéritif auf dem Marmor des Waschtischs, hahaha! Und schließlich hat man die Taube hergeben müssen, denn meine Frau sagte: ‚Du wirst zu wählen haben zwischen mir und der Taube.' Da hat eben die Taube gehen müssen. Ah! il était terrible ce pigeon!"

Ich koche leidenschaftlich gern. Lange, bevor ich anfange, stelle ich mir die einzelnen Bestandteile eines wohlschmeckenden Ganzen vor und wie die Dinge sich benehmen werden. Werden sich die kleinen roten Pimentos ordentlich bäumen in der auf dem Feuer wutentbrannten Butter, die dann einige Teelöffel Curry aufnehmen und mit Bouillon beruhigt werden muß.
Wie sich die Zusätze mit dem Vorhandenen einleben, wie sich Färbung und der Härtegrad einer Masse verändern, das mit zwei Augen über drei Kasserollen zu beobachten, mit Rühren und verschiedenen Hitzegraden zu beeinflussen, das erinnert an die Leidenschaft, mit der ich als Kind abwechselnd Eau de Cologne und Tinte zu machen versucht hatte oder Klebgummi aus Baumharz und Marmor aus Kieselsteinen. Dabei gingen Flaschen, Tiegel, Schleifsteine den Weg alles Vergänglichen, Feuer und Wasser taten ihr Bestes im Verein mit der mißlungenen Tinte aus Galläpfeln, um die Kleider zu beschädigen, das geschmolzene Baumharz verbreitete einen erstaunlich schlechten Geruch, und was das Kölnische Wasser betraf, so wußte ich mir nur dadurch zu helfen, daß ich in die übel duftende Sulz von Spiritus, Zitrone und

Jasminblüten etwas echte Eau de Cologne goß. Ich lege heute nicht weniger Liebe und Ehrgeiz in die Kocharbeit, aber, unberufen, der Erfolg ist besser und der sehr kritische Artur zufrieden. Gottlob war die Lammkeule gut abgelegen. Mein Metzger ist ein alter Mann, der noch aus der Zeit stammt, wo die Kundschaft ihn über die Beschaffenheit seiner Ware belehren konnte.

„Heute", sagt er, „haben die Metzger keinen Ehrgeiz mehr; ihre Ware wird in jedem Zustand abgenommen; wenn es am Dienstag ein Roastbeef sein soll, dann kümmert sich niemand darum, wenn ich erkläre, daß mein Stück noch fünf Tage liegen soll, und wenn ich ihnen statt dessen einen vollkommenen Kalbsschlegel empfehle; warum, wenn Dienstag Roastbeef sein muß, kommen sie nicht acht Tage früher und teilen mir dies mit? Und diese Amerikaner! Alles kann man ihnen vorsetzen." Am Zahlpult sitzt der etwa achtjährige Enkel des Chefs. Wenn ich meinen Geldschein auf den Tisch lege, klebt er seine kleine, zu einem Fächer gespreizte Hand darauf und kräht: „Madame hat gezahlt, man muß ihr rausgeben", während seine Mutter das Paket macht und der Großvater mir noch von seinem Kalbfleisch sagt: „Sie werden sehen, weich ist gar kein Ausdruck, das schmilzt." Und er hatte wahr gesprochen.

Man teilt mir brieflich mit, daß es mit meinem fast siebzehnjährigen Romein nicht gut steht. Das Ende ist da. Ich weiß, daß er in guter Hand ist — es gibt nichts Besseres, Treueres, nichts mir Ähnlicheres für ihn als die Schwester, bei der er seit meiner Abreise schnurren durfte. Als ich ging, sagte ich ihr: „Wenn... dann..." Und dazu muß es jetzt kommen. Ich telegraphierte ihr und wußte, daß die Schwester mich im letzten Liebesdienst vertreten würde. Er schnurrte vertrauensvoll in ihren Armen auf und ab. Der Arzt hielt Wort. Das Leben, auf sein Geheiß und dank seiner Geschicklichkeit, stand still. Ein Katzensprung ins Jenseits. Romein hat ein Greisenalter erreicht, ohne von seiner Schönheit etwas einzubüßen. Sein Opossumfell war dicht und gepflegt wie je, sein Sprung war geschmeidig und sicher geblieben.

Im Orient und in England gehört die Katze zu den notwendigen Bestandteilen des Hauses und der Familie. In den lateinischen Ländern wird sie ebenfalls als selbstverständliches Mitglied der Hausgemeinschaft betrachtet. In Deutschland zeigen nur wenige eine persönliche Beziehung zu diesem Tier. Man hört bereitwillige Bejahung des Hundes, von Katzen aber heißt es: „Ich habe nichts gegen sie, ich liebe sie nicht", oder: „Katzen sind mir, ich weiß nicht warum, unsympathisch", ganz zu schweigen von mehreren mir bekannten Fällen von Katzophobie. Die so sprechen, hatten in den seltensten Fällen mit Katzen zu tun, sie wenig beobachtet und auch weder als Kind, noch als Erwachsene Gelegenheit gehabt, Bekanntschaft zu machen. Katzen sind vielleicht das angenehmste aller Haustiere wegen ihrer sprichwörtlich gewordenen Sauberkeit und Lautlosigkeit; vielleicht auch, weil sie weniger Haustier als Hausgeist sind, unabhängig und selbständig wie das Tier in der Freiheit, aber häuslicher als Menschen. Jede Minzi ist ein Stück Wild, mitten in der zivilisierten Ordnung und Unordnung menschlichen Lebens. Sie hat alle Eigenschaften des Wildes, das heißt feine Sinne und Vorsicht, unbeeinflußbaren Instinkt für das, was ihr frommt und was nicht, sie haßt Unruhe und Lärm wie alles höher geartete Wild und mißtraut, solange sie sich nicht überzeugt hat, oder auf alle Fälle ohne Überzeugung, und sichert mit gelassener Ruhe oder angemessener Zurückziehung vor unerwünschter Annäherung. „Katzen sind falsch", heißt es gedankenlos, und doch ist nur dem Menschen diese Fähigkeit eigen. Tiere können weder lügen noch lachen. Katzen sind totenernst, auch wenn sie spielen. Daß die Katze schleicht, wenn sie Mäuse fangen will, ist keine Falschheit. Der Mäusefang beruht auf Überrumpelung, da die Maus ebenso feinhörig wie flink ist. Übrigens pflegt jedes Tier so zu gehen, wie ihm die Zehen gewachsen sind.

Man wirft der Katze vor, daß sie mit scheinheilig halbgeschlossenen Augen wartet, bis man ihr nahe genug ist, daß sie eine ihrer tückischen Krallenohrfeigen anbringen kann. Das beweist nicht Falschheit, sondern Nervenbeherrschung. Sie hat keine Absicht, raffiniert vorzugehen, indem sie dasitzt wie ein Osterlamm, sondern handelt pünktlich in knapp bemessener Zeit, sie kann den Augenblick in bedächtiger Ruhe abwarten, ohne sich vorher aufzuregen. Der letzte Moment ist für sie der einzige, bis dahin kann sie schlafen. Nur der Freund darf sich nähern, jeder andere ist zudringlich, der Defekt liegt nicht bei ihr, sondern bei dem, der den Adel ihrer Reserviertheit zu gering einschätzt. Romein hat nie die Hand erhoben — er verschwand einfach wie Rauch, wenn ihm ein Mensch mißfiel.

Intimität ist schwerer zu erlangen als beim Hund, weil der Hund die Sprache der Menschen spricht, polyglott wie ein Fremdenführer, die Katze aber ihr eigenes Idiom, das der Mensch, will er mit ihr verkehren, erlernen muß. Sie ist, von der Dachrinnenkatze bis zur gefiederten Angora, ein vornehmes Geschöpf. Sie verlangt wenig Mühe, aber Aufmerksamkeit. Dafür braucht sie nicht, wie der Hund, Gassi geführt zu werden, sondern begnügt sich mit einem sauber zu haltenden Privat-W. C.

Unvergeßlicher Romein! Wie beim verblühten Löwenzahn kam aus seinem dunkelgrau melierten Fell ein hellbrauner Flaum zum Vorschein, wenn er, aufgeplustert, im Schlaf Schenkel- und Schulterrundungen hervorkehrte. Seine größte Hundeliebe galt Käfi, bei dem er groß wurde. Dessen Frau liebte er nicht so sehr; als sie aber Junge warf und vor dem Gatten mit ausgesuchter Unfreundlichkeit die Kiste verteidigte, in der sie lagen, erlaubte sie dem Kater, die Jungen, eines nach dem anderen, abzulecken. Romein, als Accoucheur, behandelte den Erstgeborenen, während die Mutter sich anschickte, ein zweites abzusetzen. Das erste wurde mit Pfote und kurzer Katzennase unter Stroh geschoben, das zweite abgeleckt, und so weiter, bis fünf geboren und geputzt waren, dann bettete sich Romein ermattet und sonor schnurrend neben Mutter und Wurf.

Mit Lieschen war er sehr befreundet, aber er hat ihn nicht so fanatisch umarmt und geherzt wie Käfi bei dessen Gassi-Rückkunft. Nur die tägliche Ohrenbehandlung ließ er sich nicht nehmen; allabendlich leckte er das Innere des Behangs sorgfältig aus und erwartete den gleichen Gegendienst, der ihm erwiesen wurde. Merkwürdig ist, daß beide

Tiere wissen, daß es zwei Ohren gibt, nicht mehr und nicht weniger; wenn eins behandelt ist, suchen Nase und Pfote sachlich nach dem zweiten.

Sobald es warm war und man auf dem Lande wohnte, ging Romein um fünf Uhr aus, wie die Tiger, und abends zehn Uhr, wenn man ihn rief, kam er zurück, nicht ohne aus der dunklen Ferne mit „R'mein" geantwortet zu haben. Dann hörte ich Galoppsprünge, kurz vor der Haustüre blieb er stehen, trat nervös mit Hemmungen wedelnd auf die Steinstufen, laut schnurrend, denn er hatte viel und Geheimnisvolles erlebt, dann schritt er durch die Halle wie die Königin von Saba.

In jungen Jahren fing er im Garten Mäuse, die er mit Haut und Haar — beim Kopf beginnend — aß, bis auf den Schweif und die kleinen Pelzknickerbockers über den zarten Silberfüßchen, so, wie wir ein Radieschen bis zum Anwuchs essen. Als Fleißaufgabe brachte er auch vollkommen unversehrte Mäuse, die er mir apportierte und zu Füßen legte. Er kam so mit Feldmäusen aller Art, mit grauen, braunen, schwarzen, großen und kleinen, und schnurrte dabei wie besessen; es klang wie fernes Trommelrühren, weil sein Mund sich nicht ganz über dem Mauskörper schließen konnte. Ich nahm die Maus, untersuchte sie, er stand wedelnd dabei oder warf sich wie eine Odaliske tanzend zu Boden, sah zu, wie ich das Tierchen, das ganz munter war, in einen Glasschrank sperrte, wo es sich alsbald putzte und spazierenging. Darin stand, wie in einem Hotel ersten Ranges, ein kleiner Alkoven mit winzigem Bett und Plumeau, ein Puppenteller mit Roquefort, Korn, Brot und Wasser. Jede Maus, die in diesem Palaste abgestiegen war, hat die Nacht im Bett zugebracht, als sei sie Hotelleben gewöhnt. Eines Tages brachte Romein eine frische Maus, noch ehe ich die erste, die ich beobachten wollte, ausgelassen hatte. Ich sperrte die neue zur alten. Sie kümmerten sich nicht umeinander, fraßen und liefen umher. In der Nacht muß ein wilder Kampf ums Bett stattgefunden haben, am Morgen lag die eine mit durchbissener Kehle unter dem Plumeau, die andere mit der gleichen Verletzung auf dem kleinen Bettvorleger, ebenso maustot. Es waren zwei Mäuseriche.

Ich kannte eine Katze, die alle Mäuse, die sie gefangen und getötet hatte — sie aß sie nie —, in Reihe und Glied, Schweif einerseits, Kopf andererseits, nebeneinander vor die Schlafzimmertüre ihrer Herrin legte, ohne je diese Jagdstrecke anders als mit der gleichen pedantischen Genauigkeit zu ordnen.

Romein war peinlich in seiner Intimität: nie wollte er mir vor andern seine Liebe zeigen. Er wollte im Zimmer bleiben, wo ich mich aufhielt, oder eingelassen werden, wenn ich wechselte. Dann saß er auf meiner Sessellehne, auf meinem Schreibtisch, auf meinem Schoß oder auf der Schulter. Hörte er irgendeines Menschen Schritte aus der Ferne, schon war er versteckt.

Wie unfehlbar, wie makellos war seine Schönheit. Nie fiel er aus der Harmonie, immer führte er eine Bewegung vollkommen zu Ende, sein unschuldiges Puppengesicht blieb ernst, während der Körper alles in vollendeter Grazie unbewußt auszudrücken vermochte, wozu die Menschen jahrelang bewußten Studien obliegen, die sie zum Tänzer, Boxer, Läufer, zum sportlichen Spieler ausbilden sollen. Während ich schrieb, raffte sich Romein plötzlich von seinem Sitz empor, streckte die Zunge weit vor, gähnte und benutzte die Gelegenheit, sich zwei-, dreimal intensiv die Brust mit der scharfen Zunge zu kämmen. Dann beugte er sich wie ein übertrieben sentimentaler Cellist zu dem fast unerreichbaren Opossumpelz seines Oberschenkels, während er den andern steil nach oben hielt wie die Schnecke seines Cellos. War er damit fertig, richtete er sich auf einem Stoß von Katalogen und Papieren häuslich ein, zwischen Tintenflasche, Gummiarabikum und Pelikanol, und schnurrte sich selbst und mich beifällig an. Ich habe in lebenslänglichem Katzenstudium nicht herausbringen können, wo und womit geschnurrt wird, in der Gurgel, in der Nase oder im Schädel, ob es mit dem Atem geht oder nebenbei, warum aufgehört und warum sofort wieder begonnen wird, wenn ich ihm ein Wort sage oder ihn mit der Hand berühre. Zum Schnurren gehört ein gewisses Bewußtsein. Auf den Katalogen lag er flach und allmählich überquellend. Mit der Zeit, das wußte ich, würde er einen Arm über die Augen legen, den Kopf so auf den anderen betten, daß er sein eigenes Gesicht umarmt, von dem ich nur mehr die spitzen Dreiecke seiner empfindlichen, stets wachen Ohren sehen konnte. Stundenlang schlief er so. Berührte ich ihn dann, fuhr er mit einem unwilligen „Rrrmaun" auf, um sofort mit dem Ausdruck „Pardon, es ist ein Mißverständnis, mille excuses!" seine Mezzavoce-Schnurrezitative anzustimmen. Ich werde nie wieder mein Gesicht in die Untiefen seines Fells vergraben können, um herauszubekommen, welches sein spezifischer Duft war: ein Gemisch von Shetlandwolle mit Gypsophillablüte, von Heu und Großmutterbatist, von Rosmarin und Puderquasten. Seine Leberln rochen nach Schwarzbrot; die von Lurch hingegen einwandfrei nach Maus, und wenn er aus dem Wald kommt, tagelang nach Harz und Tannennadeln.

So wird mein Lieschen, fürchte ich, nie mehr duften. Hier riecht er nach Staub, aber ich putze ihn regelrecht wie ein Bursche sein Pferd, nach jedem Gassi, und bilde mir ein, daß Kalkstaub, fest abgebürstet, ein Polier- und Putzmittel darstellt, das dem Haar Glanz verleiht.

Es wimmelt mit einem Male von Bekannten, die Saison ist da, ohne daß wir viel davon merken. Mein Hotel ist voll besetzt — unter andern wohnt ein Gast dort mit vier gelben Dachshunden, zwei Rüden, Sohn und Vater, und zwei Hündinnen, seinen Töchtern. Da sich die beiden Rüden nicht vertragen, werden sie einzeln geführt. Die vier sind vielleicht Kreuzungen zwischen Schweiß- und Dachshund.

Lieschen ist ungeheuer erregt wegen der beiden Demoisellen. Die Rüden würde er gern zerreißen und verscharren, um sie nie wieder sehen zu müssen, denn erstens darf, wo ich wohne, kein anderer Hund sein, zweitens ditto keiner, wo Demoisellen hausen. Es ist geglückt, die Begegnungen so zu reduzieren, daß es nie zum Pratzen- und Kiefergemenge kam. Trifft Lurch einmal einen fremden Rüden, so darf ich nicht in seine Nähe kommen, das wäre gleichbedeutend mit der Angriffslizenz, denn er sagt sich: „Wir sind ja zwei gegen einen, sie wird ihr Lieschen schon heraushauen." Oder er denkt sich: „Was, sie will am Ende gar den andern streicheln, kann ich nicht dulden, den muß ich erst wegputzen." Bleibe ich weit genug entfernt, so begnügt er sich mit dem üblichen Stellen der Rückenhaare zu einer Haifischfinne.

Sein ärgster Feind ist der rauhhaarige Terrier, ein unversöhnlicher Haß quillt in ihm auf, wenn er einen von weitem sieht. Dieser Haß ist unüberlegt, spontan da, weil sich die Erinnerung einstellt: ein junger Drahthaariger ist dort Hausherr geworden, wo Lurch neun Jahre seines Lebens und zuerst in strenger Trennung einige Wochen mit ihm verbrachte. Vor den weiblichen Mitgliedern dieser Rasse schmilzt der Haß. So bringt mein Vertrag mit ihm allerhand Schwierigkeiten, und meine Umsicht muß der seinigen überlegen bleiben. Dieser Vertrag verschließt mir auch den Eingang ins Kasino von Monte Carlo — und das ist bei meinem chronischen Pech für mich vorteilhaft; wir sitzen oft davor, betrachten uns die Füße, die die Stufen emporsteigen, und die Köpfe, die uns von dort entgegenkommen. Hoch oben krönt eine unleserliche Uhr das große Taubenhaus. Diese Uhr hat vier Zeiger und vier zeigerartige Ornamente. Von weitem ist es immer gleichzeitig ein Viertel über halb drei Viertel Etwas.

Auf dem Platz weiden alle Autoomnibusse der Riviera. Drei Pavillons, von insektenartigen Inhaberinnen besetzt, warten auf Interessenten für Tabak, Zeitungen, Fahrscheine nach den verschiedenen Palaces der Côte d'Azur. Im Zeitungskiosk sitzt die Hornisse, im Omnibusbillettkiosk eine fleißige Biene, im Tabakpavillon am Café de Paris eine hochbusige junge Hummel. Alle drei pflegen mit Leidenschaft Gespräche mit den Statisten ihres Pavillons und bedienen erst, wenn die Pointe gefallen ist. Das können sie in aller Seelenruhe, denn sie sind die einzigen Stars am Platze.

Ich sehne mich nach Linden, Gras, Steinpilzen, nach einem Feld von Weißklee mit dem Abendwind darüber. Das tue ich alle acht Tage. Komme ich abends in mein Hotel zurück, so fühle ich mich zweiter Klasse: mein staubiges Lieschen rollt erstklassig über den endlosen roten Gangläufer dahin, zwischen Fracks, Smokings und Abendtoiletten der Hotelgäste, die sich zum Essen begeben, während ich in Seealpentracht auf Gummisohlen schleiche, geblendet von den polierten Rücken, Armen und Hälsen der Damen, von den Haaren, Plastrons und Pumps der Herren, von Schmuck, Augen und Zähnen! Mein Blick geht in Schulterhöhe an allen vorbei, ich suche den Zimmerschlüssel und höre ihn schon im Grund meiner Tasche mit den Kofferschlüsseln Zimbal schlagen, während die Musikkapelle im Speisesaal den Consommé à la Niçoise einweiht. Im Lift überlege ich, ob ich mit oder ohne Abendessen schlafen gehen soll. Oben angelangt, lasse ich mir das Menü zeigen... falls doch am Ende ein Turbotin in lila Maschinenschrift darauf gedruckt wäre... Das nicht; aber viel schlimmer: „Sole â la Morny". Ich muß mir schnell die Kleinheit der Mittelmeer-Seezunge vorstellen und kann der Versuchung widerstehen, in meinem Zimmer allein vor nett verdeckten Schüsseln, einer Unmasse Bestecke, einer hübsch aus dem Eise guckenden halben Flasche Graves zu sitzen, unter der Serviette ein köstlich knuspriges Weißbrot zu ziehen und zu wissen, daß niemand mehr kommen kann, auch der Maître d'Hôtel nicht, denn wenn ich mein Essen bestelle, lasse ich alles zusammen bringen.

Schön ist der Nachthimmel von meinem Balkon aus. Ich darf ihn aber nicht lange ansehen, denn Erinnerungen will ich darauf nicht wieder lesen. Ich kann sie auswendig, ein Wort gibt das andere — sie sind wie eine bekannte Melodie, die man nicht los wird — —

Von unten tönt die Tanzmusik herauf, die Jazzkapelle ist gerade unter meinem Zimmer, das Saxophon sickert durch wie Wasser bei einem Rohrbruch. Ich besteige mein haushohes Bett, nachdem ich Lurchs Leberln einbalsamiert und verbunden habe, lese, schreibe, lese wieder, das Gelesene ist in ferne Jazzmusik gebettet,

Lurch im Fauteuil neben mir, meine Erinnerungen so tief wie möglich eingesargt. Nur nicht zu lesen aufhören, sonst sprengen sie den Deckel. Ich muß so lange lesen, wie Augen unermüdet Weberschiffchen spielen können. Es kommt der Moment, wo ihnen der Sprung von der äußersten Ecke der Zeile rechts zum Anfang der nächsten nicht mehr so glatt gelingt. Ein paarmal wird der Telemarch Swing noch erzwungen, dann werden Buch, Licht und Augendeckel zugeklappt, während der Körper eine letzte Pantherdrehung und Dehnung vollführt, die endgültig zu sein hat. In sechzig Sekunden rührt sich kein Weberschiffchen mehr, es kommen noch Bilder, Worte, Rhythmen, dann kommt nichts mehr, alles ist gegangen. Das Bilderspiel, das darin besteht, daß jedes konkret auftauchende Bild schnell benannt zu sein hat, habe ich einmal Scherzes halber mit dem Bleistift notiert. Die Folge war, daß ich den ganzen Prozeß wieder aufrollen mußte, um einschlafen zu können, das heißt wieder anzünden und lesen, bis die Weberschiffchen müde wurden. Hier ist die Reihenfolge:

Muschel (so eine, wie sie von Malern für die Geburt der Venus gedacht oder wie sie in Berliner Restaurants mit „Ragoût fin" serviert werden).

Kelim in Weinrot, Grau, Grün, Schwarz.

Holzlocken, wie sie aus dem Hobel fallen.
Honigwaben.
Nußbaumkommode poliert.
Pique Sequenz.
Aprikosenspalier mit unreifen Aprikosen.
Abteil zweiter Klasse.
Rhinozerosklauen.
Kaffeebohne.
Der Mund eines Nubiers.
Ein Kirchendach aus Schiefer.
Chantillyspitzen.
Linsengericht.
Seetang.
Cello.
Große Seidenquasten in krankem Rosa.
Angel, Bimsstein, blauer Augusthimmel.
Zahnpulver aus Porphyr.
Eidechsen, Bast, Rehkitz.
Binsen.
Walnüsse.
Quarz.
Peau d'Espagne, und so weiter. Das geht mit Rolls Royce-Geschwindigkeit, lautlos, es ist spannend wie ein Buch, bannt wie eine Gemäldegalerie, und es ist immer verschieden, immer unerwartet, ich komme mit der Benennung den Erscheinungen kaum nach. Es dauert vielleicht eine Minute. Die Bilder überstürzen sich, nichts aber ist verschwommen, die Walnüsse

sind hellbeige gefasert mit ihren tiefen Rissen, die Binsen tragen ihren schönen dunkelbraunen Samenschaft, den man aufwühlen kann, die Nußbaumkommode ist bestes Barock, die Pique Sequenz gewaltig in ihrer Wirkung, die Eidechsen sind smaragdgrün, und ich sehe ihre Äuglein glänzen, an Holzlocken erkennt man die fein liniierte Maserung des verwendeten Holzes, und das Rehkitz hat am Hals eine graue, metallglänzende Zecke.

Wenn Lieschen schläft, auch untertags, träumt er wie alle Hunde und stößt dabei hellklingende atemlose kleine Japstöne aus; zuweilen galoppieren die vier Läufe in kaum angedeuteten Sprungbewegungen unter der Decke. Er ist hinter einem Hasen her —. Manchmal brummt er auch erbost — vielleicht sieht er Persönlichkeiten, die ihm zuwider sind, oder einen Hund, den ich sympathisch finde und streichle. — Manchmal beginnt er sein kleines, kurz gehacktes Gelächter, wedelt im Schlaf, bläht die Bakken voll und läßt sie wieder flach werden mit rhythmischem Gebrumm. Gewöhnlich störe ich ihn nicht, lege ich aber einmal die Hand beschwichtigend auf ihn, erwacht er erstaunt, man sieht, daß er von sehr weit kommt, dann erkennt er, verlegen schmunzelnd, daß er gar nichts erlebt hatte, sondern ganz banal auf den Flanken liegt, die er eben noch atemlos auf und ab bewegt hatte: „Was einem nicht alles passieren kann!" sagt er und wedelt, reibt sich mit der Hand ein Auge und den Trüffel mit beiden.

Aus Wochen sind Monate geworden. Meine Zeit ist aus dem Rahmen gesprungen, der Rahmen ist tausendmal gebrochen. Mein Hotel möchte schließen, aber es sagen sich neue Gäste an. Das Personal hat neue Verpflichtungen an der französischen Nordwestküste. In dem Zimmer über mir ist jemand beherbergt worden, der sich einen unerhört dröhnenden, erschütternden Gang angewöhnt hat und beim An- und Ausziehen und Waschen wie ein schwergestiefelter Kanarienvogel im Käfig auf und ab springt. Der ärgste Lärm ist vor dem Schlafengehen, wenn er sich offenbar der Schuhe entledigt hat und dumpf auf eigenen oder Pantoffelsohlen in gehetztem Tempo die Länge seines Zimmers in Metern abmißt — es ist, als liefe er sich selbst davon, wie ein Kind, das sich nicht waschen lassen will, vor der Nurse. Wenn ich denke, daß er nun unbedingt mit allem fertig sein könnte, muß ihm urplötzlich etwas einfallen, und mit Riesenschritten holt er Versäumtes nach. Ich hielt es mehrere Tage aus. Dann läutete ich und lud das sehr nette Zimmermädchen ein, mit mir zu lauschen.

Ich sagte ihr ernst: „Sind Sie sicher, daß Herr S., der Besitzer des Hotels, nur Menschen logiert? Hat sich da oben nicht vielleicht ein afrikanischer Elefant eingemietet? Wollen Sie das einmal feststellen? Warten Sie, er wird gleich wieder rege werden."

Wie immer in solchen Fällen war alles wie auf Verabredung mäuschenstill. Wir warteten. Nichts. Endlich hörten wir, wie sich mein Elefant, wie um Versäumtes nachzuholen, im Kugelstoßen oder im Weitspringen übte. Meine Schränke wimmerten. Ich verabschiedete das Mädchen. Die Aussprache hatte mich etwas entgiftet. Aber am nächsten Morgen und Abend fand das Trampelspiel wieder statt, zielbewußt wurde das Zimmer dröhnend auf und ab gemessen, es wurde mit einem Koffer Charleston getanzt und mit Hutschachteln Rugby gespielt, es war gegen halb elf abends, ich war eben nach Hause gekommen und hatte mich schon zum Schlafen gerichtet, das heißt zum Lesen gebettet. Grün vor Empörung schrieb ich einen Brief auf Englisch, denn das Zimmermädchen hatte mir seine Nationalität verraten. „An den Bewohner von Nr. 65", worin ich sagte, daß ich mich nicht beim Direktor beklagen wollte, ohne zuvor einen Versuch von Gast zu Gast unternommen zu haben, ich hätte mich erkundigt, ob Elefanten im Hotel bewohnt würden, man hätte „Nein" gesagt, ich hätte fünf Tage lang Geduld gehabt, jetzt sei soeben der Faden gerissen, ich appellierte an seinen sense of humour und bäte ihn — und so weiter, und so weiter. Unterschrift: „Der Bewohner von 48."

Diesen Brief klebte ich zu, zog mich an, stieg zum zweiten Stock, fand das Zimmer 65 und schob die Botschaft unter den Türschlitz. Von diesem Tage an war Ruhe. Ich weiß nicht, welcher Engländer von den vielen, die im Hotel sind, mein Nachbar häuptlings war, kannte weder Namen noch die äußere Erscheinung.

Der teerosenfarbene Hotelomnibus rollt wieder einmal mit uns nach Monte Carlo hinunter. Er ist ziemlich voll. Einige werden am Sporting Club aussteigen, die anderen am Kasinoplatz. Lieschen hat wieder den Kopf voller Dummheiten, bleibt aber sittsam bei mir. Ein älterer Herr, Engländer, der ihn schon lange liebt und, wenn es kalt ist, mit seinem Mantel bedeckt, auf die Knie nimmt, wenn er naß vom Regen ist, „damit er nicht zittert", begrüßt ihn wie immer mit „Halloh, Doggie!" Er hat ein rührendes Bedürfnis, mit ihm zu reden. Er drückt ihn an sich und sagt ihm zärtlich unzählige Male „alright". Seine Frau und er trauern einem Hunde nach, der ihnen, sie haben keine Kinder, zuhörte wie ein Kind. Man konnte ihm Geschichten erzählen. „Es war einmal ein ganz armer Hund..." Da machte er Augen wie große reife Pflaumen. „Es war einmal ein Kaninchen a rrrabbit in a rrrabbit hole..." Da wurden die Augen oben spitz und funkelten nimrodisch. Und als des Herrn Frau krank wurde und den Hund nicht bei sich haben konnte, erzählte er ihm von „Missus" — so wurde sie für ihn genannt —, da ließ er die Augen fallen, Sorgenfalten gruben sich zwischen ihnen, er hob die Ohren und neigte den Kopf auf die Seite. Jetzt ist der große Freund tot, und die beiden Herzen seiner Herren können ihn nicht vergessen.

Es entspinnt sich ein Gespräch über den Wortschatz der Hunde, und ich erzähle, daß Lieschen das Wort Floh nicht hören kann, ohne in hysterische Ekelkonvulsionen zu verfallen. Ich brauchte ihm bloß zu sagen, er hätte einen, sofort leugnet er, beteuert seine Unschuld, ihn graust vor dem Gedanken, er hebt die Lippen, niest, will den Floh fressen, niest wieder vor Ekel, schlängelt sich, schüttelt die Ohren, stößt mich, fleht um Gnade, schlägt krachend die Kiefer zusammen und legt den Kopf an meinen Hals, um zu sagen: „Na, also wenn wirklich einer da ist, dann nimm ihn weg und sag's niemand!" Man bittet mich um eine Vorstellung. „Ja — ob das im Omnibus gehen wird...?"

„Oh, probieren Sie!"

„Was soll denn geschehen?" fragt eine junge Engländerin ihren Mann.

„Sie wird dem Hund weismachen, daß er einen Floh habe", antwortet er, selber aufs höchste gespannt.

Ich erkläre, daß ich mit Si-Siling-Gi deutsch sprechen müsse, er verstünde zwar Englisch, habe aber einen tschechischen Akzent, für flea müsse ich Floh sagen. Lieschen hockt brav neben mir auf dem Sitz, man hat ihm Platz gemacht. Er rührt sich nicht, sitzt wie eine Krähe auf dem Acker. Ich fixiere ihn.

„Ja, was ist denn das, Lurch, du hast ja einen Floh..."

„Was, ich, Floh? Ei potz, daß ich nicht wüßte." Er geht mit dem Kopf hinter den Rücken meines Nachbarn, wendet sich scharf um und schnappt rechts und links nach Luft, ich wiederhole meine Behauptung, will nach dem Floh suchen, unmöglich, Lurch liegt auf dem Rücken, schlägt mit der Hand nach mir, winselt:

„Nein, ich habe keinen."

„Ja, ich sehe ihn."

„Nein, nein, aber Maminku, vor all den Leuten."

Er springt herunter, springt wieder auf den Schoß und graust sich fürchterlich. Das Publikum genießt den Scherz, ich erwische endlich den vermeintlichen Floh, nervös japsend und schweifbrecherisch wedelnd schnüffelt Lieschen an meinen charakteristisch für den Fang zugekrampften Fingern, versucht mit ganz klein geöffneten Puppenzähnen die Bestie totzuzwikken, und die Vorstellung ist beendet.

Wie ich später erfuhr, der Gatte der jungen Frau war der Herr auf 65.

Wir müssen an die Abreise denken. In etwa acht Tagen. Es ist längst April, und ich fange leise an, meinen Koffer zu packen. Ich habe Briefmarken sortiert, meinen geöffneten Kleiderschrank schief angesehen und alle gelesenen Bücher in einen Karton verstaut. Madame Caldos wird sie mir verwahren. Das Kofferpacken ist wie die negative Erschaffung der Welt, ich brauche sechs Tage, am siebenten bin ich tot; aber auch ich sage, wenn ich fertig erschaffen habe: „Es ist gut." Wenn es mir zu bunt wird, laufe ich mit Lieschen hinaus. Er ist sowieso beim geringsten Packen außer Rand und Band, weil er sich sagt: „So, jetzt packt sie, mich wird sie natürlich vergessen." Um das zu verhindern, verfolgt er mich auf Schritt und Tritt, insbesondere, wenn ich hohe breite Sachen auf den Armen habe, die mir die Aussicht auf den Fußboden versperren; da schnürlt er irgendwie vor mir her, raschelt auf Seidenpapier, wirft aufgeschichtete Türme um und tut, was er kann, damit ich über ihn stolpere.

Die Sonne scheint so schön, wir machen Schluß und werden am Nachmittag weiter pakken. Lurch geht im Stechschritt die bekannten Wege. Nichts zu suchen ist unser Sinn, aber Lieschen versäumt keine Gelegenheit, entziffert wie immer Rebusse am Weg entlang. Ich bin zur Überzeugung gekommen, daß Hunde vielleicht weniger lesen und schreiben bei dieser Gelegenheit, als vielmehr seit Jahrhunderten Billard spielen. Es ist erstaunlich, wie weit sie's im Effet bringen und wie lange sie sich's überlegen, ob sie von rechts, von links, von oben oder wie immer ihren Point machen.

Artur und Anna sind vorgestern abgereist, Anna wiederhergestellt, Artur, dessen Augen durchaus normal und klar erscheinen, einem wenig hoffnungsvollen Dasein verfallen. Er sieht die Umwelt durch einen Schleier, der immer dichter wird. Unaufhaltsam spannt sich ein schweres Schicksal über ihn. Schon hat er die fühlungsuchenden Bewegungen, schon verzichtet er auf ein spontanes Hinsehen, wenn er unerwartete Geräusche vernimmt, und sein Gang ist etwas zögernd, wie wenn er seinen Weg durch einen wohlbekannten, finsteren Raum suchte.

Es ist vollbracht. Die Koffer und Taschen sehen aus wie vollgefressene Bonvivants. Daß ich jeden Koffer, wenn er vollkommen geschlossen, insbesondere, wenn Riemen mit Schnalle und Dorn gespannt sind, wieder öffnen muß, weil Nachzügler in Gestalt von unhandlichen Gegenständen sich isoliert bemerkbar machen, ist selbstverständlich. Alles ist bereit, die Trinkgelder ausgepreßt, Lieschen für mehrere Stunden im voraus ditto, dagegen der Papierkorb auf Tage hinaus überfüttert, die eine Reisetasche auf Fastenkost gesetzt, weil sie in Ventimille eine halbe Flasche Chianti erhalten wird, von Quinto in Monte Carlo ein kaltes Huhn, Obst, Brot und Salz. Am nächsten Morgen werden wir den Schlafwagen in Zürich verlassen, Gassi gehen, frühstücken und nach München weiterfahren. Das Gepäck konnten wir nur bis Zürich aufgeben. Lurch ist ein gewiegter Reisender. Daß Wagen, die nach Lokomotive riechen, immer eine längere Fahrt versprechen, weiß er und macht es sich sofort ohne Neugierde und Erregtheit bequem. Etwas Reisefieber zeigt sich nur, wenn wir zuweilen auf dem Bahnsteig spazierengehen. „Wozu?" sagt er. „Die Lokomotive ist imstand, wegzufahren ohne uns, gehen wir wieder zurück!" Er erkennt immer mit Freude unser Gepäck und wedelt es befriedigt an, wenn er Wind davon bekommt, zum Beispiel als wir auf den Schlafwagen warteten und in Chiasso auf und ab spazierten.

Ein frischer Maimorgen weckte uns in Zürich, wir hatten etwa zwei Stunden Zeit, gingen erst spazieren, kauften Zeitungen, frühstückten, ich Kaffee, Eier und Kipfel, er Kipfel und Milch, mit vielen Männchen auf dem Parkett des Speisesaals, gingen wieder spazieren, reservierten uns einen Eckplatz — und fuhren endlich ab. Kaum hatten wir den ersten Kilometer zurückgelegt, als mir eiskalt zu Bewußtsein kam, daß ich — Himmelherrgott, bin ich ein Trottel — in Zürich vergessen hatte, mein großes Gepäck weiter nach München aufzugeben —, da saßen wir, mein Gepäck und ich, und entfernten uns voneinander, von Grenzen getrennt, und ich werde in München sein und kann mich tagelang nicht umziehen. Trinkgeld bereit halten, Schaffner fangen, ihm den Kofferschein geben, ihn bitten, bei der nächsten Station einen zurückfahrenden Schaffner des Gegenzuges zu instruieren, sich ergeben wieder setzen und optimistisch sein, etwas anderes gab es nicht. In Winterthur schien der Plan zu gelingen, und tatsächlich hat der Schaffner vom Gegenzug seinen Auftrag erfüllt und die Koffer zu dem drei Stunden nach mir abgehenden zweiten Zug nach München aufgeben können. Achtundvierzig

Stunden später konnte ich auf dem Münchener Zollamt Wiedersehen mit Pukka und Hoffmann-Braun, so heißen die beiden Koffer, feiern. Nun standen sie auf der langen Bank, ganz allein, der Zollbeamte hatte unendlich viel Zeit. Ich öffnete beide. Lieschen erkennt seine Koffer, springt auf die Zollkredenz, von dort in den geöffneten Pukka, mitten auf das Seidenpapier, macht ein Männchen und entwaffnet im Nu den gestrengen Zöllner.

„No, was ham Sie denn drin?"
„Wie Sie sehen, ein gezähmtes Dackerl." Wir kannten uns schon, der Zollmann, Lieschen und ich, denn ich war am vergangenen Tag zweimal auf der Suche dort gewesen, und jedesmal hatte Lurchs einnehmendes Wesen das Herz der umherstehenden Träger und Beamten gewonnen.

Das wäre also der Mai.
Neuerdings machen sie April im Mai.
Vor vierundvierzig Jahren habe ich in dem kleinen Nest bei Berchtesgaden meine ersten Erdbeeren an einer steilen Sonnenlehne gepflückt und sie dem erblindeten Großvater gebracht. Die Bäume im Garten tragen smaragdgrüne Gamaschen und Pulswärmer aus Moos bis in die letzten Zweige.

Mairegen. Die Tropfen sind so groß wie die weißblauen Karos der bayrischen Fahnen, ein meteorologisches Drama.

Personen:

Ein alter Waterproof (achtundzwanzig Jahre alt).

Ein Paar Wichsschuhe von Bartley, Oxfordstreet (sechs Jahre alt).

Ich (fünfzig Jahre alt).

Der Fink am Balkon.

Der unsichtbare Vogel im Garten.

Mäntel, Jacken, Röcke, Maikäfer.

Ich (zum Regenmantel): Ah! Da bist du ja!

Er: Seit zwanzig Jahren...

Ich: Wie geht's dir? Du bist ja wunderschön geworden.

Er (lächelt, so daß man die Futterseite sieht): Es freut mich, daß du es endlich siehst. (Elegisch) Achtzehn Jahre bist du mit einem aschblonden gegangen, und...

Ich: Ja, ich weiß, auch mit einem marineblauen und mit einem karierten Schotten und mit einem ganz dünnen rostbraunen!

Er (runzelt das Vorderblatt): Ich weiß alles... es hat mir weh getan... aber es gibt ja keine Treue.

Ich (glätte ihm das Vorderblatt und hebe die Pelerine empor): So schön kariert bist du innen.

Das hatte keiner von den andern. Wie ein alter Schmierenschauspieler siehst du aus. Ärmel hast du keine, dafür aber eben die Pelerine. Komm, wir gehen zusammen aus, es regnet prachtvoll draußen.

Er (etwas konfus, sich schwer vom Bügel trennend): Ich habe immer noch meine alte Kette als Anhänger, die Rivalen, mit ihren dummen Gummistreifen, die nach fünf Minuten reißen ...

Ich: Schnell, schwätz nicht, sonst scheint die Sonne wieder. Du bist der Beste. Komm und umarme mich!

Er (lacht aus allen Knopflöchern, fliegt aus dem Schrank, umarmt mich mit der Pelerine und greift mir wohlgezielt mit den Armlöchern unter die Achsel. Ein Rock, der neben ihm hängt, hat vergebens versucht, ihn mit einem gezückten Haftel zu verletzen. Ein heller Reitcovercoat drängt sich vor. Rock und Covercoat werden vom Schrank eingezwickt).

Röcke, Mäntel, Jacken murmeln hysterisch im Innern des Schranks: Zu arg! Nach zwanzigjähriger Trennung von diesem alten Idioten zeigt sie sich wieder öffentlich mit ihm!

Wie ein großer Kamm fällt der Regen über uns. Vor uns kämmt er die Straße und das Gras, säubert den Kies vom Lehm, der als Milchkaffee in die Rinnen strömt; er frisiert die Obstbäume, erfrischt höchst unliebsam die Maikäfer in den Pappeln und Nußbäumen und rinnt mir am Ärmel entlang in die Taschen. Wie kleine Torpedos liegen die Maikäfer auf der Straße, die triefenden Fühlhörner gefaltet, sechs Beine fest an die Rüstung gestemmt. Viele von ihnen werden, vom nächsten Karren zermalmt, nie wieder Blätter essen. Spät abends kommen wir nach Hause.

Das Paar Wichsschuhe im Chor: Du bist mit uns durch Wasser gegangen, stundenlang über Felsen bergab. Der Regen hat auf uns geklimpert, zum Schluß bist du siebenmal in der Dunkelheit auf flachen Mist getreten. Wir wollten nicht, aber du hast uns gezwungen. Wir protestieren, wir sind Protestanten.

Ich: Ihr redet einen Stiefel! Ich weiß, ich habe alles gespürt, insbesondere das letzte, es war stumpf wie Filz.

Das Paar: Du hast es gespürt, aber wir haben es vorher gewußt und wollten nicht.

Ich: Es gab weder Mond noch Laternen, ihr habt mir beinahe die Füße verrenkt mit eurer Zimperlichkeit. Aber ich liebe euch. Ihr bekommt jetzt eure Hölzer, dürft vierundzwanzig Stunden ausruhen, dann wichs' ich euch, und ihr werdet herrlich aussehen.

(Das Paar brummt, beide strecken ihre Latschenzungen heraus und treten ermattet auf ihre Senkel. Die Hölzer steigen hinein. Die Schuhe sind „gespannt". Was wird aus ihnen? Jetzt schlafen sie und träumen von der Oxfordstreet.)

Der Waterproof riecht nach nassem Gummi und ist selig.

Am anderen Tage großes Erwachen im Sonnenschein.

Der Fink am Balkon, wie alle Vögel, Englisch sprechend: Ei didnt duit hier, Ei diditin Abbazia (I didn't do it here, I did it in Abbazia).

Der unsichtbare Vogel im Garten, den Fink korrigierend: Twosn Idschipt, Idschipt, Idschipt ('t was 'n Egypt, Egypt, Egypt, Egypt).

Unbekümmert wiederholt der Fink sein Bekenntnis von Abbazia, und der Unsichtbare im Garten widerspricht unentwegt: Egypt, Egypt...

An seiner Metallkette hängt der trockene Waterproof. Das Paar Schuhe schielt auf die winzige Wasserlache unter ihm. Die Vögel sprechen Englisch, die Sonne Italienisch, aber man hört sie nicht, weil die süßen kleinen Engländer so viel näher sind.

Über alle und alles strömt ein sonnengekochter Duft von jungen Blättern, jungen Veilchen und uralter Erde.

Dieser Planet aus Erde und Gestein, auf dem ich frei gehen und schlafen kann wie meine Kameraden, die Tiere, ohne daß wir gegenseitig je das erlösende Wort sprechen können, das uns verbindet, dieser Planet, den wir Erde nennen, dieses Perpetuum mobile, das verschlingt, was es hervorbringt, stumm und unerbittlich, wer oder was ist das, in welcher Beziehung steht es zu mir? Es hat mich an der Leine — mehr weiß ich nicht. Es bringt Schönheit hervor, es sendet mir Boten zur Freude —. Ein Wiesel läuft mir über den Weg, ein scheues und, wie man sagt, ein listiges, blutrünstiges Wiesel. Ich muß an Tirili denken, an das zarteste, sanfteste, zahmste Wiesel, das nie einen Zoologen, nur mich gekannt hat, und das war sein Verhängnis. Wie heute hat vor Jahren ein Wiesel meinen Weg gekreuzt mit einem Jungen, das ihm quer im Mäulchen hing. Es lief eine Mauer entlang, ich ihm nach, es verschwand hinter einem gegen die Mauer gekeilten Meilenstein. Als ich hinzukam, war die Alte verschwunden, das Junge lag hinter dem Granit verborgen. Ich hielt es in der Hand, steckte sie mit ihm in die tiefe

Manteltasche. So blieben wir, Wiesel in Hand, es schlief, ich ging mit ihm herum, brachte es nach Hause und war guter Dinge, egoistisch wie der Mensch immer wieder zu sein sich erlaubt. Aus allen Geräuschen der Glückseligkeit tönte noch einmal eine warnende Stimme empor: „Tu's nicht! Lege es zurück, wo du es gefunden hast, es wird leiden, du wirst leiden, habe nichts mit ihm zu tun! Es gehört der Erde, nicht dir!" Es war kalt draußen, ich wollte das kleine Tierchen nicht an den Fundort zurücklegen. Ich gab ihm also zu Hause Nest- und Wieselwärme seiner Brüder in Gestalt einer Gummiwärmflasche, leckte es sorgfältig mit meinem Zeigefinger von der Stirne bis zum Schweifchen, sprach leise Zwitscherworte vor seinem Einschlafen, hauchte es an, und es schloß seine Augen in kindlicher Zuversicht. Es konnte noch nicht gehen, sondern zog die kleinen Hinterfüße nach. Die ersten Schritte machte es auf meinem Schreibtisch. Seine erste Losung hatte ich mikroskopisch untersucht und darin feinste Härchen von Mauspelz entdeckt, somit hatte es schon Fleisch gegessen. Rohes kleingehacktes Kaninchenfleisch war seine Nahrung, die es begeistert mit hellen Vogelpiepsen aufnahm. Es suchte meine Hand, sie war ihm Mutter, Nest und Kamerad. Es schlief in ihr, und wie mein Lurch träumte es mit geschlossenen Augen. Es hatte ein samtenes milchkaffeefarbiges Fellchen, winzige Ohren, das Ganze glich einer beige Fellschlange auf Füßen. Es war schöner als alles, es war vollkommen. Kein Mensch und keine menschliche Leistung konnte vor ihm bestehen. Man denke an X-Beine, angewachsene Ohrläppchen, Plattfüße, an „Mehlsteuer-Katastralreinertrag", an Agenten, an alle Fachmänner!

Ich küßte es. Mein Kuß bedeckte seine Schultern, es war so klein! Es erschrak nie, jeden Kuß erwiderte es mit einem flötenfeinen inneren Triller, bei dem es den Mund nicht verzog. Wenn ich sein Schlafkörbchen öffnete, sprang es an den Rand, dehnte sich erwartungsvoll im sicheren Besitz von Zeit und Wohlbehagen.

Niemals verunreinigte es seinen Wohnraum. Noch minderjährig, erkannte Tirili die Vorteile des kleinen Privat-W.C., das ich ihm eingerichtet hatte.

Es lief mir nach auf Schritt und Tritt; setzte ich mich, stand es auf meinem Schuh und stieg wieselschnell zu mir empor. Es wurde zusehends größer. Lurch, der damals sehr jung war, tat ihm nichts, Romein beroch es mütterlich, machte aber mit der rechten Hand eine abwehrende Bewegung. Bei der ersten Begegnung mit Hund und Katze wendete Tirili seinen furchtbaren Trick an, Feinde wegzuscheuchen: es gebrauchte die ihm zu diesem Zweck von der Natur verliehene Geruchsdrüse, die eine widerlich riechende Substanz spontan ausscheidet. Niemals aber wehrte sich das Wiesel so mir gegenüber. Es folgte mir so nahe und so unentwegt, selbst auf Treppen und im Garten, kein Hund hält so rein in der Nachfolge. Ich war wie verzaubert vor Glück, und meine Liebe glich einem Orkan, der nicht losbrechen darf, weil das Objekt, ein kleiner Zephir, so zart war. Das kleinste aller Wiesel stellte sich dem Orkan entgegen, ohne mit einem Haar zu zucken, es war nicht umzublasen, nicht einzuatmen, herrlich in seiner Anmut. Orkan und Zephir halten sich beide in Atem, keiner weicht, und wenn sie zusammenwehen, vermischen sie sich nicht. Ein himmlischer Zusammenklang. Wie liebte ich sein Leben, seine Fröhlichkeit, seinen Heißhunger, seine Sattheit, seinen Schlaf, seine Neugier und über alles sein Vertrauen. Ich war klein und demütig vor ihm, aber ich durfte es rückhaltlos lieben. Wir waren beide Kinder Gottes, es hatte alle Rechte, ich alle Pflichten.

Da brach der Zauber — der kleine Zephir tanzte nicht mehr um mich. Eine tausendstel Sekunde Ewigkeit war es alt geworden, ein halbes Jahr. Sein fröhliches Flötenherz zersprang, und ich werde es mir nie verzeihen können.

Wie stets war es mir auf allen Wegen in mein Zimmer gefolgt. Ich arbeitete an einem Schrank, mußte, um eine Schachtel herauszuholen, auf den Fußspitzen stehen, und als ich mich wieder herablassen konnte, war das Schlimmste geschehen. „ . . . Es wird deiner Ferse nachstellen, sie wird dir den Kopf zertreten . . ." Nie werde ich das Bild aus der Erinnerung verlieren: der zarteste Märtyrer lag am Boden, krümmte sich flehend, das Tierchen konnte sein Haupt nicht heben, weil Nacken und Kiefer, grausam verrenkt, mit Blut am Boden klebten. Es faltete die Hände, blind vor Blut und Pein. Ich selbst mußte seiner Qual ein rasches Ende bereiten. Ich bettete es in Rosenblätter und grub ihm sein Grab.

Ich stand tief im Unrecht.

Noch ein anderes Tier ist mir nahegestanden, zu Lebzeiten Käfis: das war Rosalbita, die Fledermaus. Als ich ihre Bekanntschaft machte, wurde sie gerade in einem Zimmer eifrig mit langstieligem Besen verfolgt und sollte „totjemacht" werden. Ich fing sie auf im Augenblick, wo sie, ermattet, an der Wand herabglitt, sperrte sie in einen dunklen Holzkäfig, damit sie sich erholen konnte, und später hängte ich Wassertropfen an den Finger, legte sie ihr zwischen Nase und Mund und sah, wie sie ihren Durst löschte. Dann bot ich ihr Fliegen an, sie aber fauchte. Am nächsten Tag nahm sie wieder nur Wasser, Fliegen fauchte sie an, zähnefletschend stellte sie die Flügel auf und machte sich, um mich zu erschrecken, so häßlich wie sie konnte, auch sie bemühte sich, bittersüß schlecht zu riechen. Doch bald unterließ sie es, und als die erste Fliege mit erstauntem Wohlbehagen verspeist und ihr Mündchen wieder glattgeleckt war, schien der Bann gebrochen zu sein. Sie lief zirpend den Fliegen entgegen. Oft nahm ich sie in die Hand und ließ sie darin ruhen. Dann ging ich zu den Fenstern, führte Hand und Fledermaus am Glase entlang, wo Fliegen rannten, half ein wenig nach, wenn die Fliegen zu wild Reißaus machten, stellte die gesättigte Rosalbita auf den Schreibtisch und schrieb. Sie ging umher, besah sich alle Gegenstände, näherte sich meinem halbbeschriebenen Briefpapier, betrachtete die laufende Feder und wechselte einen Blick mit mir, fixierte wieder die Federspitze, schien über deren Schnelligkeit zu staunen und hob den Kopf zu mir. Sie spannte einen Flügel auf und begann ihn mit der schmalen Zunge energisch zu reinigen. Kein Fältchen blieb unbeleckt; manchmal war der Druck so stark, daß die Kehrseite der dünnen Flughaut glänzte wie aufgeblasene Kinderluftballons. Sie konnte im Zimmer fliegen und sich hinter Vorhängen verbergen, so daß ich manchmal nicht wußte, wo sie sich zurückgezogen hatte. Ein Ruf, ähnlich dem ihren, genügte, es war ein scharfer S-Pfeifton, sie antwortete, und ich konnte ihr Versteck feststellen. Gewöhnlich kam sie nach wenigen Augenblicken herunter zu mir, wissend, daß ich Wasser in der hohlen Hand (sie trank niemals aus einem Gefäß) für sie bereit hatte; sie flog nicht, sondern lief den Vorhang herab, hielt sich mit der Hinterhand am Stoff, erhob schwebend Rumpf und Kopf zu mir, und erst wenn ich ihr die Hand entgegenstreckte, bestieg sie sie, immer heißhungrig, immer erwartungsvoll. Als der Winter nahte, wurden die Fliegen spärlich, und Rosalbita dachte in dem warmen Raum nicht an Winterschlaf. Ich verschaffte mir Mehlwürmer, bot ihr einen an. Mit Abscheu verweigerte sie ihn. Das war verständlich, denn ein Mehlwurm besteht aus geruchloser, biegsamer, glattpolierter Hornhaut, wenn er erwachsen ist. Um ihr die Witterung der köstlichen Füllung zu geben, schnitt ich ihm den Kopf ab und machte aus dem Rumpf Irish stew. Rosalbita hatte im Leben nicht so etwas Schmackhaftes gegessen. Sie leckte sich langsam wie ein Löwe nach jedem Bissen, zirpte vergnügt und gierig. Sie wohnte in meinen beiden Zimmern, nachts kam sie in die Kiste wegen der offenen Fenster. Auf Reisen wurde sie aus dem kleinen Reisekäfig genommen und im Schlafwagen irgendwo aufgehängt. In anderthalbjähriger Halbgefangenschaft war sie so zahm geworden wie Käfi und

Romein, die sich ihretwegen vergeblich erregten. Namentlich Romein war gefährlich, denn sie stellte die Verbindung von seinen Hauptinteressen dar: Maus und Vogel. Ich vermied es daher, beide Tiere allein im gleichen Raum zu lassen.

Rosalbita starb an einem Abszeß am mittleren Flügelgelenk. Sie saß auf der Schulter, während ich bei der Lampe las. Sie war schwach und traurig. Auf einmal zirpte sie leise, schob sich zu meinem Ohr und zitterte. Ich nahm sie in die Hand, sie sah mich an, so klug und sprechend, stieß ihren letzten Schrei aus, ein paarmal hob und senkte sich ihr gefiederter Brustkorb, dann war ihr Leben ausgehaucht.

Ich habe sie sorgfältig ausgenommen, gereinigt, getrocknet, ausgestopft und aufgespannt. Diesen Rest hat Romein zerfetzt nach anderthalbjähriger Geduld.

Rosalbita gehörte zu der Sorte der kleinen Hundeschnauzen; ich habe, ehe ich sie kannte, und auch späterhin viele Zähmungsversuche gemacht mit ihresgleichen, auch mit der großen Ohrenfledermaus, immer ohne Erfolg.

Und wieder in Berlin mit Lurch im Tiergarten. Sein Gesicht ist weißer, aber er ist ein gespanntes Stück Leben, kennt keine Müdigkeit, an das Wanderdasein hat er sich gewöhnt. Je nach seinem Wohnsitz wedelt er die Nähe des Heimes an, früher war es die Derfflinger-Ecke, dann die Tiergarten-Bendler-Ecke, jetzt vibriert er am Brandenburger Tor. Selbst wenn er auf dem Boden im Auto sitzt, also nichts sehen kann, in der Nähe seiner Wohnung, die nach menschlichen Begriffen nicht anders riecht als zum Beispiel die Wilhelmstraße, wird er unruhig, springt hoch, um aus dem Fenster sehen zu können, und freut sich ebenso auf das Nach-Hause- als zu Hause auf das Gassigehen.

Beinahe hätte heute große Ursache unermeßliche Wirkung gehabt. Was tut mein Lieschen in jugendlicher Torheit und ich in Geistesabwesenheit? Immer denke ich, wenn ich im Auto mit ihm fahre, und handle entsprechend, an die Möglichkeit einer sich öffnenden Türe, die ihn mit sich reißt, wenn er die Vorderleberln auf sie stützt, um durchs Fenster zu sehen. Genau das ist geschehen im Augenblick, wo ich diese Vorsicht außer acht und die Leine nicht für alle Fälle gespannt gelassen hatte. Wir fuhren auf der Charlottenburger Chaussee, Richtung Brandenburger Tor, also auf einer Strecke, wo alle Chauffeure im Rennen liegen, sich gegenseitig grundlos vorfahrend, wo Bolles Pferde römische Arena spielen müssen und die Autobusse verwundete Elefanten oder Büffel, die alles annehmen, was ihnen im Weg steht, wo alle Viertelstunden eine Kongestion von Elektrischen Ausweg sucht und Fußgänger nur im Galopp eine Überquerung wagen.

Plötzlich ist die Türe weit offen und Lurch ins Leere kopfüber untergetaucht, und mein Wagen fegt weiter. Ich lasse halten und wage kaum rückwärts zu blicken — entweder ist er unter die Räder des eigenen Wagens geraten oder von einem nachfolgenden zermalmt, vielleicht steht er arm da, noch lebendig und im nächsten Augenblick schon vom Schicksal ereilt...

Ich sehe ihn — er steht wahrhaftig da, weit weg, klein und schwarz, vollkommen desorientiert. Ich rase zu ihm — stelle mich, ehe ich ihn erreicht habe, mitten auf die Chaussee und mache „Schupo" mit ausgebreiteten Armen —, alles Fuhrwerk gehorcht tatsächlich meinem S.O.S., und mit aller Kraft des Atems schreie ich „Rrrrr". Diesen Ruf kennt er — er fährt ihm in die Glieder, und ich konnte ihn heil herausfischen. Noch einmal ist mir sein Leben geschenkt.

Meine Fenster sehen auf einen stillen Hof, und über dem Dach gegenüber steigt, je nach der Zeit, alles Schöne auf: Sonne, kleine und große Monde und Sterne. Manchmal hört man die Feuerwehr. Im Parterre wohnt ein rauhhaariger Terrier, Lieschens Erbfeind. Wir sind uns nie begegnet, unser Wechsel ist scheinbar ein anderer als der seine. Aber ich höre seine Leberln hinter der Türe, und durch den Türschlitz bläst er, wenn ich vorbeikomme, starke Schnüffelwellen. Wenn ich nachts das unregelmäßig durch die Hausränder ausgeschnittene Stück Himmel betrachte, denke ich an den uralten Schäfer Halfa. Er muß weit über Neunzig gestorben sein. Er wußte sich auf das Jahr achtundvierzig zu besinnen, war damals ein halbwüchsiger Hirtenjunge. Halfa konnte das Wetter vorhersagen mit einer staunenswerten Präzision. Mittags lag er, selbst schon ganz verwittert, auf einem flachen Wasserreservoir, das hoch in der Landschaft angebracht war, das Gesicht den Wolken zugekehrt, nachts starrte er — er war Wächter auf dem Hofe — den Sternenhimmel an. Unfehlbar war seine Vorhersage, vernichtend für alle Berechnungsmaschinen, die den fanatischen Landwirt beglücken. Halfa hat jahrzehntelang nur mit Schafen gelebt. Die Wolkenschichten übereinander, die Art ihrer Bewegungen und die Entfernung der Schichten untereinander, die Windströmungen, deren verschiedene Richtung und Stärke er wahrnahm, die Färbung, die Veränderungen am Horizont, für ihn wurden sie wie ein Buch, in dem er zu lesen verstand. Aber um eine absolut sichere Diagnose des morgigen Wetters zu stellen, mußte er den Nachthimmel vergleichend studieren. Seine Fähigkeit war so einzig und hatte sich so entwickelt, daß er sogar im tiefsten Schneewinter mit Sicherheit mitteilen konnte: „Morgen wird es nachmittags ein Gewitter geben"; selbst von diesem seltenen Naturereignis erhielt er rechtzeitig geheimnisvolle Kenntnis. Er hatte einen jungen Burschen im Laufe der Jahre etwas angelernt, wohl konnte er ihn in seine Kunst einweihen, aber dem Jungen fehlte das Genie. Eines Tages blieb der Alte länger als sonst um die Mittagszeit auf dem Hügel. Der junge Baranek sah nach ihm und wollte, da er gerade eine Fuhre hatte, den alten Halfa nach Hause bringen. Er fand ihn, still und zerbrechlich, wie immer. „Es ist gut, daß du kommst, Baranek", sagte er, „ich muß dich um was bitten. Morgen um die Zeit werde ich tot sein, und du mußt mich zu Grabe fahren."

So, wie der alte Seher gesprochen hatte, geschah es, pünktlich vierundzwanzig Stunden später hörte sein Herz zu schlagen auf, ohne Krankheit, leise, wie ein Stern am Himmel verlöscht, wie alles Schöne und Namenlose verweht.

Es gibt zweierlei Berliner: den Asphaltberliner und den Spreeberliner. Der Asphaltberliner ist, mehr vielleicht als er es verdient, berüchtigt; den Spreeberliner kennt nur, wer selbst dazu gehört.

Wir sind zusammen sechzig Jahre alt, Lurch und ich, und waren noch niemals auf der Spree. Wir sind aber keine Asphaltberliner. Wir führen uns gegenseitig täglich in den Tiergarten spazieren und gedenken wehmütig der vergangenen Tage in schlesischen Wäldern. Die Asphaltberliner sind nicht hundefreundlich gesinnt.

Noch nie war der Tiergarten so dunkelgrün wie dieses Frühjahr, das auf den bekannten Eiswinter folgte. Noch nie haben Mäuse darin so gewimmelt wie dieses Jahr (sie sind rostrot mit schwarzer Rückenlinie), und noch nie ist man dort so viel Polizisten begegnet. Sie wimmeln wie die Mäuse paarweise und einzeln zu Fuß, auf Fahrrädern und zu Pferd. Etwas wird eifersüchtig bewacht, was, weiß ich nicht. Alles, was verboten sein könnte, wird vom Publikum längst vermieden. Es erscheint ausgeschlossen, daß ein armer Romantiker im Schatten der Buchen Bohrlöcher anlegt, um Petroleum oder Kohlen zu finden. Niemand wird einen Baum fällen wollen, Duelle finden nicht statt, Rinder und Ziegen werden nicht auf die Weide getrieben, die Botaniker suchen nichts, würden auch wenig finden, die Geologen gehen brav auf den Wegen spazieren, kein Astronom schläft nachts auf den Bänken, um Sterne in flagranti zu erwischen; kein Jäger geht auf Wildentenjagd, obgleich es im Tiergarten auch von Wildenten wimmelt, und für die Reiter gibt es Reitwege. Irgendwie aber muß eine lauernde schwarze Schmach oder eine gelbe Gefahr im Tiergarten diesen Aufwand an „Grünen", wie der Berliner seine blau- und neuerdings khakiuniformierten Polizeiorgane nennt, rechtfertigen. Die Hunde sind es, die bewacht werden, ihretwegen durchkreuzen und durchpirschen erwachsene, gesunde Polizisten, von der Tiergartenverwaltung beansprucht, die Anlagen, in welchen es kilometerlang keine Blumen gibt, sondern nur idealen Auslauf für etliche bewegungsfreudige, leinenmüde Hunde. Im Tiergarten müssen sie an der Leine gehen, die zwei anderen großen Parks, den Charlottenburger Schloßpark und den Park von Bellevue, dürfen sie überhaupt nicht betreten.

Unzählige Tafeln, vom Boden etwa nur vierzig Zentimeter hoch aufgestellt, damit auch die Hunde sie lesen können, stehen auf grasigen Wegpartien, zum Beispiel Unter den Linden, Magdeburger Platz, Lützow-Ufer, wo ein gesundes, abgehärtetes, kurzgehaltenes Gras wächst; dort können Hunde den Imperativ lesen: „Bürger, schützt eure Anlagen", das heißt erlaubt euren Hunden nicht, zu schnüffeln und

Beschnüffeltes zu quittieren. Mit der größten Leichtigkeit könnten Herr und Hund sich so weit meistern, daß weder gescharrt noch sonstwie an unliebsamem Ort etwas angestellt werde, und leinenlose Hunde könnten einmal im Tage nach Herzenslust galoppieren (vergleiche Londoner Parks). Dieser ewigen Zwirbelei müde, beschloß ich, einen Dampfer der Hafenstadt Berlin zu besteigen, um außerhalb der Stadt Freilauf zu suchen. Auf dem Weg zur Jannowitzbrücke mußte ich noch einen Hausmeisterwutanprall bestehen, weil mein Lurch seine Nase durch das Vorgartengitter gesteckt und den Hausmeister fixiert hatte, der seinerseits aus dem Gitter seiner Wohnung herauslugte und mich und den Hund beschimpfte, der nichts verbrochen hatte, nicht einmal das Naheliegende. Und kurz vor der Jannowitzbrücke begegnete uns ein Kinderwagen mit dem nebenherlaufenden etwa fünfjährigen Kind, das sich heftig verliebt nach Lurch umsah. „Hab dich nicht so albern, Edith", maulte das perfekte Kindermädchen. Nein, das Herz des Asphaltberliners pocht nicht hundefreudig. Wir wollen sehen, wie der Kapitän des Sterndampfers reagiert. Womöglich werden Hunde auf Schiffen nicht zugelassen. Doch, sie werden und zahlen wie die Kinder halbe Preise. Das ist für drei Stunden Schiffahrt fünfzig Pfennig.

Die weißen Dampfer liegen hintereinander wie Kühe auf der Weide. Wir wählen den dritten, der nach Woltersdorf fährt. Der Einheitspreis von einer Mark berechtigt zu jedem Platz; Korbstühle, Klappstühle, Bänke, Sitze mit Tischen, Sonnenseite, Schattenseite, man kann wählen. Wir wählen Klappstuhl vorne, den Rücken ans Navigationshäuschen gelehnt, und fühlen uns sofort als frohe Hunde. In zwanzig Minuten fahren wir ab. Am Ufer in gleicher Höhe mit uns, von einer Rampe getrennt, eilen Fahrtlustige, die ihren Dampfer suchen. Ich höre: Schmetterlingshorst, Prierosbrück, Schmöckwitz, Ziegenhals, Müggelsee. Auf allen Gesichtern liegt eine behäbige Sicherheit, hier gibt es keine Gebirgstrottel. Dazwischen tönt der Ruf des Blinden, der ein an Lederriemen befestigtes Tablett an der Brust trägt:

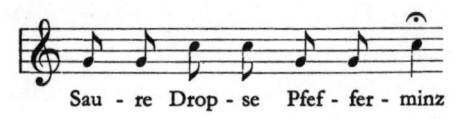

Sau - re Drop - se Pfef - fer - minz

das Z läßt er verlockend zischen. Ein Photograph bemüht sich, die Aufmerksamkeit der Vordergruppe auf seinen Apparat zu lenken.

„Was kostet das Stillehalten?"

„Vorläufig kostet's nichts."

„Na, denn los, knipsen Se."

„Frollein, kenn' Se aufstehen?" (Ich erhebe

mich bereitwillig.) Wir stehen wie Bleisoldaten, er knipst. Aus allen Schiffsbäuchen tönt Musik. Ein Jüngling erscheint mit Braut und fixiert den leeren Klappstuhl neben mir. „Kann ich mir den mopsen?" „Mopsen Sie ruhig." (Ab mit Klappstuhl, er trägt ihn nach vorne und ladet sein Mädchen zum Sitzen ein, während Lurch das leergewordene Sonnenfleckchen am Boden für sich belegt.) Der Photograph erscheint an Deck und bietet für fünfzig Pfennige seine gelungenen, noch nassen Photos an, die mit Vergnügen gekauft werden. „Wozu denn, wenn du nicht drauf bist?" sagt ein junger Mann zu seiner Frau, und zum Photographen: „Hören Sie mal, das Beste haben Sie fortgelassen, sehen Sie sich mal meine Frau an." „Das liegt am Abzug." „Dann ziehen Sie noch mal ab, aber Tempo, Tempo." „Ich habe nich abjezogen", (zu seinem kleinen Lehrling gewendet) „der muß was lernen, nicht ich."

Unser Schiff faßt vierhundertdreißig Personen, so viel sind wir noch lange nicht, und schon gurgelt die Spree leise unter uns hinweg. Auf dem hochliegenden Bahndamm saust ein Fernzug, der ganze Zug winkt, das ganze Schiff winkt zurück.

Und Berlin höret nimmer auf. Das braune Spreewasser ist so freundlich bewegt wie die große Familie seiner Berliner, die es ins Freie trägt. Der Gesichtsausdruck aller zeigt kindliche Dankbarkeit und Sammlung. Sie sind alle zufrieden, alle scheinen befreit, und wohltuend ist die Lautlosigkeit unseres Freiheitsgefühls. Man fühlt sich zu Hause, fern einer gewohnten Häuslichkeit, man fühlt sich schulbubenhaft vereint, fern von der Schule, man hätte Lust, Unsinn zu treiben, und enthält sich, weil der Sonntag so schön von oben herabscheint. Eine Musikkapelle, zwei Mann hoch, Klavier und Geige, spielt und singt. Der kleine Geigenmann ist blond, der Klavierspieler ist größer und dunkel. Beide sind kaum zwanzig.

Fräu - lein, Par - don ......

Fräulein, pardon,
Ich glaub', wir kenn' uns schon,
... ach, laufen Sie nicht davon,
... am Glück vorbei.
Ich hab' mir was Schönes erdacht
     für heute nacht

. . . .
Ist sie entfloh'n,
dann sag' ich: Fräulein, pardon!
Auf Wiedersehen.

Jeder begreift musikalisch den sehnsüchtigen Ton der kleinen Terz mit dem folgenden Quartsprung b-g-c. Die Musik läßt tiefe Bedeutung im Dasein der Zuhörer aufquellen. Otto spielt mit Ilses Unterarm, und Ilse wendet ihren Kopf zu ihm, die Augen sind ernst, aber in der Wange bildet sich ein schalkhaftes Grübchen. Otto macht Pläne für „wenn er erst mal den Betrieb von unten bis oben kennt". Er legt die Mütze ab, darin steht in Gold gedruckt „Cricket". Ilse, die ohne Hut ist, setzt sie auf, und sie steht ihr viel besser als ihm. Sie tut nichts für ihren Teint, das tut niemand auf dem Boot, sie hat ein liebliches spitzes Näschen und einen feingebauten Mund. Aus dem rostbraun karierten Mützenstoff rollen aschblonde Locken, und darunter beginnt ein fehlerloser schmaler Hals, der sich fehlerlos zum Kinn hinauf begibt. Otto ist nicht schön, aber sanft, dankbar und selbstbewußt.

Wir fahren an Treptow vorüber, die großen Linden, die vielen Hollunderbüsche, beide über und über mit ihren Blüten besprenkelt, runden dunkelgrün das Ufer ab, an welchem Badende ruhen und spielen. Am linken Ufer ist das gleiche Bild, das städtische Flußbad, vorher eine Kirche im Grünen und ein Garten von Grabsteinen und Blumen. Mir gegenüber sitzt ein Mann, der so gerne Zeitung lesen möchte, aber das Licht blendet, und da er keinen Hut trägt, macht er sich mit Brauen und Stirnrunzeln eine Schirmmütze und versucht, so geschützt, zu lesen. Die Sonne zieht Mund und Augenwinkel so zusammen, daß er herzlich zu lachen scheint; die Nachbarn sehen das und freuen sich mit ihm, und sie sehen, daß ich ihn zeichne.

Hunderte von Baumstämmen liegen aneinander im Wasser, darauf drei junge Menschen im Schwimmanzug, die sich plötzlich aufraffen und von Stamm zu Stamm springen. Applaus auf unserem Dampfer. Vom Schiff aus gesehen, sind alle Körper der wasserfreudigen Menschheit schön, wir fahren durch eine Unmenge von Schwimmern und langhalsigen, keineswegs scheuen Tauchenten hindurch. Bunkerkähne, am Metallseil miteinander verbunden, folgen einem Miniaturdampfer, der sie stromaufwärts zieht. Schwimmer kreuzen in vehementen Tempi von Ufer zu Ufer, hart am Kiel der Dampfer vorbei, die sie bisweilen mit einem warnenden „Whup" anbellen, aber die Spreeberliner sind längst der Gefahrzone entschwommen, wenn unser Kiel ihre Schwimmwirbel zerschneidet.

Der Klavierspieler hat ein Lied angestimmt: „Tante Paula liegt im Bett und frißt Tomaten", sie will abmagern, erzählt er, „vor vier Wochen war sie kugelrund, heute wiegt sie leider nur ein Pfund". Während er spielt, greift sein linker Fuß nach dem Absatz des rechten neuen Lackschuhs, der rechte Fuß, der offenbar Qualen litt, verläßt geschickt das brennende Leder und springt in schwarzer Seidensocke aufs Pedal; der Schuh bleibt leer rechts stehen, so daß da unten, während Tante Paula blitzschnell abmagert, drei Menschenfüße nebeneinander stehen, ein Vollfuß, ein Barfuß und ein Leerfuß.

Der jungen Frau zu meiner Rechten bläst ein sanfter Juniwind ab und zu die Zeitung weg oder ein Paar Handschuhe, zuletzt eine Rolle „saurer Dropse-Pfefferminz". „Heute fällt aber auch alles auf die Erde", sagt sie mir, als ich ihr beim Aufheben behilflich war. „Denke mal, wie das aussähe, wenn alles hinauffiele", scherzt ihr Mann, der ihr die Zeitung wiederbringt.

Rechts liegt Freibad Adlershof, links Oberschöneweide, und dann schwimmen wir an Köpenick vorbei und an Neuheringsdorf, wo ein Plakat aufgestellt ist mit dem Lockruf:

„Rieseneisbeine."

Am linken Ufer rennt eine flinkfüßige Diana im schwarzen Schwimmjersey vor einem jungen Nurmi im gleichen Kostüm davon. Er hat sie bald gefangen und hält sie k. o. im hohen Grase fest, so daß nur ihre weißen Beine für uns sichtbar protestieren. An Bord werden Fernrohre gezückt, und eine ältere Dame droht Dianen mit dem Finger.

In Friedrichshagen, Café Bellevue, legen wir an. Vor uns spannt sich der Müggelsee in sommerlicher Metallbläue. Wir steigen aus, Lurch und ich, und werden leinenlos am Ufer spazierengehen. Unser Dampfer geht nach Woltersdorf weiter, quer über den See. Das Profil des Schiffes verjüngt sich, formvollendete Segelboote neigen und stellen sich wieder auf der Wasserfläche, und um uns ist plötzlich Sonntagsruhe. Wir gehen auf Gummisohlen, er und ich, und wir hören nur röchelndes Wasserklatschen am Seerand, wo sich das letzte verdrängte Wellchen anstößt und auf ein vorletztes zurückfällt. Wenn es etwas stärker gurgelt, hebt Lurch sein rechtes Ohr und schielt nach mir mit dem linken Auge: „Du wirst mich doch nicht etwa ins Wasser tun?" sagt er mir argwöhnisch und geht etwas mehr landeinwärts. Nach dreiviertel Stunden kehren wir um und besteigen eine Kaffeeterrasse, wo sehr ernst Carmen gespielt wird.

„Einen Mokka", sage ich, „so Mokka wie möglich." Ich weiß, daß er hellbraun sein wird. Ich weiß, daß pro Kopf eine Kaffeebohne zu ein Viertelliter Wasser und in Geld mit Bakschisch eine Mark und fünfundzwanzig Pfennig gerechnet wird. Bei viertausend Besuchern viertausend Bohnen und ein Hektoliter Wasser. Vielleicht ist der Einbohnenkaffee gesünder, sicher einträglicher für den Wirt; aber eine Mark und fünfundzwanzig Pfennig pro Mokka gestattet immer noch einen guten Mokka für den

Konsumenten und genug Einnahme für den Mokkaproduzenten. Ich möchte so gerne meinen lieben Mitberlinern den Genuß eines wirklichen Kaffees verschaffen, den sie vielleicht nicht gesucht haben — den aber die Zartheit der Landschaft, die Primabeschaffenheit der Sterndampfer und das verkannte sympathische Gemüt des Spreeberliners verdienten. Aus der Ferne blitzt zuweilen der Metallteil eines Schiffes auf und verschwindet. Dreierlei Rauche zeichnen sich am Himmel auf: goldbraune, schwarze und weiße. Die Schlote gebären kugelrunde junge Bernhardiner aus Rauch, und dann halten sie den Atem an, schwimmen ohne auszupuffen und nahen sich in dreiviertel Kielansicht der Landungsbrücke, an welche sie sich bescheiden anlehnen. Ich vermisse hier mit Genugtuung die in den Alpenseen so beliebten wettergebräunten Kapitäne. Das Publikum trägt nicht wie in Süddeutschland und im Salzkammergut Herz und Gemüt öffentlich herum wie an der Jannowitzbrücke der Blinde seine „sauren Dropse-Pfefferminz", es wird nicht gejodelt, es wird nicht gegrölt und jubiliert — es wird nur ein Tag heiter verbracht. Ich muß an die Rückfahrt denken, wir gehen, Lurch und ich, durch den Spreetunnel aufs jenseitige Ufer und belegen einen Platz auf dem Dampfer.

Ein weißes Musselinmädchen mit blonden

Hängezöpfen, unwahrscheinlich in Haar- und Kleidtracht, sitzt kerngesund und rechtschaffen in meiner Nähe auf Deck. Ihre aschgrauen Augen verfolgen mütterlich den kleinen Bruder, ein Knäblein mit Riesenrucksack und einem viel zu großen Apfel in der Hand. Unser Schiff füllt sich langsam. Diesmal sind alle Sitzplätze besetzt, es bleiben nur Stehplätze übrig. Ohne Murren fügen die zuletzt Angekommenen sich in ihr Schicksal. Von der Abendsonne beleuchtet, schießen schmale Ruderboote vorbei, ein älterer Mann bedient das Steuer, vier ganz junge schlanke Leute sind mit Anspannung aller Muskeln an die Riemen geschmiedet. Lange Glieder, biegsame Rücken, hutlose Nacken bewegen sich im Rhythmus. An den Oberschenkeln springen Muskeln hervor und verschwinden. Sekundenlang spannt sich eine Sehne und dann nur mehr eine glatte Haut, die der Sonne gehört. Kein Alkohol zerstört die Kraft dieser Jugend. Ein Dampfer „Siegerfürst" schwimmt vorbei. Der Name stört. Bei uns wird Harmonika gespielt. Pralle, rostrote Würstln und eine Scheibe Schwarzbrot werden halbdutzendweise auf einem hochgetragenen Tablett gezeigt. „Ananasbowle gefällig?" Vater, Mutter, Tochter, Sohn, Braut bestellen gemeinsam zwei kleine Helle. Erst trinken die Damen, dann werfen die Männer den größeren Rest energisch in die Kehlen.

Die Braut rät Kreuzworträtsel, der Bräutigam legt den rechten Arm zärtlich auf ihre Schulter. Sie braucht ein Wort von fünf Buchstaben: „Eine Stufenleiter, die mit S beginnt", niemand weiß ihr zu helfen. Ich gucke mit hinein und flüstere ihr zu: „Skala", und das Wort wirkt Wunder, zwei neue Worte werden durch die Skala entdeckt. Wir sind ganz bei der Sache. Abseits sitzt ein ungewöhnlich hübsches Mädchen mit hellbraunen Augen, die Augendeckel sind hektogon gebaut, die Wimpern steif und lang. Wenn sie lächelt, zeigt sie ein schneeweißes Hundegebiß, und auch sie hat wie die Ilse des anderen Schiffes ein sehr gerades Näschen. Sie kommt vom Glück, oder sie fährt ins Glück. Sie sieht zuversichtlich und zuverlässig aus. Manchmal senkt sie die langen Wimpern auf den fest in meinem Arm schlafenden Lurch, und dann liegen ihre schweren exotischen Augen wieder auf dem Horizont.

Am Ufer sitzen die Menschen in Schwimmkostümen wie Hunde, die Schenkel rechts und links bis zum Knie abstehend, die Füße zu den Händen versammelt, die sich auf dem Sand vorne stützen, den Sitz an den Fersen auf dem Boden, wirklich wie angezogene Pudel sitzen diese ausgezogenen Menschen, treuherzig und zufrieden beobachten sie die heimfahrenden Dampfer. Die Sonne neigt sich, das Wasser wird brauner, die Linden duften herüber, und die Musik am Ufer kommt mit dem Lindenduft zu uns. „Kapitän! Anhalten hier!" ruft einer von uns. „Wo Musike ist, da laßt euch nieder!" Plötzlich sind alle Köpfe nach einer Richtung gewendet, man steht auf und beugt sich über die Reeling: Da schwimmen Korbstühle mitten in der Spree, lila Kissen, ein offener Sonnenschirm, ein Tablett, und aus dem Wasser ragt der Bug eines größeren Motorboots, das offenbar gekentert ist, niemand scheint dabei persönlich zu Schaden gekommen zu sein, denn allenthalben herrscht eitel Fröhlichkeit. Wir fahren davon. Das Schilf am Ufer ist schon nachtdunkel gefärbt. Der westliche Horizont schimmert in allen Tönen von grün zu gelb und orange, das weiße Schiff zeigt tiefblaue Schatten, und über die braune Spree geht ein feines Gewirr von dunkeln Wellenstrichen mit rosa Schlaglichtern, es weht kein Lüftchen, aber sie fröstelt im Abendlicht. Und plötzlich wird es wieder Stadt, wieder blicken Fußgänger von Brücken über uns herab, und wenn wir unter der Brückenwölbung gleiten, riecht es ein ganz klein wenig nach Schellfisch und Petersilie mit Maschinenöl.

Lurch wedelt wissend, denn er erkennt seine Stadt Berlin.

„La dame seule" ist ein Kapitel für sich in den Restaurants, wenn sie nicht bekannt ist. Sie wird entweder als Baby gepäppelt oder streng und lieblos, maschinell bedient. Niemals bekommt ein Herr Antworten wie die, auf welche sich die alleinspeisende Frau gefaßt machen muß. Daß sie nicht bestellen kann, wird von vornherein angenommen. Kaum hat sie die Speisekarte in der Hand, um sie zu studieren, wird sie ihr auswendig als Monolog vorgesprochen.

Prämisse ist, daß ich einen Kalbskopf von einem Ochsenschwanz nicht unterscheiden kann, daß ich fette Ente oder Büchsengemüse — garniertes Roastbeef essen sollte. Ein Herr darf dem Kellner sagen, er wünsche nicht die Speisen vorgelegt zu bekommen. Sage ich aber, „bitte, nur hinstellen", dann wird das als Korrektur der auf der Kellnerschule erworbenen Kenntnisse und Geschicklichkeit angesehen und mit passiver Resistenz oder mit deutlichen Merkmalen von Pikiertheit bestraft. Ein Herr darf ein Getränk kälter trinken, als es der Kellner gebracht hatte. Mir wird gesagt: „Aber meine Dame, es ist schon sehr kalt."

Einer Dame allein, wenn sie das Restaurant betritt, wird zunächst ein Platz angeboten oder angewiesen, den niemand gern wählen würde, zum Beispiel mitten im Lokal oder an einer Türe.

Der einzelne oder von einer Dame begleitete Herr darf wählen, er hat freie Bahn. Und dann dieses Vorlegen oder vielmehr Vorwerfen der Speisen; dieses maschinelle Über-und-über-mit-fetter-Flüssigkeit-Übertröpfeln eines Fleischstückes, dieses Eingießen ins Glas von unerwünschten Quantitäten, das Bombardieren mit Zucker, wenn der Mokka gebracht wird, das Wegschleppen von Platten, all das muß ich in Restaurants, wo man mich nicht kennt, verhindern, werde aber, weil ich nur eine Frau bin, dafür scheel angesehen. Ich wünsche wie ein Lord behandelt zu werden. Da ich noch immer keinen eigenen Tisch unter eigenem Dach habe, bin ich auf Gastwirtschaften angewiesen.

Es ist sommerlichster Sommer, und ich habe keinen Wald und keine Wiese gesehen, keine Julinacht über eingeschlafenen Linden. Im Hof versuchen einige Spatzen am frühen Morgen Buchfinken, Amseln und Meisen zu ersetzen, aber sie können weder pfeifen noch trillern, sie schreien wie Schulbuben. Das ist für so primitive Vögel das gegebene. In einer Dachrinne sitzen, schmucklos den Schnabel aufsperren und in regelmäßigen Abständen „Tsswi" schreien, das ist vielleicht das Glück, aber die Menschen scheinen alles den berühmten Sperlingen auf dem Dach vorzuziehen.

Nach fast einjähriger Pause ist es in Berlin wieder einmal gelungen, einen tollwütigen Hund festzustellen, der allen anderen Leine und Maulkorb aufzwingt. Der Maulkorb wäre noch erträglich, aber die Fortbewegung ist beim Hund nicht Gehen, sondern Laufen. Wie kann das Tempo und dessen Einschränkung die Gefahr eines Bisses mindern?

Ich könnte mir vorstellen, daß man für alle Wespen und Bienen inklusive Hornissen den Stachelkorbzwang einführt. Ihnen aber die Flügel abschneiden ist Kastrierung. Ich selbst gebrauche die Leine immer bei Kreuzungen oder in verkehrsreichen Straßen, aus Liebe zu meinem Hund, und das wird jeder Hundefreund tun.

Der Leinenzwang ist für Si-Siling-Gi eine Enthundung, für mich im Tiergarten eine Sekkatur.

Wir werden eben doch wieder nach Karlsbad fahren müssen zu seiner Verjüngung. Um seine Fahrkarte erstehen zu können, muß ich ein tierärztliches Attest beibringen, worin bestätigt wird, daß „Lurch, mein zehnjähriger Rüde, schwarz mit braunen Abzeichen", sich bester Gesundheit erfreuend, ein Heilbad aufsuchen muß. In der Villa „Mignon", Westend, dicht am Wald für Gassi, haben wir Obdach gefunden, und seine Leberln werden nicht müde. Er bekommt ein vorzügliches Futter von der dortigen Köchin, so viel wie für einen zentnerschweren Mastiff, so daß ich zwei Drittel davon täglich verpacke und um sieben Uhr früh einem jungen Pointer vorsetzen kann, der, am Milchwagen eingespannt, seine armen Leberln bergauf und bergab abnutzen muß. Er hat noch ganz junge Zähne, und schon ist sein Körper schwer und formlos, der Bauch gedunsen, das Fell rauh wie ein Kokosläufer, der Behang steif und daher abstehend. Jedes Reiskorn wird aus den Falten des Papiers hervorgeleckt, nachdem er das Fleisch wie ein Vakuumsauger weggeputzt hat.

Oft sieht man Ziehhunde vor einem ausgebreiteten Stück Papier erschöpft liegen — den Haufen Knochen nicht beachtend, den man ihnen ab Hotelküche frei geliefert hatte —, vollkommen ausgebrühte Rippen, Gelenke und Schulterblätter. Man könnte ihnen ebensogut Schachfiguren und Billardkugeln vorsetzen. Ich habe noch nie einen Esel Disteln fressen sehen — aber eine gewisse Sorte Mensch ist guten Glaubens, daß Esel mit Stacheln und Hunde mit Imitation Elfenbein ernährt werden können.

Die Gelegenheit allein ist es nicht, die Diebe macht, sondern die Leine, an welcher der Mensch wie eine Marionette hängt und die ihn seiner absoluten Freiheit beraubt. In Valentins Herz war für eine andere Frau als Anna kein Raum, sie erfüllte es ganz und auf immer. Waren sie getrennt, so zeigte sich ihre geistige Zusammengehörigkeit und Übereinstimmung so vollkommen, daß beide, wiewohl Meilen voneinander entfernt, jeder für sich selbst in Gedanken Gespräche führte, bei welchen der Abwesende durch fingierte Antworten markiert werden konnte. Die selbstverständliche Antwort nach Trennung auf die Frage: „Was hast du inzwischen gemacht?" war: „Mit dir gesprochen." Sie hatten ihr Leben von zwei durchaus verschiedenen Seiten begonnen, sich halbwegs getroffen, um von dann an gemeinsam zu wandern, wie der Weg auch sein mochte. Nur die Leine war verschieden, und sie wurde nie gelöst. Als Anna mit Artur nach Argentinien fuhr, fügte sich das stets vorhandene Mädchen Hilda unvermeidlich in die für sie bereite Lücke ein. Sie war nicht zielbewußt wie ein Mensch, sondern wie ein Stern, der seinen Kreislauf nicht verändern kann.

Ihr rätselhaftes Schweigen konnte Valentin, der auch kein Sprecher war, nur als Mann lösen. Für ihn war die Sache ohne Bedeutung, für sie der einzige Sinn eines Lebens, das nur er aufschließen konnte, so wollte es ihre Natur, die für ihren Tag keine andere Beschäftigung zuließ als die mit Valentin, dem sie vor Jahren zufällig begegnet war. Sie war frei, ohne Eltern, ohne Beruf, ohne Mittel, ein herrenloses, leinenloses Hündchen, das er aufnahm. Es machte ihm Freude, ganz nach der Regel des Mannes aus der Steinzeit, für Heim, Kleidung, Nahrung zu sorgen, er konnte ohne Fehler, ohne Furcht mit seiner überlegenen Erfahrung das Geschöpf, das ihn liebte, einweihen, anleiten, mühelos erziehen, beschenken und unter seiner Hand wachsen sehen. Sie selbst war unveränderlich in ihrer Eindeutigkeit, nur ihre Hörigkeit entfaltete sich. Und im Laufe der Zeit gewann diese Beziehung für ihn die Bedeutung, die jeder Mann ihr beizumessen veranlagt ist.

Ich sah sie beide bei Pupp sitzen, und wieder stand eine Platte mit einem gebratenen Vogel auf dem Tisch, es war ein Rebhuhn. Sie trug einen schwarzen Mantel mit Biber, und als er ihn für sie aussuchte, mochte er sich im voraus ihre Freude ausgemalt haben. Er bediente sie, legte ihr sorgfältig, wie Anna das für ihn getan hatte, gute Sachen auf den Teller, und ich fühlte, wie Anna jetzt an meiner Stelle gefühlt hätte — wie ein Arzt, Herzspezialist, der selbst einen schweren Herzfehler hat, dem man also über seinen eigenen Zustand nichts vormachen könnte. Sie hätte schwer und „intelligent" gelitten. Sie kannte Valentin wie niemand außer ihm selbst. Um keinen Preis wäre sie, moralisch mit Dolch bewaffnet, sizilianisch zu den beiden vorgedrungen. „Sie liebt mich nicht mehr", sagte sich Valentin, „sonst würde sie mich zur Rede stellen." Aber Anna wußte, was sie tat oder vielmehr nicht tat. Nie hätte sie etwas unternommen, das ihn in die Lage versetzen könnte zu wählen, eine übernommene Verantwortung rücksichtslos über Bord zu werfen — und außerdem, da sie weniger als je frei war, wäre dies nicht nur nicht zu verlangen gewesen, sondern auch nicht zustande gekommen, da Hildas Dasein inzwischen eine durchaus konkrete Form angenommen hatte. „Frauen lieben nur sieben Jahre lang", hatte mir Valentin vor etwa einem Jahr gesagt, und ich weiß heute, daß er an Anna wehmütig dachte. „Ich glaube nicht, daß Sie Recht haben, bestimmt nicht", sagte ich. Er hatte diesen Lehrsatz von irgendwem gehört und war betroffen gewesen. Ebenso wie er eines Tages feststellte: „Der Mann ist bigam."

Ich schlich mit Lurch davon außer Sehweite. Ich bin sonst sehr vorsichtig, Bekannten aus dem Weg zu gehen, diesmal war ich nur beflissen, Valentins Gesichtsfeld zu entschwinden, nun stehen Si-Siling-Gi und ich rettungslos dem heranschlendernden Bill T. gegenüber, der mir nichts zu sagen hat, der mich aber, wäre ich Gott Vater, interessieren würde. Ich hatte ihm einmal den Brief einer Verstorbenen zu übergeben, den sie mir für den Fall ihres Todes acht Tage vorher diktiert hatte, weil sie nicht mehr selbst schreiben konnte.

Der nette Bill, er ist in meinem Alter, etwas älter, also in dem Alter, in welchem ich zu wissen glaube, wen ich vor mir habe, nicht wie bei vierundzwanzigjährigen Jungen, wo man nicht weiß, was noch werden kann, der nette Bill begrüßt mich mit dem Karlsbader Gruß: „Oh, Sie sind auch hier!" Er gleicht Menjou in älter und graublond, sieht intensiv aus, weiß der Teufel, was dahinter steckt. Francis hat sich seinetwegen gequält, sie starb Ende der Vierzig. Das ist der Mann, dem ich das letzte Lebewohl seiner Freundin, von meiner Hand geschrieben, übergeben mußte. Er weigerte sich damals, über sie zu sprechen, und ich respektierte sein Schweigen, das ist nun vier Jahre her.

Auch jetzt trennen wir uns freundschaftlich und unpersönlich. Menjou geht zu Richmond essen, ich zu Loib, und eben noch von Anna erfüllt, muß ich an Francis denken, deren armer Brief, in beklemmter Stimme diktiert, mir unvergeßlich bleiben wird — — — „Mein Freund, ich sage Dir adieu, ich habe Dich sehr lieb gehabt, aber Du hast mich systematisch bekämpft, obgleich auch Du mich lieb hattest auf Deine Art, Du komischer Liebhaber. Ich bin krank, ich werde sterben — oh, sehr ungern, aber ich rufe Dich nicht, denn ich habe so Angst, daß Du mich auch dafür zankst..."

Mannigfach sind die Leinen im menschlichen Dasein. Ich kenne von ihrer Geschichte nur, was Francis mir im Laufe der Jahre erzählt hat. Bill gehört wahrscheinlich zu den Liebhabern, die sich die geliebte Frau umbauen wollen und mit Abbauen und Niederreißen beginnen, in bester Absicht, mit ihrem Rudiment von schöpferischer Kraft. Die Geschichte vom netten Bill müßte ich schreiben, obgleich mir nur sein Spiegelbild aus Francis' Überlieferung zur Verfügung steht.

Lieschen ist glücklich hier, denn er kann stundenlang frei laufen, mit dem Wetter haben wir Glück, aber unsere Zeit ist leider kurz bemessen. Heute haben wir wieder einmal die Bekanntschaft mit einem Roadhog (Chausseeschwein) gemacht. Lurch beschnüffelte etwas mitten auf der Straße, auf dem Schloßberg, wo man Autos nur vereinzelt begegnet, ich nehme ihn dort stets an die Leine, diesmal hatte ich zu Unrecht auf seine Müdigkeit gebaut, und sehe ein Auto auf ihn zusteuern, nicht schnell, aber zielbewußt. Er gehorchte nicht, der Malefizhund, und so stellte ich mich vor ihn, weil keine Zeit war, ihn aufzuheben, und rief: „Haaalt!" Der Chauffeur äffte meine Stimme nach: „Halt! Halt! Ich brauch' gar nicht zu halten."

Das ist der mitteleuropäische Standpunkt.

Er hielt aber doch, wohl meinetwegen, und das war weiter kein Kunststück, denn er brauchte bei seiner Fahrlangsamkeit von fünf Kilometern, er fuhr tatsächlich im Schritt, nicht einmal die Bremse anzuziehen.

Eines schönen Septembermorgens führen wir ab, Stimmung „frohe Hundi". In Bodenbach Katastrophe. Der deutsche Zollmops brüllte mich an: „Der Hund bleibt da, Sie können weiterfahren!" Seine auf achtzig Grad Reaumur gestiegene Wut, verbunden mit Herrschsucht und Befehlshaberei, ließ ihn vergessen mein Gepäck zu revidieren, er hatte nur eines im Sinn: wo ist das Gesundheitsattest des Hundes — ohne Attest keine Ausfahrt für ihn. Unkenntnis des Gesetzes ist kein Schutz gegen dessen Anwendung. „Sie haben das zu wissen!" Daß ich in Berlin ohne Gesundheitsattest keinen Fahrschein für den Hund erhalte, ist mir bekannt, ich hatte auch pflichtgemäß mein Attest in Berlin vorgezeigt; daß ich aber in Karlsbad, wo mir am Schalter bereitwillig die Hundekarte verabreicht wurde, einen Kurtierarzt aufgesucht haben sollte, ist nirgends bekannt gegeben, und ich kann nicht wissen, ob in Dresden Pest und in Berlin Cholera herrscht. Da ich allein reise, findet der Beamte sein Idealfeld der Betätigung — eine Frau allein, die kann er, Ehre sei Gott, nach Herzenslust anfahren.

Was ein Zollbeamter werden will, bläst sich beizeiten auf, und ich weiß, daß die heutigen Zollbeamten, als sie noch die Volksschule besuchten, zu den Kameraden gehörten, die nicht beliebt sein konnten. Sie waren die dumpfen Streber, die Angeber, die kleinen Giftkröten, die man haßte, nicht weil sie in die Tintenfässer spuckten — dafür hätte man sie bewundert —, sondern weil sie scheinheilig Tintenfässer zu ihrem Vorteil auswechselten, weil sie dem Lehrer den Hut apportierten, um zu zeigen, daß sie diensteifriger, höflicher und schneller waren, die einen aus ihrer Herzenstrockenheit heraus bei jeder Gelegenheit mißverstanden und unbelehrbar blieben und die, wenn sie groß sein würden, nicht wie die netten Jungen Lokomotivführer werden wollten, sondern Lehrer, um Schüler hauen zu dürfen. Diese Häkchen, die sich schon beizeiten zu Zöllnern krümmten, waren eben von jeher, von Natur aus das, wozu sie heute ungehindert berechtigt sind. Zu diesem Dienst meldet sich kein kundiger Fischer, keiner, der gern Mundharmonika bläst, und sicher keiner, der im Walde groß geworden ist und jeden Vogel und jedes Waldtier kennt.

Während ich mit Bombardonstimme angeraunzt wurde, sah ich einige tschechische Beamte in der Nähe als Zeugen stehen. Ich, Landesverrat im Herzen, ging auf sie zu und fragte: „Wo ist der König von Bodenbach?" — „Bitte, is Räpublikk", sagte einer lachend. „Jawohl, ich weiß, aber Sie haben gehört, wie ich hier behandelt wurde, wo ist der Chef, der Mann muß einen Chef haben, für den er sich so aufregt." Man zeigte mir den Polizeichef, ich konnte ihm mein Berliner Attest vorweisen, er sagte, er würde an den Kreistierarzt in Berlin telegraphieren, ich mußte ihm meinen Namen und die Adresse geben, und die Sache war erledigt. Von einem Dableiben Lurchs war keine Rede, wo sollte er auch bleiben, bei wem, wie lange, und so weiter. Das war ja nur eine leere, der Bösartigkeit des Beamten entsprungene Drohung ohne den geringsten Hintergrund. Wäre ich mit einem männlichen Verwandten gereist — hätte der Zollmops nicht gewagt, den Ton anzuschlagen, der, einer alleinreisenden

Frau gegenüber, in diesen europäischen Regionen üblich zu sein scheint.

Ich habe auf einige Wochen von Lieschen Abschied genommen, weil die Reise wieder nach England geht. Er bleibt bei Frau Lentz in Berlin, und ich weiß, daß es ihm gut geht. Sie sorgt mütterlich für ihn, und er vertraut ihr wie ich selbst. Er wird mir fehlen, ich werde tagelang, als wäre er noch bei mir, mit äußerster Vorsicht Schuhhölzer aus Schuhen ziehen aus Angst, daß er das verheißungsvolle Geräusch, das meistens Gassi verspricht, mit Vehementem-aus-dem-Bett-springen begrüßt, obgleich ich noch an Ausgehen nicht denke. Und bei aller Liebe, bei aller Angst um ihn, schleicht sich nichts in mein Herz von dem Gefühl ein, das der Todesangst gleicht, das Gefühl: „er darf nur mich lieben, niemand sonst", einfach weil ich weiß, daß ich ihn, solange er lebt, nicht verlieren k a n n, und weil er in den besten Händen ist und alles erhält, was er braucht, Futter, Bett, Pflege und Zärtlichkeit. Ich besitze ihn in seiner Totalität, und er hat sich ohne Zaudern mir von jeher und für immer geschenkt, wie er es für jeden Ersten getan hätte... Ich weiß das, reden wir nicht davon (das Wunder seiner Schenkung wird keineswegs dadurch verringert).

Ist es diese absolute Sicherheit, die ich empfinde, die jedes der „Eifersucht" ähnliche Gefühl ausschließt?

Demnach wäre der Uranfang der Eifersucht und ihr Wesen Verlustangst und Selbstunsicherheit dem Geliebten gegenüber, und diese Unsicherheit äußert sich, je nach dem Charakter, unedel, zart oder gar nicht. Der Mensch kann eines andern Menschen nie so sicher sein wie seines Hundes, nie ein Leben lang, nur zeitenweise. Und diese ungeheure Spannung zwischen sicher und unsicher, die nur für Augenblicke nachläßt, ist Leben, ein unaufhörlicher Kampf um Sicherheit. Der Liebende sucht sie, er leidet und zittert in Ungewißheit, er dient, er spricht, schreibt, küßt, er sondiert Vergangenheit, bangt um Zukunft aus Unsicherheit und Verlustangst, zur Befestigung. Merkwürdig, daß man dieser Angst und allen Dummheiten, die unter ihrem Einfluß begangen und gesagt werden in allen Sprachen, einen besonderen Namen gibt. Liebe ist Spannung; daher das gewaltige Interesse, das Menschen von jeher für das Moment Ungewißheit, einen Hauptbestandteil der Spannung, zeigen. Auch Arbeit, Kunst, Musik ist Spannung. Von den stabilen Punkten, zwischen welchen sie zu schweben scheint, sich strafft oder lockert, ist nicht die Rede. Die Spannung des Liebenden zum Geliebten erstreckt sich über diesen hinüber zu allen Punkten, in diesem Falle zu allen Menschen, mit welchen er in Beziehung steht, stand oder möglicherweise stehen könnte oder wird. Auf diesen vielfachen Spannungen wird wie auf Saiten musiziert.

„Ich habe keinen Charme", seufzte die arme Francis, die viele bezaubert hat.

„Warum sagst du das?"

„Weil Bill... Bill sieht auf hundert Stunden auf meinem Kleid einen kleinen, einen unscheinbaren Flecken und nicht die Freude auf meinem Gesicht, ihn wiederzusehen."

„,........"

„Und bei allem, was ich tue, findet er Unzulänglichkeiten heraus."

„,........"

„Und wenn ich das hervorhob, in einem konkreten Fall, sagte er mir, ‚das seien allgemeine Redensarten'."

„,........"

„Ich kann mir so gut vorstellen, daß er so nie mit anderen Frauen sein könnte; ich denke mir, daß er aus mir etwas anderes machen will und daß ihm dafür ein Modell vorschwebt, das er gut gekannt hat."

„Und geliebt?"

„Natürlich."

„Aber, das ist doch vorbei?"

„Ja, und er ist auch davon überzeugt; aber er wird unbewußt immer vergleichen, und da er mehr abfällige als beifällige Bemerkungen macht..."

„........"

„Er kann so reizend sein, und ich habe ihn so lieb, wenn ich denken und fühlen kann, daß er gern mit mir lebt, und plötzlich irrt er sich in der Tonart, die Dissonanz erschreckt mich so, daß ich das Spiel abbreche."

„Und dann?"

„Dann sagt er, daß ich schlechter Laune sei."

„........"

„Und sie, die andere, sie wirft den Flecken mitsamt der Bluse weg, sie ist jung, unabhängig, sie ist alles, was ich nicht bin, hat alles, was ich nicht habe, kann alles, was ich nicht kann, und sie ist anziehend, sie hat Charme."

„Weißt du, ob das zutrifft?"

„Eben nicht; das ist es, ich weiß nichts."

„Aber Bill lebt mit dir und für dich."

„Was beweist das!?"

Ausgesprochene Wünsche und Absichten, also Worte scheinen tiefer zu wirken als die tatsächliche Ausführung einer Absicht. Es gibt Menschen, die, wie Hunde, nicht reden können. Wedeln heißt „Ja", knurren „Nein", und es gibt keinen Hund, der nicht „ja" sagen und in der Wedelsprache Gedichte auf die Herrin machen könnte, und es gibt welche, die überhaupt keinen Versuch machen, ein leises „Nein" zu knurren.

Bill kann nichts von dem erzählen, was in seinem Herzen vorgeht. Er ist treu wie ein Schäferhund und auch so pedantisch in der Behandlung seiner Schützlinge, elegant wie ein Barsoi, aber klüger und zuverlässiger, interessiert und zäh wie ein Terrier, häuslich, ordnungsliebend und für jede Technik brauchbar wie ein Pointer, sybaritisch veranlagt wie ein Dachshund, ohne dessen Sinn für Zärtlichkeit, kritisch wie ein Pekinese, aber ohne rücksichtslose Lautgebung, zielbewußt wie ein Foxhound und ebenso passioniert im ehrlichen Zerreißen eines Fuchses. Aber alles in allem, Knurren fällt ihm leichter als das Andichten der Herrin ...

Ich glaube, daß der nette kleine Bill, der Menjou gleicht, genau so primitiv wie mein Lurch ist und daß seine „Herrin" ihn ebenso unerschütterlich in ihrer Liebe hätte behandeln sollen wie ich mein Lieschen: Futter, Gassi, Bett und dazwischen für einander Aug' und Ohr sein, und gelegentlich blind und taub.

Es ist allerdings leicht, zu vergessen, daß ein Hund nicht Mensch ist. Ich werde nicht mehr viel von ihm erzählen, ich will, ehe er für immer mich verläßt, von ihm heute Abschied nehmen.

In einigen Wochen sehe ich ihn wieder — und dieses Wiedersehen, das noch nicht stattgefunden hat, wird es mir genommen werden? Wie lange wird er noch zu meiner Freude leben, wie lange wird er gesund bleiben? Wird er, wenn ich ein Dach gefunden habe, mit mir einziehen? Wird er vor der Zeit erblinden wie der arme Artur? Wie würde er das verstehen können!

Nein — das alles erzähle ich nicht. Diese Seiten, die von ihm berichten, sollen enden wie das Märchen: „Und wenn er nicht gestorben ist, so lebt er noch heute." Niemand darf erfahren, daß sein brennendes Herz zu schlagen aufgehört hätte. Ich sehe ihn bald wieder, den Unbestechlichen, den Lebenslustigen, das Mysterium im Leben des Menschen, den kleinen Gott der Sorglosigkeit, das Symbol des Normalen ohne Trivialität und der Tugend ohne Moral, den Schweigsamen, der jede Sprache spricht, den losgelassenen kleinen Teufel, der sich sanft wie ein Lamm, zärtlich wie ein kleines Kind anschmiegt, den sicheren Kameraden, der keine Eitelkeit kennt, den kleinen Nichtsnutz, Inbegriff von Luxus, der heute noch fieberhaft in die Decke beißt und mich dabei frech ansieht, weil er auf mein Stichwort wartet, diesen Bassist, dessen „Geläute" so tief klingt wie das Bellen eines Pointers und der mit geschlossenem Mund so hell flöten kann wie eine Amsel und singen wie die Melba, diesen Hund mit seinen dreiundzwanzig Namen, die, noch so leise ausgesprochen, seine Sinne mit Bereitschaft laden, seine Muskel straffen, seine Nerven vibrieren lassen, so daß er seine Zähne im Kiefer spürt, gerührt schlucken und seine Nase befeuchten, seine Ohren schütteln muß, weil die Namen ihm angenehm Trommelfell, Geschmacksinn und Phantasie anregen. Bei jedem Namen wird er wedeln, verschämt und hilflos, sein Behang wird unwahrscheinlich lang rechts und links von seinem Gesicht hängen, wie die leeren Ärmel eines Smokings, wie offenes Haar eines braven kleinen Mädchens, er wird kommen, eins, zwei, auf meinem Schoß sein, drei, vier, seine Hände um meinen Hals legen und die Gurgel zum Kuß bieten, und da wird er nach heißem Brot riechen, die Leberln nach Maus, die Ohren ein wenig nach Kakao. Und ich sage seine Namen, einen nach dem anderen:

Niederl (Übersetzung von basset),
Mildi,
Knyperdolling,
Dacka,
Dackotina,
Gling-gi,
Gling-gling,
Hunda,
Hindi,

Schweiferl,
Luwerl (liebes Löwerl),
Kralle,
Sisi,
Lircherl,
Puffzi,
Nirw,
Natter,
Mokassinschlange,
Safflanatta,
Wuffzi,
Lieschen,
Si-Siling-Gi,
Lurch.

Menschen heißen nicht so; sie heißen „Bill, Francis, Artur, Valentin, Anna, Minja, Hilda", und wenn ihre Leinen durcheinandergeraten, dann gibt es Drosselungen, Kurzschluß, Brand, was weiß ich; es könnte auch ein schöner Ton und eine sinnreiche Folge von reinen Tönen auf allen Spannungen erklingen, eine harmonische Auflösung. Sie ist da, plötzlich, zuweilen unerwartet, hörbar, sichtbar, und wer sie wahrzunehmen vermag oder gar herbeizuführen, den haben die Götter einen Augenblick lang lieb gehabt, wie ich mein Lieschen.

Karlsbad, Mai 1926
Foxbury, Oktober 1929

Lebenstafel

8. März 1879 — Mechtilde Christiane wird als drittes Kind des Grafen Maximilian von und zu Arco-Zinneberg (1850–1916) auf Schloß Schönburg im Rottal (Niederbayern) geboren. Durch die 1804 geschlossene Heirat ihres Urgroßvaters Ludwig von Arco mit der 27jährig verwitweten Kurfürstin Marie Leopoldine von Pfalz-Bayern ist sie eine Urgroßenkelin der Kaiserin Maria Theresia.

Mechtildes Mutter, Olga von Werther, entstammt einer protestantischen Familie preußischer Diplomaten; die Großmutter mütterlicherseits einer portugiesischen Diplomatenfamilie Oviola.

Von ihren acht Geschwistern, sechs Schwestern und zwei Brüdern, heiratet die zweitälteste Schwester Helene 1899 den Bildhauer Hans Albrecht Graf Harrach. Die fünf Jahre jüngere Irene erkrankt an Schizophrenie und stirbt 1917 in der Heilanstalt Eglfing bei München. Die elf Jahre jüngere Anna heiratet 1912 den Grafen Rudolf Marogna-Redwitz, der zu den Männern des 20. Juli gehört und im Sommer 1944 hingerichtet wird. Von Mechtildes Brüdern wird der zwei Jahre jüngere Nikolaus Diplomat, der sieben Jahre jüngere Alois (Luigi) erbt 1916 Schloß Schönburg.

Dieses Schloß hat der Vater 1875 nach seiner Eheschließung erworben und unterhält dort eine bedeutende Vollblutzucht, die von dem Sohn weiterbetrieben wird. Sommers lebt die Familie deshalb auf dem Lande, die Wintermonate verbringt man in München, wo der Vater in der Barer Straße ein Stadtpalais erbauen läßt.

1892–1896   Internatszeit in der Klosterschule des Ordens Sacré Cœur in Riedenburg (Vorarlberg), zusammen mit ihrer Schwester Helene.

1896–1904   in Schönburg und München; seit 1899 jährlich mehrere Monate in der Villa Ridolfi bei ihrer Schwester Helene Harrach.

Sommer 1899   Beginn der Freundschaft mit Wilhelm Freiherrn von Stauffenberg (1879–1918), damals Medizinstudent, später Privatdozent für Psychiatrie in München.

Februar 1901	Mechtilde verlobt sich mit einem jungen englischen Offizier, Ralph Harding Peto, Attaché an der Britischen Gesandtschaft in München; diese Verlobung wird bald darauf gelöst.
1901	Im Commissionsverlag der M. Waldbauer'schen Buchhandlung in Passau erscheint als Privatdruck „Nordische Zauberringe. Von Gräfin M. A.-Z. Illustriert von Gräfin H. A.-Z." (= Mechtilde Arco-Zinneberg und Helene Arco-Harrach).
22. August 1904	Heirat mit dem Diplomaten Karl Max Fürst Lichnowsky (1860–1928); verbringt die nächsten Jahre auf dessen Besitzungen Schloß Grätz (Österreich/Schlesien) und Schloß Kuchelna (Oberschlesien).
1905	Geburt des Sohnes Wilhelm.
1906	Geburt der Tochter Leonore.
Frühjahr 1907	Automobilreise nach Frankreich und Spanien.
1907	Geburt des Sohnes Michael.
1909/10	Bekanntschaft mit Hugo von Hofmannsthal; Beginn der Freundschaft mit Hermann Graf Keyserling, mit dem M. L. bis zu dessen Tode (1946) einen Briefwechsel unterhält.

1911	Reise nach Ägypten.
Herbst 1912	M.L.s Erstling erscheint: „Götter, Könige und Tiere in Ägypten" (Kurt Wolff, München; Ernst Rowohlt, Leipzig; ⁵1921). Karl Max Lichnowsky geht als deutscher Botschafter nach London.
August 1914	Ausbruch des Ersten Weltkriegs; Rückkehr nach Deutschland. Fürst Lichnowsky, ein entschiedener Kriegsgegner, verläßt den diplomatischen Dienst; die Familie lebt von nun an auf Kuchelna und in Berlin.
1915	Bekanntschaft mit Heinrich Mann; mit Karl Kraus, der bis 1928 sommers regelmäßig mehrere Wochen auf Kuchelna verbringt. M. L. vertont Couplets von Nestroy, die Karl Kraus auf seinen Leseabenden vorträgt. Der Briefwechsel währt bis zum Tode von Karl Kraus (1936).
1915	„Ein Spiel vom Tod. Neun Bilder für Marionetten" (Kurt Wolff Verlag, Leipzig; Uraufführung 1916 am Lessingtheater, Berlin).
1917	Lichnowskys zuerst private, dann durch Indiskretion halböffentlich verbreitete Denk-

schrift „Meine Londoner Mission 1912–1914" zieht ihm ein Ermittlungsverfahren zu, das im März 1918 zu seinem Ausschluß aus dem Preußischen Herrenhaus führt.

„Der Stimmer" (Kurt Wolff Verlag, Leipzig; ²1918; ³1936, Marion von Schröder Verlag, Hamburg, unter dem Titel „Das rosa Haus").

1918 — „Gott betet" (Kurt Wolff Verlag, Leipzig).

1919 — „Der Kinderfreund. Schauspiel in fünf Akten" (Erich Reiß Verlag, Berlin; Uraufführung unter Max Reinhardt in den Kammerspielen des Deutschen Theaters Berlin).

1920 — Bekanntschaft mit Ludwig von Ficker, dem Herausgeber der Zeitschrift „Der Brenner" in Innsbruck.

1921 — „Geburt" (Erich Reiß Verlag, Berlin; drei weitere Auflagen im gleichen Jahr; Neuauflage: Bechtle Verlag, Esslingen 1954). Dieser Roman, das umfangreichste von M. L.s Büchern, wurde geschrieben „März 1917 – August 1921".

11. August 1921 — Beim Baden in der Moldau gerät

M. L. in einen Strudel. Karl Kraus, Sidonie von Nadherny und deren Bruder Charlie retten die fast schon Ertrunkene. Siehe das Gedicht von Karl Kraus „Auf die wunderbare Rettung der Wunderbaren".

1924 „Der Kampf mit dem Fachmann" (Jahoda und Siegel, Wien/Leipzig; ²1925; ³1952, Bechtle Verlag, Esslingen; ⁴1978, Matthes & Seitz, München), M. L.s erstes polemisch-satirisches Buch.

1927 „Halb & Halb" (Jahoda und Siegel, Wien/Leipzig; ²1953, Verlag Pohl, München), Kurzverse über Tiere mit eigenen kolorierten Zeichnungen.

„Das Rendezvous im Zoo (Querelles d'amoureux)" in der Zeitschrift „Die Neue Rundschau". Buchausgabe: Jahoda und Siegel, Wien/Leipzig 1928; ²1936, Marion von Schröder Verlag, Hamburg; ³1951, Bechtle Verlag, Esslingen, mit 38 Zeichnungen von Fritz Fischer).

1928 Tod des Fürsten Karl Max Lichnowsky.
M. L. leidet seit einigen Jahren an arthritischen Beschwerden, die sie zu längeren Kuraufent-

	halten nötigen. Tagebuchartige Niederschriften von solchen Kuraufenthalten werden in ihr nächstes Buch eingearbeitet.
1930	„An der Leine. Roman" (S. Fischer Verlag, Berlin; ²1951, Bechtle Verlag, Esslingen). M. L. erwirbt zusammen mit einem Kaufpartner eine Villa mit Garten in Cap d'Ail an der französischen Riviera, wo sie den größten Teil des Jahres verbringt; zwischendurch auf Reisen, in Kuchelna, in München, in Paris.
1934	„Kindheit" (S. Fischer Verlag, Berlin; ²1934; ³1951).
1935	„Delaïde. Roman" (S. Fischer Verlag, Berlin; ²1956 Verlag Das Goldene Vlies, Frankfurt 1956, Ullsteinbuch Nr. 103).
1936	„Der Lauf der Asdur. Roman" (Bermann Fischer Verlag, Wien).
Juli 1937	Unvermutetes Wiedersehen mit ihrem Jugendverlobten Ralph Harding Peto, den M. L. im Dezember des gleichen Jahres heiratet, wodurch sie die britische Staatsangehörigkeit erwirbt.
Januar–Juni 1939	Reise nach Südafrika; besucht Farm und Gestüt ihres Bruders

	Alois in Bultfountain, Norvals Pont, Cape Province.
1. September 1939	Ausbruch des Zweiten Weltkriegs. Da ihr die Ausreise nach England verweigert wird, verbringt M. L. die Kriegsjahre in Kuchelna, Grätz und München. Zwei während des Krieges entstandene Bücher, „Der Gärtner in der Wüste" und „La Chair faite Verbe" (in französischer Sprache), bleiben ungedruckt. Freundschaft mit Sigismund von Radecki und mit dem Stifter-Herausgeber Max Stefl in München.
März 1945	Flucht mit ihrem Sohn Wilhelm, dessen Familie und ihrer Tochter Leonore nach Schloß Schönburg.
3. September 1945	Tod Ralph Harding Petos in London.
Juni 1946	M. L. siedelt nach London über, das sie bis zu ihrem Tode als Wohnsitz beibehält.
1946	„Gespräche in Sybaris. Tragödie einer Stadt in 21 Dialogen" (Gallus Verlag, Wien; entstanden 1941).
1949	„Worte über Wörter" (Bergland Verlag, Wien; ²1964 Rowohlt

                Verlag, Hamburg, rororo Taschenbuch Nr. 669).

1950   Die Bayerische Akademie der Schönen Künste in München wählt M. L. zu ihrem Mitglied.

1953   „Zum Schauen bestellt" (Bechtle Verlag, Esslingen).
M. L.s Söhne sind nach Brasilien emigriert; ihre Tochter Leonore, die in Heidelberg studiert hat, zieht 1954 nach Rom, wo sie als Redakteur in der Ostasienabteilung der FAO arbeitet.

1958   „Heute und vorgestern" (Bergland Verlag, Wien).

4. Juni 1958   M. L. stirbt in einem Londoner Krankenhaus; ihr Grab liegt auf dem Waldfriedhof von Brookwood (Woking/Surrey).

Die bio-bibliographischen Angaben dieser Lebenstafel stammen aus der (ungedruckt gebliebenen) Münchner Dissertation von Holger Fließbach: „Mechtilde Lichnowsky. Eine monographische Studie" (1972). Einige Ergänzungen verdankt der Herausgeber Dr. Leonore Gräfin Lichnowsky in Rom.

Bibliographische Notiz

Mechtilde Lichnowskys „Roman" „An der Leine" erschien 1930 im S. Fischer Verlag, Berlin (1.–5. Tausend, 321 S.; mit einer Zeichnung von Renée Sintenis auf Einband und Schutzumschlag), und 1950 in zweiter Auflage beim Bechtle Verlag, Esslingen (262 S.; Einband und Umschlag: Asta Ruth-Soffner). Dieser zweiten Auflage steht folgende Widmung an eine Enkelin der Autorin voraus: „Für Cica in Brasilien, wo es keine Dackerln gibt."

In Textgestalt, Anordnung und Umschlagzeichnung folgt dieser Neudruck der Erstausgabe von 1930.

Eine englische Übersetzung des Buches, unter dem Titel „On the Leash", erschien 1930 im Verlag Jonathan Cape, London/Toronto. – Drei Vorabdrucke: „Mairegen", in: Frankfurter Zeitung, 2. April 1927 („An der Leine", S. 272–276); „Das Ei-Malör" (Frankfurter Zeitung, 31. Juli 1927, S. 40–45); „A Rose-Red City. London's Beauty in Retrospect", in: The Times, 4. Dezember 1928 (englische Fassung des Textes S. 132ff.).   F. K.